传奇
邵逸夫

一部慈善家的成功史
一本创业者的教科书

何 南 ◎ 著

中国言实出版社

图书在版编目（CIP）数据

传奇邵逸夫 / 何南著.

— 北京：中国言实出版社，2011.9

ISBN 978-7-80250-602-2

Ⅰ．①传…

Ⅱ．①何…

Ⅲ．①邵逸夫－传记

Ⅳ．①K825.38

中国版本图书馆CIP数据核字(2011)第181652号

出版发行 中国言实出版社

地　　址：北京市朝阳区北苑路180号加利大厦5号楼105室

邮　编：100101

电　话：64924716（发行部）　　64924735（邮　购）

　　　　64924880（总编室）　　64963106（五编部）

网　　址：www.zgyscbs.cn

E-mail：zgyscbs@263.net

经　　销 新华书店

印　　刷 北京博泰印务有限责任公司

版　　次 2012年1月第1版　2012年1月第1次印刷

规　　格 700毫米×1000毫米　1/16　19.5印张

字　　数 300千字

定　　价 39.80元　　ISBN 978-7-80250-602-2/K·135

目 录

第一章　邵家起申城　"天一"应运生

不相信命运，所以一辈子都在抗争命运，书写命运；

太相信缘分，所以一辈子都在追求缘分，珍惜缘分。

一切都会过去，化为云烟；一切都会定格，成为永远。岁月的幽灵所到之处，天地巨变，沧海桑田，然而，有没有不变的呢？

邵逸夫光彩夺目的一生注定会浓墨重彩地染上电影的色彩：他出生之时，正是中国电影诞生之时；他出生之处，正是中国电影的发草之处；他见证着中国乃至世界电影的辉煌，电影也在时时精彩着他的世纪人生。

1. 传奇，邵逸夫

"7"的奇缘

邵逸夫一生注定和"7"这个数字有缘——

1907年，邵逸夫在上海出生。一个不凡的生命从此启航。

1927年，邵逸夫被派往南洋去开拓电影市场。当时，年轻的邵逸夫和三哥邵山客（仁枚）带着简单的行李和一架破旧的无声片放映机，在马来西亚、新加坡等地奔波，放映和推广他们的国语影片。开始是在露天放映，后来进入影院，最后建立了完整的电影发行网。这一年，邵逸夫站到了电影的前沿。

1937年，邵逸夫与黄美珍结婚。这一年，是邵逸夫人生最重要的转折点，除了事业，他又收获了甜蜜的爱情。婚后，他们育有两子两女，长子邵维铭、次女邵素雯、三女邵素云及幼子邵维钟。

1957年，邵逸夫从南洋来到香港接掌制片业务，翌年成立了邵氏兄弟有限公司，并在九龙清水湾买地筹建邵氏影城。邵氏父子公司改为经营戏院及影片发行业务。这一年，是邵逸夫事业的重要转折点，这一年，他终于拥有了自己的根据地。

1967年11月19日，邵逸夫任常务董事的香港无线电视（TVB）正式开播。

1977年，邵逸夫获英女皇册封为KNIGHT BACHELOR，赐予爵士勋衔。

1987年，邵逸夫妻子黄美珍病逝于美国，享年85岁。同年5月，"邵氏"宣布停止生产电影，把精力转向无线电视事业上去。至此，"邵氏"已生产超过一千部电影。同年10月26日，邵逸夫先生向大陆高校捐赠的第一个项目——浙大邵逸夫科学馆落成竣工。此后，浙大相继建造了玉泉校区"邵逸夫体育馆"、"逸夫工商管理楼"和华家池校区"邵逸夫体育馆"、西溪校区"邵逸夫科技馆"。

1997年，90岁的邵逸夫与66岁的方逸华小姐于美国拉斯维加斯证册再婚，这对相恋了半个世纪的恋人终于结束了他们的爱情长跑，步入了婚姻的殿堂。

2007年，邵逸夫100岁。

世纪老人，一个世纪的非凡岁月，值得我们浓墨重彩地书写和用崇敬的目光瞻仰。

香港。

美丽的维多利亚海湾。

辉煌的灯火摇曳着古老而年轻的城市面庞，文明的温暖抚摸着这里的每一个人。

香港会展中心大楼。

贵客如云，人头攒动。香港特别行政区政府的高官们和香港各界知名人士云集于此，人们翘首以待，正在恭候一位重要人物的光临。温热的空气更渲染出人们的急切，欢快而不失庄重的乐曲烘托着人们亮丽的心情。时间尚早，但人们已然引颈等候了许久。虽然如此，但丝毫也未显出疲态。

时光在静静流逝，但这位重要人物还未闪亮登场，有些人开始小声地交谈。

"时间快到了吧？他是不是不来了？"

"不会的，他是最守时的！"

"是啊，今天可是他的好日子啊。"

"更是我们大家的好日子！"

怀疑者并非真的怀疑，而是盼望太殷；坚信者也并非虚与委蛇，而是真正的发自内心。

这位重要的人物究竟是谁呢？也有些在场的人不明就里，在暗暗猜测。

蓦地，宽敞而豪华的大厅里响起了一阵雷鸣般的掌声！

在掌声的峰巅，他来了。

邵逸夫先生——著名企业家、电影家、慈善家、邵氏影视王国的总裁——出现在大厅门口！

陪同邵逸夫到场的有曾任香港特别行政区署理行政长官的唐英年，还有紧紧跟随邵逸夫共同走过50多年风雨、与他一起共渡无数艰难蹭蹬的红颜知己——现任妻子方逸华女士。他们一左一右地簇拥着邵逸夫，方逸华女士欲搀扶邵逸夫，但被邵逸夫轻轻阻止了。

这时，众人都把敬仰的目光投向邵逸夫。

是啊，邵逸夫虽然已是百岁高龄，但身体仍然硬朗健硕。

掌声经久不息，乐声被掌声压了下去。

鲜红的百米地毯，充满景仰的掌声，蕴满钦佩的眼光，形成一股合力，一直把老人送到高高的主席台。邵逸夫慢慢坐定之后，发现掌声还在持续，他就又站起来，由于站得太过急切，身体有些前倾，他不由用左手轻轻撑了一下桌面。随即右手向着主席台下那些已然熟悉的和暂时未曾熟悉的面孔频频地挥手。众人似乎误解了邵逸夫的意思，或者虽然理解但依然难以控制，掌声变得更加热烈了。

鼓掌的宾客中，有曾是与邵逸夫共渡商海风雨的老友，那紧靠的肩膀，那执着的信任，都融在这掌声里；有曾是电影电视事业上与邵逸夫并肩创业的同仁，那曾经的艰难，那今日的辉煌，都在无言中；更多的还是邵逸夫亲手提携、"扶上马，送一程"的电视新人或电影明星，鼓励的目光有了硕果，温暖的握手成了大器，严厉的批评造就了英才。也许是感动于人们的热情吧，邵逸夫不由得向台下两手拱拳致意。

举手投足之间透着一股豪气，一股英气，一股青春朝气。谁能相信面前的邵逸夫竟是一位年届百岁的老人？

这天晚上，注定是一个不平凡的晚上，是一个令人终生难以忘怀的美

第一章　邵家起申城『天一』应运生

好的晚上——以邵逸夫名字命名的奖项——邵逸夫奖的盛大颁奖晚会在这里隆重召开!

21世纪东方的诺贝尔奖

事物之新,缘于人心之新,眼光之新,境界之新,格调之新,高度之新……

2002年11月,被誉为"21世纪东方的诺贝尔奖"的一个新国际奖项设立了!

这个新奖项是用一个人的名字命名的。

这是一个国际性的奖项,每年选出世界上在数学、医学及天文学三方面卓有成就的科学家,颁授100万美元奖金以资表彰与鼓励。

该奖设有数学奖、生命科学与医学奖、天文学奖,共三个奖项,每年9月提名及评审,结果在翌年夏季宣布,在秋季举行颁奖典礼。该奖项由同一个人的名字命名的基金会有限公司进行管理,由该基金会下的评审委员会进行评审,形式模仿诺贝尔奖。

该奖项100万美元的巨额奖金足以媲美被视为国际最高自然科学奖项的"诺贝尔奖"。

因此,该奖项被誉为"21世纪东方的诺贝尔奖"!

这个人就是影视大王、慈善家——邵逸夫!

这个奖项就是根据邵逸夫名字命名的——邵逸夫奖!

早在"邵逸夫奖"颁奖晚会召开之前,香港诸多媒体就开始大张旗鼓地报道邵逸夫百岁寿诞的消息了。各报竞相辟出专版,隆重刊登邵逸夫专版,以图文并茂的形式介绍邵逸夫入行以来各个历史时期的事迹。

丰硕的成果

风风雨雨五十年，几番蹭蹬几番颠。

春华秋实谁能挡？邵氏电影香满园。

"邵氏兄弟(香港)有限公司"自创立以来，五十度寒暑易节，在邵逸夫的邵氏影城里，邵逸夫主持的邵氏兄弟公司结下累累硕果，已有1000多部影片杀青并推向市场，为中国电影市场的繁荣壮大做出了巨大贡献。其中获奖的电影就有数十部，我们部分列举一下获奖影片吧：《血染牡丹红》、《万古流芳》、《蓝与黑》、《烽火万里情》、《江山美人》、《后门》、《杨贵妃》、《梁山伯与祝英台》、《乾隆下江南》、《多情剑客无情剑》、《花团锦簇》、《武则天》、《小儿女》、《万花迎春》、《珊珊》、《三笑》、《金玉良缘红楼梦》、《十二金牌》、《吉祥赌坊》、《水浒传》、《大军阀》、《十四女英豪》、《双星伴月》、《倾国倾城》，等等。

可以说，"邵氏兄弟(香港)有限公司"是香港影界获奖最多的电影公司之一。

慈善之心，逸夫之心

慈善是一种高度，慈善是一种境界，慈善是一种胸襟，慈善是一种态度。

"我的财富取之于民众，应用回到民众。"

在邵逸夫看来，从影赚钱固然重要，为社会服务同样重要。

高山仰止，景行行止。

1985年后，邵逸夫平均每年都拿出1亿多元用于支持内地的各项社会公益事业，对于中国教育事业更是情有独钟。正如他所说："国家振兴靠人才，人才培养靠教育，培养人才是民族根本利益的要求。"邵逸夫视教育为立国之本，为此多年来他尽心尽责，不遗余力。据不完全统计，迄今，邵逸夫捐助内地科教文卫事业的资金达25亿元，捐助项目超过3000个，其中80%以上为教育项目。如今以"逸夫"两字命名的教学楼、图书馆、科技馆及其他文化艺术、医疗设施遍布全国各地。几年来邵逸夫还不顾耆耋之躯，多次亲临大江南北、长城内外、视察捐赠项目。

1985年捐资对甘肃敦煌艺术进行保护；1987年捐资1000万兴建宁波大学教学楼；1998年捐资筹建浙江大学科技馆等。此外，邵逸夫还以个人名义向内地各师范院校捐款，为内地15所高等院校捐资筹建科技馆和图书馆，向内地众多医院和医学院捐款等，累计捐款已多达25亿港币，包括2200多幢教学楼；图书馆、体育馆、科学馆、医院等。邵逸夫在香港先后筹资兴建了香港艺术中心，购买了文华戏院、翡翠戏院和明珠戏院，独资修建了碧丽宫戏楼等，与其他公司购买或修建戏院戏楼不同的是，邵逸夫的戏院戏楼许多剧场的演出是公益性的。

邵逸夫对其他一些慈善机构捐资数目也非常可观。这些数以亿万计的善款，被用于教育、养老、文化设施的建设。如1988年，邵逸夫捐款80万美元，在美国建立"安老之家"；1999年，台湾大地震之后，邵逸夫捐款1亿新台币用于抗震救灾；2008年，"5·12"汶川大地震后，邵逸夫捐款1亿港币用于灾后重建；2010年4月14日，青海玉树大地震，邵逸夫捐款1亿港币……

此外，邵逸夫在英国、美国、新加坡及香港等地都有巨额捐赠，合计金额早已超过30亿元。

根在宁波的邵逸夫，对故乡也倾注了很大的爱心。1987年后，他不仅多次回乡探亲访问，还先后捐资4000多万元帮助发展教育、文化事业。这些项目包括位于宁波大学西区的邵逸夫图书馆、逸夫教学楼、逸夫剧院以及其祖居地康乐园等。他在浙江其他地区也有巨额捐赠，如他为杭州逸夫医院的捐赠近亿元。早在90年代初，浙江省政府和宁波市政府就授予他"爱乡楷模"、"荣誉市民"称号，以表彰他为家乡发展作出的重要贡献。

邵逸夫非常重视以自己的行为提升中国人在国际社会中的地位。

邵逸夫向英国牛津大学捐款1600万美元，要求该校在将要建设的诸多项目中，一定要有一所专门研究中国历史和现代经济发展的科研机构。邵逸夫为美国旧金山进行福利捐款，旧金山当地政府把邵逸夫的捐款日——9月8日——正式命名为"邵逸夫日"，以期让那些深受其惠的美国老人们都记住这位中国慈善家——邵逸夫。

1990年，中国政府将中国发现的2899号行星名为"邵逸夫星"。

邵逸夫拥有以下几宗"最"：

史上最年长的在任上市公司主席；

拍摄了中国最早的有声电影《白金龙》；

拍摄影片1000余部，为中国所有电影制片厂之冠；

拥有最多的影院，最高时期达200多家，为中国私人拥有量之首；

建造了亚洲最大的电影拍摄基地，被誉为东方私人拥有量之首。

"邵逸夫是香港的荣誉，也是中国的荣誉。"某香港平面媒体对邵逸夫如此评价，我们也可以在这句话的后面再补上一句："也是全世界的荣誉。"

并不是每一个发了财的人都甘心回馈社会，也并不是每一个心怀回馈社会愿望的人都能如此执着。说邵逸夫是全世界的荣誉，他实至名归。

② 宁波商人，开不败的传奇

传奇的浙商

一切都会过去，化为云烟；一切都会定格，成为永远。岁月的幽灵所到之处，天地巨变，沧海桑田，然而，有没有不变的呢？

为什么哪里有市场，哪里就有浙江人？为什么全国500强企业中，浙江企业总是位居前列？为什么每年的福布斯富豪榜上，浙商总是占据绝大多数？浙江商人作为商人的一个群体，不仅创造了许多财富，而且为全国商人提供了一套可学可操作的经商哲学。经商要学浙商，浙江商人最大的优势在于精神优势。

2006年10月11日，2006年胡润百富榜揭晓，上榜富豪500位，其中有106位是浙商。

作家陈祖芬写了一本书——《中国第一商帮——关于浙商的文化解读》，对浙商进行了全面的、专业的解读。

自渐行渐远的20世纪初到今天，浙商一直是一朵奇葩，开放在纷繁的华人商界。不经意间，浙江凭借其发达的民营经济一跃而成了中国新的标杆，之所以有这样的高度，活跃非凡也成就非凡的浙商则是浙江民营经济的龙头。我们不得不这样说，浙商，已然成为全国从商人数最多、从商比例最高、人员分布最广、从商理念及经商勤力诸方面影响最大的投资者和经营者群体。时也天也？命也运也？答案自在人心。浙商是值得钦佩的，其令人钦佩之处不仅仅是涌现出了大批在全中国乃至全世界叱咤风云的名人大家，更是浙江深厚的群众基础和庞大的从商阵容，尤其是浙江人根深蒂固的商业头脑和商业意识。俗语说，富不过三代。回首浙商的发家史，他们发达前十之八九是普普通通的农民，自贫瘠硗薄的民间商业土壤里钻出芽来，艰难地呼吸着稀薄的空气，经过长期的餐风饮露，最终由纤弱的"草根"茂盛成参天的"大树"。

2006年11月24日，浙商风云对话主题论坛正在举行。东方网记者向主席台上的浙商提出这样一个问题："无庸质疑，浙商已经成为继晋商、徽商之后，中国历史上又一个时代性的大商帮。晋商、徽商的代表人物，已有不少被拍成影视作品。几十年后若有人想拍部描写浙商传奇的电视剧，目前的浙商中谁最适合作原型，作主角？"在论坛主席台上的中国光彩基金会理事长谢伯阳，杉杉集团董事长郑永刚等浙商大腕，对于东方网记者的问题，给出了一致的答案：浙商中谁也不会单独成为电视剧的主角，因为浙商的传统文化是"低调"，只有低调才能争取空间和时间，才能和谐发展。

中国第一商帮高调谈低调，然后就浙商下一个20年的发展，提出遵纪创新传承文化，跳出浙江发展浙江，以整合全球资源等等。(摘自东方网2006年11月24日专稿)两天后，《钱江晚报》报道，浙商将成为太空游中国第一人，费用为20万美元。这位宁波籍浙江商人再三要求不要透露姓名。有关方面说，如果把他从事的行业说出来，大家可能就猜到他是谁了。我想，这叫低调上高空。

"宁波帮"，说不完的话题

谈浙商，绕不开的必然是一个群体——"宁波帮"。毫不夸张地说，宁波帮是浙商群体的领端牛。所谓宁波帮，指的是长期背井离乡，作客他乡的宁波人，尤其是宁波商人在从事工商活动中逐渐由散而聚、由小而大、由弱而强壮大起来的一个群体——商帮群体。可别受传统思维的缧绁，一提到"帮"或者与"帮"相似的字眼就会想起黑社会，其实远非如此。从近代中国到现在，宁波帮一直是中国工商界的巨擘。在长期漂泊一般的经商活动中，令人欣喜地涌现出了一大批实业家——相同的是，这些实业家根植于宁波这一片热土，梦系于宁波故乡，人却在上海、天津、武汉，甚至香港、台湾，更有宁波人把商业的触角伸向遥远的海外。特别是20世纪初、中叶，由于国内政治晦暗、社会动荡、民心欠稳，宁波帮企业家不约而同地转向港台地区乃至世界各地艰苦创业。令人兴奋的是，他们抓住了世界经济尤其是港台经济迅速腾飞的历史契机，依靠他们在内地长期慢慢积下的丰富的从商经验，筚路蓝缕，奋勇拼搏，在海外开创出属于自己的一片天地。

20世纪40年代末，一大批宁波人经上海等地辗转漂流到香港，立足香港，谋求新的提升。转眼到了60年代，越来越多的宁波商人在香港和台湾的各个领域展露出自己超乎常人的强大，以渐渐洗去土地腥咸味的手推动着港台经济与社会发展的巨大杠杆。当时，一批堪称具备举足轻重作用的宁波籍经济巨子活跃在港台工商界乃至国际经济舞台，吸引着全世界人的目光。这些人中，有船王包玉刚、董浩云，有香港中华总商会会长王宽诚、香港贸易发展局主席安子介，有"棉纱大王"陈廷骅、"毛纺大王"曹光彪，有香港远东发展集团创办人丘德根、台湾"水泥大王"张敏钰、全美华商总会董事长应行久等。

特别需要提出的是，"影视大王"邵逸夫，更是其中的领头羊。

"宁波帮"在香港和台湾，在世界各地，在人们心中，熠熠闪光，真是须仰视才得见。长期以来，宁波人以自强不息、殚精竭虑、勇创宏业的精神风貌立于人们的仰慕里，活跃在人们充满钦佩的讲述中。

在香港回归之后，宁波商人更是起到了不可替代的作用。"九七"香港回归之后，宁波帮更是一如既往地树立自身形象，深入贯彻实施香港特别行政区基本法，为香港繁荣做出了重大贡献。

自己先富起来的同时，在世界各地从商的宁波商人还时刻未忘报效国家，时刻未忘帮扶乡邻，时刻不忘为桑梓的父老乡亲造福，达到了很高的境界。在宁波商人的心中，那一片故土，始终是他们心灵归依的所在，是他们梦想凝聚的地方。

很多人知道河南豫剧大师常香玉在抗美援朝时用巡演的收入捐献了一架战机，世界知名的翻译家杨宪益也曾经捐献了一架飞机，这些都是可歌可泣的伟大事迹。但很少有人知道，香港著名的"宁波帮"人士王宽诚在抗美援朝时，也曾捐赠了一架战斗机！包陪庆——包玉刚先生长女、环球轮船有限公司新一代掌门人、浙江省爱乡楷模，十分关心并大力推进浙江的文化产业和教育发展，倾力于社会公益的宏伟大业。当年，包玉刚先生捐资建立了宁波大学，而今，包陪庆女士继承父亲遗志，继续资助该大学，还在浙江大学首倡成立了"包玉刚国际基金"，该项基金用于浙江大学设立"包氏讲座教授"，目的是面向国际招聘知名学者。大力奉行"为国家富强多做些事情"的邵逸夫先生，曾先后捐赠了30多亿元港币，用于祖国各地的科教事业，几乎遍及各大学的逸夫楼，是一个讲述者和亲历者，向人们无言地叙说着宁波商人的辉煌。

3. "锦泰昌"，谁持彩练当空舞

心神不宁的邵老板

上海。

1907年冬。虽然是冬天，但天并不冷。

傍晚。

细雨蒙蒙。

邵行银（号玉轩）正在锦泰昌颜料行的后宅吃晚饭。此刻他显得心神不宁，连吃饭也似乎心不在焉。只见他一会儿停下筷子，一会儿又像想起什么似的猛地往嘴里扒几口饭，桌子上的菜竟然忘了动。

外面忽然传来一阵轻微的声音，他兴奋地放下碗筷，跑出去，却没有人。是细雨打在院中芭蕉的声音，和着雨轻轻地落在窗棂上的沙沙声响。其实，他忘记了，这是在颜料行的后宅，前面还有两道门呢，怎么会有人的脚步声响起呢？

有风，风吹在邵行银心里，激起他的一池秋水。

"老爷，您快吃吧，马上饭菜就要凉了。"在旁边守候的女侍实在看不下去了，就抖胆劝了邵行银一句。

"噢。"邵行银答应了一声，并没有责备"犯上"的女侍。

突然，一个声音响起：颜料行的前门被人拍得"啪啪"山响！邵行银心里一紧，他"霍"地跳起来，急切地对女侍说：

"快去看看，是不是太太那边有消息了？打探清楚后立即回来禀告我！"女侍不敢怠慢，马上向前厅跑去了。

邵行银已经几天几夜没有合眼了，的确，有一件事，一件非常非常重要的事搅扰得他坐立不安。

自从妻子在静安妇科医院待产以来，这些天一直没有消息传来。尽管经验丰富、"阅人无数"的法国妇科医师对邵行银再三表示说，"邵先生，您太太这胎是难产，估计要费些周折、用些时日。不过请邵先生您放心，我们医院见过各种各样的待产妇，不会有危险的。"

话虽如此，但邵行银几天来还是始终守在那家法国妇科医院里，甚至连商号里的生意也顾不得了，心里日夜牵挂着的都是妻儿的安危。心急更嫌时间的脚步慢，好不容易，傍晚才姗姗来临，邵行银先是安排了两个女侍在产房里守候，这才急切地返回家中。原本打算吃过晚饭以后再回到妻子身边，绵绵的秋雨就像他对妻子无尽的担心。

没想到医院那边有人报信来了。

但如果真是医院里的来人，他或她要报的信是什么样的信呢？吉还是凶？生的男还是女？

邵行银心里翻江倒海。

邵氏漂染坊

邵家世世代代都以商为业。19世纪末，和当时成千上万的宁波人一样，邵行银从他的故乡浙江宁波镇海郊区的朱家桥镇来到了当时日趋繁华大都会、十里洋场上海，想依靠自己的聪明才智和勤劳肯干淘出真金。

从祖辈起，邵家一直在朱家桥镇上开着一家染行，久而久之，染行在镇民们心中有了不错的口碑。当时的镇海属于经济十分落后地区，百姓们穿着的衣服，多是由棉花织成的粗棉布缝制而成。这些用手工织成的棉布变成身上的衣服，需要一道非常重要的工序——用颜料进行漂染。虽然并不乏有人先从市面上买来各色颜料，然后自己漂染，但毕竟太过麻烦，且自行漂染的技术也不过关，弄不好还把布搞坏。而邵家的漂染工艺是专业的，服务态度也是诚挚的，远非那些"土老帽"的小染坊所能比拟。这样，邵家漂染行就有了客户前来的可能。然而，因为朱家桥镇闭塞偏远，加之当时的交通条件十分落后，即便邵家的漂染手艺很高，服务热情周到，依然是门可罗雀。

漂染坊传到了邵行银手里，生意仍然不见起色。为此，胸怀振兴家业志向的邵行银经常发愁。

正因如此，心中的一个渴望便越来越逼真，越来越折磨人了。

邵行银18岁那年，终于等来了跟随父亲到大都市上海出售自家研制的漂染颜料的机会。此后，他就一发不可不收地喜欢上了这座地处海边和黄浦江边的繁华都市。心像苍鹰张开了翅膀，蓝天就在翅膀底下。其实，此时的上海还远称不上是国际大都会，但广阔的上海滩一定具备漂染业发展的广泛资源，这个念头已经深入邵行银的内心。

他决定，将来自己一定要把邵家的漂染坊开在这诱人的繁盛之地！

于是，他心里便有了一个大大的梦想。

不料，这梦想燃起的烈火，立即被阿爸的一盆冷水给浇灭了！

"阿爸，我给你说一件事。"

邵行银终于下定了决心。

"什么？"父亲对儿子如此严肃的口气给自己说话感到奇怪。

"我想把邵家的漂染坊开到上海去！"

父亲哈哈大笑。

"银儿，对上海动心了？"

邵行银点点头。

"有志向是好哇！可是银儿，你想过没有，咱这是小本经营，在咱朱家桥镇尚且维持不下去，到上海那大地方能吃得开吗？"

"怎么吃不开？上海人多，人多穿衣服就多，衣服多需要漂染的人也就会多呀！"邵行银胸有成竹地辩解。

"话虽这么多，可是，那么大的地界，人们都穿的是洋布，谁用咱家的漂染布呢？再说，你也看到了，上海已经有了不少漂染行，他们的生意嘛，我感觉到都是在苦撑着。咱能杀出一条血路吗？咱们只要守得住朱家桥这块风水宝地，只要咱把祖上传下来的漂染手艺继承下去，阿爸保你几辈子吃穿不愁！所以银儿，我劝你还是不要想入非非了吧。"听阿爸这么说，邵行银不吭声了。

邵行银梦想的翅膀并没有被父亲的反对而折断，只是他已经意识到，这个梦想是无法在老父健在时实现了。

"锦泰昌"的新生

梦想开花的声音，是最令人心动的。

邵行银29岁那年的冬天，10年前的梦想一直鼓噪在邵行银的心里，成为他支撑下去的重要理由之一。此时，阿爸已经故去了3个年头，终于，他举家搬到了上海，很快开起了一家漂染行，门面就选在一条临靠黄浦江的小街上。至于名字，邵行银想，就还用原来的名字好了，因为他搬到上海的目的就是让邵家的漂染技术发扬光大。现在，邵家漂染坊的名字终于要在上海现身了。

当邵行银将"邵氏锦泰昌"的旧招牌谨慎地请出来，再一次轻轻地拭去上面并不存在的灰尘，然后小心地悬挂在铺面不大的新漂染行门前时，他心里是打鼓的。对于漂染行在上海的祸福吉凶，他是实在没有底。但有一点他非常明白，要想把邵家的手艺发扬光大，要想做生意发大财，离开朱家桥镇是必由之路。至于到上海之后，自家的漂染技术是否会水土不服，是否能够得到上海人的认可，除了靠阿爸的在天之灵保佑，除了靠运气，就只能靠他的努力了。

事情正像那句老话说的那样：万事开头难。漂染行在最初几年里，生意像白开水一般寡淡，像阿爸生前告诫的那样，人们多是穿洋布，上门的顾客少得可怜。虽然如此，邵行银毫不气馁，还是兢兢业业地做着。多年来，他恪守着自己的经商准则，必须把顾客送来的衣料染上3遍，漂上5遍，否则这些布品就绝对不会被送到客人的手里。在所有漂染过的衣料出店之前，每块料子都必须经过严格检查，检查分好几道工序，最后一道工序往往是邵行银亲自把关放行。正是因为把信誉看得像自己的眼睛一样重要，所以邵行银的"锦泰昌"漂染行才渐渐有了名气，有了市场和信誉，有了越来越多的回头顾客。顺理成章地，"锦泰昌"告别了原来的小街，搬到了静安寺附近的一条大街上来。搬迁后的"锦泰昌"不论是门脸上还是格局上均比从前排场了许多，不但经营传统的漂染业，还在店里另设一家颜料局子，专门出售祖传下来的蓝、黑、红三种颜料。经营范围的扩大，意味着经营理念的提升，"锦泰昌"兴隆红火，令人羡慕。

"梅雨之夕"

就在这个"无边丝雨细如愁"的冬天的傍晚，刚扒拉了几口饭的邵行银就接到了来自静安妇科医院的消息，说他的太太马上就要临产。他又兴奋又忐忑，立即跳上一辆人力洋车，直奔那家法国妇科医院。时间像蜗牛爬行，心思像疾风飞卷。走廊里回荡着婴儿响亮的啼哭，邵行银刚进走廊就听到了。他心跳加速，兴奋地喊道："这是我的儿子，我的儿子出生了！"父子连心，邵行银说得没错，果然是他的儿子降临到了人间。邵行银三步并作两步地冲进产房，高兴得忘乎所以地连连对产床上的妻子大声叫道："老六啊，这可是咱们的老六啊！"如果没有人，邵行银一定会在虚弱的妻子脸上亲一下，感谢她为邵家又添了一个男丁。

于是，时间定格：1907年10月14日。

特别说明：

关于邵逸夫的出生日期，媒体和坊间曾经有过诸多疑问。

香港媒体曾经刊登一张偷拍得来的邵逸夫的身份证照片，证上显示出生日期为1907年10月14日。

然而，仅仅三天之后，该报调查发现身份证上的日期为农历，经过核对万年历，得知邵逸夫的阳历出生日是1907年11月19日。

更为奇巧的是，这个日子与若干年之后他接管的香港无线电视的台庆同月同日。

渐渐平复了中年又得儿子的狂喜，很快，邵行银便给儿子取了个名字——邵仁楞。好古怪的名字啊，真不知道疼儿子的邵行银究竟是怎么想的。为此，笔者私下里查了查词典：楞，其读音有两个，léng和lèng，读léng时指物体上一条条凸起来的部分，读lèng时有失神、发呆的意思。如果考虑到中间的那个"仁"字，莫非邵行银的心里，"仁"像一个实物一样，希望自己的儿子成为"仁"这个物件上突出的一部分吗？如果取楞的后一个意思，莫非邵行银希望儿子在仁爱之心上达到一种执着得近乎痴呆的境界吗？不得而知。

幼子邵仁楞的出生，在让邵行银感受到"多子多福，天助邵氏"的同时，也惊讶地发现六儿子有太多的与众不同，似乎要给邵氏家族带来更大的好运气：六子仁楞有一种与他的年龄和阅历极不相仿的沉着稳重，这显然是他三位兄长不具备的；为此，邵行银特意察看了仁楞的手相，仁楞的手掌柔软如丝棉，白皙若处子，完全不像长子那样手掌坚硬如铁。邵行银骄傲地对妻子说："看阿楞的手掌，将来必是经商的奇才，因为他长了一双女子的手，邵家的家业发达必由阿楞实现！"

邵仁楞初读小学时，就对国语如痴如醉，年刚十多岁就能背诵整本唐诗。通过观察，邵行银看待老六的眼光，就有了与看其他儿子不同的内容：除了父亲对儿子的喜爱之外，似乎又加入其他的元素，比如更大的希望之类。

很快，邵仁楞就到了读书的年纪，邵行银像当年送仁杰、仁棣一样，把六子仁楞送到美国人在上海开办的"青年会中学"读书，远离了陈旧僵化的私塾教育。在现代气息浓郁的青年会中学，邵仁楞幸运地接触到了新的理念、新的思想、新的思维方式，并能说一口流利而标准的英语。更值

第一章 邵家起申城『天一』应运生

得庆幸的是，此时的上海娱乐事业已经在蓬蓬勃勃地发展。惊奇欣喜之余，邵仁楞对电影娱乐行业有了浓厚的兴趣和无限的向往！

有一天，邵仁楞对父亲郑重其事地谈了一件事。

"阿爸，我想改名字。"

"为什么呀？"

"不好听。"

"名字只是个代号，叫什么不行啊？再说，你们的名字……"

"我知道阿爸，名字是您翻了无数次族谱才给我起到的。"邵仁楞的性格里，稳重而不失幽默感，对老父也是这样。

"知道就好。"

为了不让父亲太过伤心，毕竟改名字是对父亲的否定嘛，这事可大可小，甚至可以被人认为是不孝的表现，四兄弟经过慎重商议之后，有了一个共识：父亲起的名字可以保留，但需要另起一个号，像古人那样。这样，兄弟三人就各自有了自己的新名号了。邵仁杰自号醉翁，邵仁棣自号邨人，邵仁枚号山客，邵仁楞号逸夫。

然后，邵仁楞又找到阿爸。

"阿爸，我想好了。名字不改，但我也给自己起了个名号。"

"什么名号？"

"逸夫。"

"一夫？一夫作难而七庙隳的一夫吗？那是独夫的意思呀，你这口气太大也太不吉利了吧！"

"阿爸，是安逸的逸。"

"噢，逸夫，安逸的农夫，是跟你三个哥哥学的吧？"

"是。我希望自己能够安安逸逸过一生，难道阿爸你不希望吗？"

"希望是希望，但我总觉得和咱邵家的宗旨不太相符。我可是全靠你振兴邵家家业呢！"

邵仁楞知道，父亲没有极力反对，就是默许了。这样，邵仁楞把旧名

"邵仁楞"变更为"邵逸夫"，这个新名字开始只在学校使用，后来，就在一切公开而庄重的场合使用，到今天，"逸夫"不仅在平面媒体诸如报纸、杂志、书籍上使用，也在现代的媒体诸如网络、电视上使用，即便很多大学的图书楼上，也有这两个字。

逸夫，多么恬淡的名字，安逸的农夫，可心怀大志的他，哪有安逸的时候？心有责任则安，力能益人则逸，可能取名为"逸夫"的初衷也应该包括这样的因素吧！

数十年之后，"逸夫"像一盏明灯，真的在人们心里照耀了。不过在邵逸夫的青壮年时代，人前背后很少有人叫他"邵逸夫"，亲近他、喜欢他的人只愿意亲切地喊他"老六"。

老六，在中国人的心里，"六"是一个吉利的数字，六六大顺嘛。邵老六，老六，你的一生真的是一帆风顺的吗？

4. 邵氏全家福

据说，五男三女是中国人多子多福的最高境界，而邵行银就达到了这样的"最高"。

邵行银有八个子女——五男，三女。"五男"依次是：仁杰、仁棣、仁枚、仁楞、仁葆。

心强的长子——邵仁杰（醉翁）

邵仁杰是长子，1896年出生于浙江宁波镇海的朱家桥镇，别号邵同章，自小就聪颖过人。因为是长子，他的名字颇让初为人父的邵行银思量。"生当作人杰"，李易安的诗词应该在邵行银的心里闪过瞬间的光亮。虽然"仁"字辈已经固定，这是老祖宗传来的规矩，但"杰"字与"仁"字搭配起来之后的确让邵行银骄傲了许久。长子，在父亲的心里寄托着多么重的希望啊。后来，邵仁杰不曾忘记父亲的希望和重托，在上海创立了天一电影公司，为后来邵逸夫成就影视霸业打下了基础。

在邵仁杰的家乡朱家桥，只要提起在私塾读书的邵同章，无人不伸出大拇指。正因如此，父亲邵行银不满足于让邵仁杰这个长子学着他经商，因为他觉得，经商只是为了生计，不得已而为之，真正能令家庭飞黄腾达，真正能光耀门楣的却不是经商，而是做学问，学而优则仕，或者成为一名律师。于是，邵仁杰在随父亲搬来上海的第二年，就进了洋人办的学堂，学起了时髦得令人咋舌的英语。不负父望，邵仁杰一学即通，学英语"势如破竹"，说起英语来也如同汉语一样流畅。

1912年，邵仁杰报考了上海有名的神州大学，专攻法律科。邵行银对儿子的学业和前途作如此安排，当然是因为他从小在家乡不断看到家人因为家族里没有有势的人而频受欺负。于是，邵行银就想，如果他的儿子能成为一名律师，邵家便能免除被人欺负的霉运。

1914年，邵仁杰以优异的成绩从上海神州大学顺利毕业，并不负父亲所望，很快即在上海地方审判厅谋得了一个律师的职位，从而实现了乃父想让儿子成为一名律师以支撑门户的愿望。

让邵行银没想到的是，当上律师不久，邵仁杰就渐渐厌倦了律师这个职业，并一心想走父亲所走的经商之路，因为他觉得，男子汉应当如夫子所言的"君子不器"，即君子不应只有一种用途。而自己具备多方面的才能。邵行银一开始非常反对儿子轻率地否定自己为他定下的正途的做法，但慢慢地，邵行银也想开了。因为他看到在上海这样的大城市，像家乡那样动辄受人欺负的事情并未发生，这样，有没有一个律师的儿子似乎并无太大的区别。"儿子大了，有自己的思想了，由他吧！"邵行银开明地想。于是，邵行银就默许了儿子的"不孝"之举，这样，邵仁杰就成为了一家中法振业银行的经理。

邵仁杰果真如他自己所想的那样，有多方面的才能，在经商的道路居然干得风生水起。因为他在银行里供职，很快就结识了一些商界人物，并和人合伙办起了商号。虽然在当时的上海滩，商号随处可见，但由于邵仁杰超乎寻常的聪慧和敏捷，很快就赚得一笔大钱。这样，他就开始独立经营一些产业。邵行银看到儿子把生意做得风生水起，心里自然高兴。然而，久在商海浮沉的邵行银叮嘱儿子说："阿杰，经商就如同在悬崖上走，稍有不慎就会跌进万丈深渊，你知道吗？"

"阿爸，您就放心吧！"

心强的邵仁杰自以为智商高，能力强，又是名校毕业，又在商海摸爬滚打多时，自然就把父亲的告诫当作秋风过耳。此时，他已然和友人合资在北京、天津、上海、杭州等地次第开了30多家商号。

一切都似乎顺风顺水。

一切都似乎预示着邵仁杰这个少年才俊会很快出人投地，超过他的父辈，为邵家增光添彩。

然而，1920年到来的时候，一切都变了样——一天夜里，邵仁杰的一个黑心合伙人卷起合作伙伴凑得的钱披夜潜逃。事业上的致命打击，让邵仁杰不由得想起阿爸讲过的话，也不由得想起祖父告诫阿爸的话，他明白，做生意也需要稳扎稳打，不可操之过急，不可好高骛远。这不，不听老人言，吃亏在眼前。

知道这些，还不算晚。

精明的次子——邵仁棣（邨人）

邵仁棣是邵行银的次子，刚一出生就让人看出他与兄长邵仁杰迥异：他性格内向，不事张扬，为人处事谨小慎微。但他和哥哥邵仁杰也有相同之处：从上海知名学堂以超乎常人的好成绩毕业之后，邵仁杰也对经商产生了浓烈的兴趣，尤其是对理财情有独钟，这点毫无疑问是受到邵行银的遗传。

现代科学研究证明，人的一般左脑具有语言、概念、数字、分析、逻辑推理等功能，而右脑具有音乐、绘画、空间几何、想像、综合等功能。

一般来讲，理财用的是左脑，左脑发达的人往往右脑一般；反之亦然。但邵仁棣不是这样。除了喜欢并擅长理财等需要左脑运行的事情外，邵仁棣居然还喜欢并擅长文学和写作，他的文章在学校里频频受到嘉奖，有的文章还曾在一些小报发表。每当此时，父亲邵行银既惊奇又欣慰。邵行银由衷地说："阿棣，你能把文章写得如此的好，足以证明你的聪慧是超过常人的，将来你就专门从事写作好了。在另一方面为咱邵家争光！"

为了不让父亲太过失望，邵仁棣先是假意答应父亲，但后来，随着年龄的增长，邵仁棣也选择了经商这条路，这又让父亲为之失望了一阵子，但一想到长子仁杰的事情，失望之余，邵行银只得又用孩子大了，有想法了之类的理由来安慰自己。

实干的三子——邵仁枚（山客）

邵仁枚是邵行银的三子，他秉性笃诚憨厚，不怕困难。遗憾的是，随父亲搬到上海后他没能像兄长邵仁杰那样博览群书，甚而，因为能对学到的东西举一反三、触类旁通，竟也掌握了超出常人的本领。若干年之后，当长兄邵仁杰在上海天一电影制片公司的时候，邵仁枚凭借他过人的吃苦耐劳的品质，最终成为赫赫有名的实业巨子。

1924年，老大邵仁杰（醉翁）创办了天一影片公司，老三邵仁枚担任编剧和影片发行。由于邵仁枚的踏实肯干，不轻易服输，最大限度地拓宽了发行市场，最大程度地缩短了电影制作的周期，因此使邵氏的影片具有很强的竞争力。

在天一公司遭遇六合围剿的时候，为了早日使"天一"走出困境，邵家兄弟决定，由踏实肯吃苦的邵仁枚到南洋开创新局面。1926年，邵仁枚带着邵逸夫南下新加坡开拓南洋电影市场。并于1930年，在新加坡成立"邵氏兄弟公司"，经营多间戏院及电影发行。到1937年抗战前夕，"邵氏"在新加坡、马来西亚、爪哇、越南等地已拥有110多家电影院和9家游乐场，并建立了完整的电影发行网，称雄东南亚电影市场。"邵氏兄弟公司"与"天一公司"南北呼应，分工协作，共同打造"邵氏"的电影王国。

三个儿子之后，邵逸夫之前，两位女儿降临人间。邵行银的这两个女儿，如花似玉，加之自小即受到的良好家教，个个有不俗的气质。内外兼美的两位名媛，先在女子中学读书，后又各自进了上海的大学，最后都找到了自己的归宿——和富豪的公子结为秦晋。

邵行银年过五旬之后，又添了第八个孩子，仍然是个男孩，邵行银高兴地为幼子起名为邵仁葆。之所以如此高兴，一是为邵家人丁兴旺而高兴，二是为自己虽然年纪渐迈仍有如此好的身体。想到自己的八个子女，日渐浑浊的邵行银的眼里，不由露出自信的微笑；渐渐多了深深皱纹的脸上，如有花朵绽放开来。

⑤ 时尚电影情结

……
那些熟悉的名字和模糊的影像,
述说着岁月的传奇,
演绎着上海的人生百相。
那些在当初生存着而今已逝去的人影,
现在与我们的呼吸同在。
……
上海的石库门、上海的百乐门,
上海的月份牌、上海的滑稽戏,
上海的阮玲玉、上海的张爱玲,
还有形形色色的在这个城市中存在过或者仍旧存在着的人和物。
当怀旧的气息染满街道和窗棂的时候,
那些沾满尘埃的泛黄的老照片,
又重现了从前的繁华和梦想……

以上是关于上海的一首诗,上海,从古到今,一直在以无比香艳的形象鲜活于人们的仰慕中。

20世纪初,上海已经成长为一座国际化的大都市,有"远东第一城"之美誉。随着西方的生活方式和文化产品的大量涌入,称为"西洋影戏"的电影便随着众多的舶来品登陆上海滩。

于是,娱乐场所之一的徐园内就经常放映电影,以此招徕游客。

1895年12月28日,是世界电影史上一个伟大的日子,它被公认为电影时代的正式开始。这一天，法国里昂青年卢米埃尔兄弟在巴黎卡普辛路14号咖啡馆内，营业性地正式放映了《婴儿的午餐》、《卢米埃尔工厂的大门》、《水浇园丁》、《墙》等几部影片，这是世界最早的几部影片。它们向世界宣告可以连续放映的新的光影艺术——电影的诞生。短短两年内，电影这个极具魅力的"美人"便吸引了全球的目光。在世界东方的上海，当然也不会放过电影这种洋玩意儿。

下面笔者列举几件事实：

公元1897年，美国人詹姆斯·里卡顿在天华茶园内放映爱迪生的影片，美国电影自此进入中国。

1898年，爱迪生派摄影师来到中国，拍摄了记录片《中国仪仗队》。

1902年初，电影传到北京。在北京前门打磨厂"福寿堂"内，外国小影商放映了《黑人吃西瓜》一类滑稽逗人的短片。1903年，中国留学生林祝三携带影片和放映机回国，租借北京前门打磨厂的天乐茶园放映电影，开始了中国人自己放映电影的历史。随着电影业的急剧发展，电影的放映由街头、集市、茶馆、跑马场、溜冰场等热闹场所转入电影院。

1907年12月，北京大观楼影戏院改建竣工，开始演戏并放映电影。同年，中国第一座电影院——平安电影公司在北京长安街建成，由外商经营。20年代以后，电影放映业逐渐从上海北京两地延伸到沿海及内地城市。除了在城市建立电影院外，电影也因为江湖商人的巡回放映，进而深入到小市镇和乡村。这个时期放映的影片大多是外国片。

邵逸夫光彩夺目的一生注定会浓墨重彩地染上电影的色彩：他出生之时，正是中国电影诞生之时；他出生之处，正是中国电影的落草之处；他见证着中国乃至世界电影的辉煌，电影也在时时精彩着他的世纪人生。

6. "天一"，我的电影梦

1922年，邵行银的两个女儿先后出嫁了。而他的四个儿子，也一个个先后步入了社会。这时的邵行银已届颐养天年的耄耋高龄。

夏天在蝉的聒噪声里裹挟着热浪而至。就在这一个夏季，让邵行银非常烦恼！

烦恼不是因为天热，也不是因为自己生意不顺，而是因为长子邵仁杰。

因为合伙人携款潜逃，邵仁杰遭受了巨大的打击之后，一蹶不振。在后来的一年里，邵仁杰整天待在家里，无所事事，或者沉浸在苦恼、后悔和仇恨之中。

这天，邵仁杰忽然对邵行银说："阿爸，我要重新振作起来，不让您老为我操心了！"

邵行银一听，非常高兴。儿子的蛰居，实在令他担忧。

"好哇！阿爸支持你！"邵行银仿佛又看到了那个意气风发的青年人。

"阿爸，既然您支持我，我就跟你说说我的想法。"

"是啊，你有什么想法？"邵行银有点自责，竟然忘了儿子想要干什么了。从小到大，他一直是一个很有主见的孩子。

"我想重新经商！"

"啊？"邵行银似乎没有听清。

"阿爸，我想重新经商，把以前赔的钱挣回来！"

"就你现在的样子，再做生意，不是还要赔吗？"

"怎么会呢？我已经上过一次大当了，不会了！"

"阿杰，你知道吗？世上的事是说起来容易做起来难哪！"邵行银实在不放心长子在这样的状态下重新投身商场。

"阿爸，为了表达我的决心，我已经给自己改名叫醉翁了。现在我叫邵醉翁！"

邵行银大吃了一惊！

吃惊是必然的，一是因为长子的重新经商的请求，二是因为长子的易名。"醉翁"，这叫什么名字啊？宋朝的欧阳修自号为醉翁，他多大年纪你多大年纪啊？再说，人家那时当着太守，你呢？不过是一个做赔了生意的窝囊废罢了，还叫什么醉翁！

"这名字我不同意！"邵行银斩钉截铁地说。

"阿爸，你不是说过吗，孩子大了，有自己的想法了，大人就不必太过干涉了。你今天怎么这样呢？"

一句话把邵行银的嘴堵住了。是啊，他确实说过这样的话。

"阿爸，您老也不想让我一辈子待在家里吧？刚才我是在宣布我的决定，不是征求您的意见的。我也想为咱邵家做点事情啊！"

邵仁杰的话邵行银相信。可是，经商那是一句话可以说完的吗？

"那你打算干什么？"

邵行银想想，也是，儿子好不容易想明白了，好不容易从痛苦中走出来了，想干点什么就干点什么吧！看他那架势，硬不同意好像也说不过去，反正自己的有生之年还能为他指点指点。

"我要从事文化娱乐业！"

"不行！"邵行银的口气毫无回旋的余地。

"阿爸，难道您非得让我从事咱邵家最擅长的漂染业吗？可那已经过气了呀，再说，我也对这行业既没兴趣又无经验！"

"没兴趣可以培养，没经验可以积累。有阿爸在，你很快就会出师的，咱邵家的漂染行还得靠你哩！"

"阿爸，我还是那句话，我是在给你说我的决定，不是征得您的同意！"

"你知道娱乐业是什么人从事的吗？都是些有闲阶层浪荡公子哥啊，难道你真的成了喝醉了的老糊涂了吗？"邵行银十分伤心。

"阿爸，您说的早已是老皇历了。"邵仁杰，不，邵醉翁笑笑对邵行银说："阿爸，这次我不但没喝醉，而且头脑还异常清醒。我已经看中了正到处张贴广告急于出卖的'小舞台'。我正打算用我的积蓄，把'小舞台'盘下来，重打锣鼓另开张。我之所以看中'小舞台'，正是由于它位置好，那可是块风水宝地啊！"

"仁杰，你知道你在胡说些什么吗？你竟然会想到要买下那个无人问津的'小舞台'？你知道吗，一个月前我就从《申报》上看到'小舞台'要转手的消息了，但我始终觉得这事不能做。个中原因你可以自己想去，想好了再跟我说。"

邵行银说得不错，他确实从友人口中得到了"小舞台"的一些内幕，比如它的地理位置太过偏僻，比如它的经营不善，等等。但他做梦也没想到，自己的长子居然要把这个烫手的山芋抢到手里，含到嘴里！气得邵行银浑身发抖："仁杰，像你这样的痴人憨人，怎能做好生意呢？什么文化娱乐业，哼，说得好听，那可是一个只会烧钱的无底洞啊！"

邵醉翁默默地从父亲身边离开，唉，阿爸老了，跟不上时代了。想当初他跟祖父说要到上海开漂染坊却被祖父拒绝的心情应该也是这样吧？我应该趁还算年轻的时候干些事情。

邵醉翁决心更大了。

功夫不负有心人，邵醉翁不但收购了"小舞台"，并且使之重整山河——为"小舞台"重新起了名字叫邵氏"笑舞台"后隆重开张了！

更让老迈的邵行银惊奇的是，一向认为手掌铁硬、没有写作素质的邵仁杰，竟然也能像仁棣那样写起了剧本！邵醉翁《梁祝痛史》的推出，一扫"小舞台"一贯的门前冷落鞍马稀的局面，一下子变得生意火爆起来！

一时间，《梁祝痛史》人人争睹而快，"笑舞台"一票难求！这部根据民间传说改编而成的大型越剧，在演员的再次演绎下，迅速占据了观众的心灵！邵醉翁的名字也随着"笑舞台"和《梁祝痛史》一起被《申报》所载。

邵醉翁，邵仁杰，终于从失败的废墟上勇敢地爬起来，实现了进军文化娱乐业的美丽梦想！

7 商场兄弟兵

在邵氏电影王国的前身——上海天一影片公司，邵逸夫与大哥邵醉翁、二哥邵邨人、三哥邵山客各司其职，各展其长：老大邵醉翁是制片兼导演，老二邵邨人擅长编剧，老三邵山客精于发行，而邵逸夫则擅长摄影。兄弟同心，其利断金，同心之言，其臭如兰。由于四兄弟的通力合作，1924年，天一公司推出了中国电影史上第一部长故事片《立地成佛》！

《立地成佛》由邵邨人编剧，邵醉翁导演，邵逸夫摄影。影片讲述了一个非常感人的故事：一个军阀，爱子被人打死后，他就变得更加暴虐凶残，后来得到老僧指点，醍醐灌顶一样的醒悟，削发为僧，最终修成正果。影片的主旨是通过这个故事指点人生的困惑。影片上映后，票房火爆。四兄弟取得了联手之后的第一次成功。

万事开头难，但邵氏兄弟的开头则带着喜剧的色彩。

初尝成功滋味的邵氏四兄弟更加信心百倍。

第二章　　**分兵战南洋　星城结良缘**

山重水复疑无路，柳暗花明又一村。多番的愁眉紧锁，换来了一朝云开月明。

多少次恨命运不公，最后都被一种叫做理想的东西打败。东游西荡般的放映生涯，苦行僧一样的事业开创历程，磨炼了邵逸夫的意志，让他在困难面前抬起头来，睥睨对待。春去秋来，罗厘载着兄弟俩，也载着"天一"的影片，硬是走出了一条坚实的道路。

收购了"大世界"游乐场；收购了多家戏院，与别人合资开设戏院……

① 名角风波

　　1923年，邵家所有的家业中只剩下"笑舞台"和一幢房子。破釜沉舟一般，邵氏兄弟毅然卖掉房子，举家搬进"笑舞台"。并于第二年，邵醉翁牵头成立了"天一电影公司"，取天下第一之意，开始拍摄电影。从公司的命名上即可看出邵氏兄弟的雄心，这份雄心奠定了日后电影王国的雄厚基础。"天一"在自己的童年期里，高调地向外界宣示自己的拍片宗旨：注重旧道德、旧伦理，发扬中华文明，力避欧化。

　　这个宗旨既大胆又合乎国情民情，在民众间引起了广泛的共鸣。

　　只有宗旨当然远远不够，还必须有行为。很快，《立地成佛》这无声影片便横空出世。这部电影取得成功后，邵醉翁自信的风帆霎时被鼓得满满的。为了"天一"的长足发展，他把自己的兄弟都召集来，一起打造"天一"，其中包括正在上学的邵逸夫，让他一边上学一边兼职。四兄弟的分工是这样的：邵邨人精于理财，就让他出任会计；邵山客颇有"外交"才能且吃苦耐劳，就让他担任发行，邵逸夫则学做摄影兼学编剧。以后的几年里，天一公司由胡蝶主演的《梁祝痛史》、《珍珠塔》、《孟姜女》等影片相继问世。与当时的"明星"、"大中华百合"两个影片公司在上海滩形成了三足鼎立之势。

　　1926年起，"天一"开始拍摄古装片，由于取自古典小说或民间故事，本身这些小说或故事就有曲折甚至离奇的情节，加上编剧的精心改编，就有颇多吸引观众的地方。于是，古装片大行其道，市场一片光明。

　　1928年，"天一"进一步拍摄《混世魔王》和《乾隆游江南》，还拍摄了取材于《水浒传》、《三国演义》、《西游记》、《三言二拍》等古典小说的诸多影片,这些影片使天一公司日渐壮大,不光掀起了古装片的浪潮,还掀起了神怪武侠片的热浪。

天一公司,以不可忽视的形象和不能小觑的姿态迅速跻身于上海的电影行业前列!正当天一公司日趋发展甚至强悍之时,一件让人揪心的事情发生了!这个事情促使以邵醉翁为首的邵氏"天一"公司不得不调整思路,改弦更张。

天一公司的台柱子胡蝶,被"明星"电影公司挖走,巨大的变故一下子让"天一"不知所措了!

"阿杰,这可怎么办哪?"

"是啊大哥,天一公司可少不得胡蝶啊。"

邵仁棣和邵仁枚都没了主意。

"事情已经是这样了,再可惜再难过也于事无补,还不如及时想法渡过这个难关!"还是邵醉翁要沉着。一是因为他是老大,老大就是领头羊,是主心骨;二是他经历过这样的变故,当年他的合作伙伴的卷款潜逃既给他教训,也给了他坚强和临事不乱的沉稳。

"有什么办法?"邵仁棣心里真是没谱,善于理财的他在这样的事情面前完全被击懵了!

"还能怎么办?立即启用陈玉梅!"邵醉翁不容置疑地说。

原来,通过长期观察,邵醉翁发现,有一个叫陈玉梅的女演员勤劳踏实,朴素随和,显见是一个靠得住的人。便想再观察一段时间后让她演更重要的角色。谁料,胡蝶的突然被挖走,让这个观察的期限大大缩短!是时候了,让陈玉梅上吧!邵醉翁暗下决心:一定要设法把陈玉梅推出去,一定要让她成为大明星,比胡蝶还耀眼的明星!

陈玉梅,江苏孟河人,1910年出生。1926年出演处女作《唐伯虎点秋香》,素有"老板娘"之称。代表作有《唐伯虎点秋香》、《夜光珠》、《大学皇后》、《生机》等,1985年逝世。

陈玉梅原名费梦敏,15岁时进入邵氏"笑舞台"训练班,16岁进入天一影片公司，被力捧。她从影较早，1923年，商务印书馆影片部摄制《松柏缘》一片时，她作为配角首登银幕，但未能引起人们注意，1926年，天一公司老板邵醉翁与裘芑香联合执导影片《唐伯虎点秋香》，邵醉翁大胆起用了年仅16岁的新人陈玉梅扮演秋香一角。影片公映后，反应平平，此时，陈玉梅只是天一公司排在胡蝶、吴素馨之后的一名"二线演员"。

后来，陈玉梅与邵醉翁双双坠入爱河，不久，即嫁与邵醉翁。此时，恰逢上海一家电影刊物发起评选影后的活动，邵醉翁为讨陈玉梅的欢心，不惜花费金钱，购得大批刊有选票的刊物，填上陈玉梅的名字，使她继张织云之后顺利登上了"电影皇后"的宝座，尽管她的演技并不十分出众。此后八年内，陈玉梅得以主演了《生机》、《挣扎》等30余部电影，被杂志评为"电影皇后"。1934年，陈玉梅息影。

陈玉梅有个外号——"节俭明星"，据说她拍戏时，身为老板兼丈夫的邵醉翁舍不得用名贵的布料为她制作戏装，所以她总是穿一些旧戏装凑合着演。尽管如此，由于她的演技不错，又频频在银幕上露脸，从1930年起，陈玉梅已成为上海滩屈指可数的大明星，陈玉梅拍的影片，大多数是与当红小生孙敏合演的，这段时间是陈玉梅走红的时期。

但当邵醉翁将自己的想法说与兄弟们时，却遭到了他们一致的反对。

"阿杰，你确定你相信的眼光吗？"

"大哥，你不要忘了胡蝶的教训啊。一个鸟翅膀硬了的时候是会飞走的！"

"你们别管，大哥自有办法！"邵醉翁仍然成竹在胸。

说干就干，邵醉翁不惜重金打造陈玉梅，使她很快成为当时最耀眼的明星——中国电影皇后！与此同时，在感情上，邵醉翁对陈玉梅展开攻势，最终陈玉梅成了邵醉翁的妻子。

至此，邵仁棣、邵仁枚他们才明白大哥所说的"自有办法"的含义。

成为了一家人，谁还能把这个名角挖走？

通过兄弟们的共同努力，"天一"终于走出了墙脚被撬的困境。

美丽的蝴蝶——胡蝶

胡蝶,汉族,原名胡瑞华,乳名胡宝娟。

胡蝶原籍广东鹤山沙坪坡山水寨村,1908年生于上海。

1924年,胡蝶进入上海中华电影学校第一期演员训练班学习,结业后参加无声片《战功》的拍摄。后相继在"友联"、"天一"等影片公司主演《秋扇怨》、《梁祝痛史》、《铁扇公主》等20余部古装片。

1928年入明星影片公司,曾主演《白云塔》、《火烧红莲寺》、《啼笑因缘》、《空谷兰》等影片。后主演中国第一部蜡盘配音片《歌女红牡丹》,以及《狂流》、《脂粉市场》、《盐潮》等左翼影片。

1933年,胡蝶在有声片《姊妹花》中兼饰一对性格迥异的孪生姐妹。1935年参加中国电影代表团出席莫斯科国际电影展览会,并随团赴德、法、英、意等国电影界考察。"八·一三"事变后去香港,主演《胭脂泪》、《绝代佳人》等影片。后至重庆居住。抗战胜利后复去香港,一度经商,并曾主演《某夫人》、《青春梦》、《明月几时圆》等影片。

1967年息影,定居加拿大。

胡蝶从小即对表演感兴趣,16岁那年成为中华电影学校的学生,毕业后与影星林雪怀相爱,终至订婚。后胡蝶成为家喻户晓的明星,而林雪怀的生意却困顿不堪终至放纵堕落,胡蝶无奈,走上法庭,解除了婚约。后胡蝶去北平拍外景,被日本特务阴谋诬陷,说她在"九·一八"之夜和张学良跳舞而被报纸中伤为"红颜祸水",此时洋行职员潘有声深爱着胡蝶,在胡蝶荣登影后之后,两人终成眷属。

抗战爆发,胡蝶一家避居香港,香港沦陷,胡蝶全家又辗转逃到重庆。后偶遇戴笠,戴笠对胡蝶一见钟情,竟使胡蝶、潘有声咫尺天涯,胡蝶被幽禁,被迫和戴笠同居。戴笠一心想和胡蝶结婚,却没想到抗战胜利后却因飞机失事死于非命。胡蝶重新和潘有声相聚,后来全家移居香港。几年后,潘有声病逝,胡蝶移居拿大。

1989年4月23日胡蝶在加拿大温哥华安然长逝。她留下的最后一句话是："蝴蝶要飞走了。"

胡蝶的表演生涯一直从20年代末延续到60年代。然而，她最辉煌的时期是在三四十年代。

30年代初，她主演了中国第一部有声片《歌女红牡丹》，她把一个忍受丈夫虐待与压榨而毫无反抗、心地善良又有几分愚昧的女性刻画得相当成功。在第一部左翼电影《狂流》中，她塑造的秀娟不但富有反抗精神，而且内心世界十分丰富，受到好评。她主演的《姐妹花》是她表演艺术的高峰。在影片中，她一人饰演有着不同生活道路的双胞胎姐妹大宝、二宝，把两个身份悬殊、性格各异的女性刻画得惟妙惟肖。这部影片30年代在国内打破国产影片有史以来上座率的最高纪录，后来到东南亚、日本、西欧诸国演出，也大获好评。胡蝶饰演过娘姨、慈母、女教师、女演员、娼妓、舞女、阔小姐、劳动妇女、工厂女工等多种角色，她的气质富丽华贵、雅致脱俗，表演上温良敦厚、娇美风雅，一度被观众评为"电影皇后"。胡蝶横跨默片和有声片两个时代，成为三四十年代我国最优秀的演员之一。

蝴蝶飞离"天一"

邵氏的"天一"公司使胡蝶成为当红影星，然而成名后的胡蝶却为"天一"而烦恼——

随着名气的越来越大，观众缘的越来越深，胡蝶对自己的要求也越来越高。她暗暗下定决心，一定要成为最耀眼的红星！

然而，"天一"似乎并不这么想，它还是像一辆开足了马力的老爷车，在费力狂奔。狂奔的过程中，它的零件在不时地掉落，可是，它似乎未曾看到，或者无暇他顾。

胡蝶已经觉得，粗制滥造的"天一"必将阻碍她的发展。可是，又能怎么样呢?

机会来了。

1927年底,在当时首屈一指的明星公司向胡蝶抛来了"橄榄枝"。

高梨痕向胡蝶传来信息:"明星"欢迎胡蝶加盟。

高梨痕原为"天一"的主要成员,胡蝶曾主演过他编剧的影片,此时,他已转入"明星",成为"明星"的编剧兼导演,"明星"用他前来"挖"胡蝶。

来自"明星"的邀请正中胡蝶下怀。"明星"自1922年成立以来,已在影坛确立了不可动摇的霸主地位,走入"明星",无疑是走上了成为一流影星的希望之路。然而,当初给胡蝶带来巨大喜悦的与"天一"的长期合约此时却成为捆住她手脚的一条无形绳索,要去"明星",就得毁约。当时,并非无人因跳槽而毁约,但总得要付出代价,轻者赔钱,撕破脸皮,一拍两散;重者对簿公堂,非闹个灰头土脸不可,在观众心目中的形象也不免大打折扣。

然而,胡蝶心里也有难言之隐——

她与"天一"的合约尚未到期。

"天一"对她有知遇之恩,并助她成名,主动毁约,于心不忍。

胡蝶不愿意也不能够断然毁约,这是她的原则。

"山重水复疑无路",胡蝶的"明星"梦出现了僵局。

然而,很快,柳暗花明又一村。

1927年底至1928年初接踵发生的两件事使胡蝶顺利地与"天一"解除了合约。

其一,自1927年开始,"天一"捧起了另外一位女影星陈玉梅。此后,陈玉梅在"天一"渐渐压倒胡蝶而成为公司的台柱子,胡蝶即萌退出"天一"之想,当邵醉翁的心思全部用在陈玉梅身上的时候,主动提出结束合约确是大好时机。但胡蝶仍觉得理由并不充分,难免于心不安。

其实,有人说,邵醉翁力捧陈玉梅是在胡蝶被挖之后才正式开始的,此前，因为胡蝶与明星公司"眉来眼去"的事情已经让邵醉翁知道，他觉得如果胡蝶真的离开"天一"，"天一"不可一日无台柱子，必须事先培养新的人才，于是，他就选中了陈玉梅。

当然，不论是胡蝶的转投明星还是邵醉翁的改捧陈玉梅，都是各自从自身发展上来考虑的，无可厚非。

其二，恰在此时，"天一"与南洋影片商青年影片公司的老板陈毕霖的合作宣告结束。1928 年初，"天一"与"青年"拆伙，恢复了"天一影片公司"的原名，

而胡蝶的合同是与"天一青年"签订的，既然公司改组，原有的合约也就自动失效，所有演员必须重新签订合同。胡蝶因此得以婉拒"天一"续签合约的要求而退出了天一公司。

胡蝶及时退出"天一"而加盟"明星"不失为明智之举，但对于"天一"，她一直心怀感激，以下是胡蝶对"天一"的真情告白：

我在"天一"前后只有两年，共主演了15部影片，在"演技上的历练不可说不多，也可以说这两年的磨练，使我打下了扎实的基本功，熟悉了水银灯下的生活，体会到与导演、摄影，以及其他电影从业员合作的重要性；没有诸多同仁的努力，演员即使有再高的天份也唱不出一台戏的。我这块石也是经过《战功》、《秋扇怨》，转而到"天一"，15部影片的雕琢，成为初步可用之材，才能为当时的电影界前辈所认识，有了这样的基础，才得以进一步在影坛上发挥自己的才能。所以，我至今仍然缅怀"天一"这一段时期的生活，因为这是我从事电影事业的开始。

1928年初，胡蝶退出"天一"，正式加入"明星"，走入心仪已久的"明星"，果然感到是一片新的天地。

明星公司

明星公司创办于1922年3月。它的成立有一定的偶然性，创办者张石川、郑正秋虽然一直有志于演艺事业，但在20年代初，他们正被风行上海的交易所热潮所裹挟，共同创办了大同交易所。然而由于中国经济的不景气，交易所热就如过眼烟云，迅速退潮，许多投资者一夜之间蚀尽资本，倾家荡产。

所幸张、郑及时抽身，果断地结束了大同交易所，保住了大部资本。此时，随着20年代初三部中国最早的长故事片《阎瑞生》、《海誓》和《红粉骷髅》的上映，电影业逐渐升温，已有过拍电影经验的张石川和郑正秋看到电影事业必将蓬勃如雨后春笋，职业的敏感使他们的神经得到刺激。他们逼真地感到电影的潮流，势必像飓风一样刮遍全世界。

于是，他们做出了一个决定。

手中还有一些资金，于是，他们决定把这些资金投入在方兴未艾的电影事业上。

于是，他们联络了周剑云、郑介诚、任矜苹，五人共同投资，在上海贵州路大同交易所原址挂出了"明星影片股份有限公司"的招牌。

一个看似冲动的决定，竟成就了一段电影业上的传奇，也成就了一个美丽蝴蝶的高飞之梦。

之所以为公司定名为"明星"，乃是受到外国电影杂志《star》的启发。

当然，他们也加入了自己的理念：

吾人感觉之速，速莫速于两目。世间善善恶恶，俱难逃乎吾人之所瞩。

假若日落兮月伏，举世浑浑噩噩而无明灯之高烛，凡覆载之所属，类皆未有捉摸，岂不人生有目等于无目。必有明星点点，大放光芒，拨开云雾，启发群盲。

从郑正秋对明星的阐释里，我们可以看出他们的志向之远大，责任之重大。

社会黑暗，看不清前途，他们是国人的明星，他们愿意为国人指明方向。

根据"唯兴趣是尚"的方针，"明星"开办的当年拍出了第一部故事片《滑稽大王游沪记》，由当时在新世界游乐场表演滑稽戏的英籍演员李却•培尔主演，影片虚构了卓别林来沪游历，情节上非常生动，包袱百出，因此，该片放映后受到了观众欢迎，公司不但赚回成本，还略有盈余。于是循着谐趣片的路子又一连拍了《劳工之爱情》、《顽童》、《大闹怪剧场》等片，同时添置了一批必要的设备。但当公司的第四部影片——根据一件真实命案拍摄的《张欣生》，拍摄完成后，却发生了意外！

这部影片被禁映了！

原因当然非常简单，《张欣生》中有过于残忍的场面的渲染。

于是，公司出现了严重亏损。

"唯兴趣是尚"的理念受到了空前挑战。

面对困境，明星公司及时更改制片方针，开拍郑正秋一贯主张的"长片正剧"。

1923年，公司倾全力孤注一掷，拍成《孤儿救祖记》，公映后极为轰动，"孤儿"也救了公司。此后，"明星"再接再厉，一连拍出了一批以社会问题或家庭伦理关系为题材的影片。

1924年郑正秋将鸳鸯蝴蝶派文人徐枕亚的小说《玉梨魂》改编为同名电影，在改编中，他对才子佳人哀艳的爱情并未极尽铺张，而是着重表现旧礼教压迫下，女主角梨娘的巨大痛苦和她复杂的内心活动中情与理的冲突，从而使该片具有了较深刻的社会意义，梨娘也成为中国电影史上第一个较为丰满的艺术形象。该片的女主角王汉伦声名更盛，而另一女角的饰演者杨耐梅也因此蜚声影坛。

在接下来的三年中，郑正秋、张石川或编或导，又拍出了多部反映妇女受压迫的影片，将中国妇女所承受的非人的苦难一一呈现于银幕，如描写童养媳苦难的《最后之良心》中，债主强抢债户之女为童养媳，在儿子夭亡后又逼童养媳抱其牌位成亲；在描写妓女悲惨命运的《上海一妇人》中，善良的村姑沦落妓院过着非人的生活，发出了"娼其生而为娼者，社会造成之也"的呐喊；在描写女工悲苦人生的《盲孤女》中，受苦受辱的女工终日以泪洗面，以致双目失明；等等，这些影片，已不像当时多数影片那样，将"好人"受苦受难的原因简单地归结为一两个"坏人"使坏，而是指出了痛苦的根源是应该受到抨击的封建伦理制度和现实社会的黑暗，这一点正是"长片正剧"的难能可贵之处，从而引起观众的共鸣，这几部影片的主演宣景琳也因此而走红。当然，这些影片所要宣示的"正当之主义"，是与对封建制度的批判交织在一起的改良主义，而与当时大革命时代激进的反帝反封建民主革命的主流相距甚远。

在此期间，郑正秋又请来名作家包天笑，请他将其译自英国女作家亨利·荷特所著《野之花》改编成中国化了的电影故事《空谷兰》，于1925年拍成并公映，该片曲折动人的故事和纯熟的导演技巧吸引了大量的观众，营业收入高达132300余元，创下了默片时代票房收入的最高纪录。主演该片的张织云更是如日中天。

1925年，"明星"又聘得著名戏剧家洪深为公司的编导，洪深此前已与电影界有所接触，还曾主持过中华电影学校的教学工作，但真正步入电影界当从此时算起。作为戏剧家的洪深已深感"电影比舞台剧更能深入民众，是更好的教育社会的工具"，尽管当时的电影界较之文学戏剧界趣味远为陈旧低俗，洪深仍抱着改变这种局面的希望而加入其中。洪深的加入，给"明星"带来了新的活力。两年中，洪深编导了《冯大少爷》、《爱情与黄金》、《卫女士的职业》等数部影片，多是反映银行老板、富家子弟、少爷小姐以及小职员的仿徨苦闷，这些影片就其社会意义而观之，并没有超过郑正秋以妇女问题为题材的一系列作品，但在艺术处理上洪深擅长心理刻划的特点得到了显露。

当张石川、郑正秋埋头拍片时，周剑云则在电影经营发行方面作出杰出贡献。

由于1925年任矜苹的退出和郑介诚的去世，明星五虎将演变为张、郑、周"三巨头"。

随着制片日多，阵容日广，"明星"在1927年又开设了第二摄影场。

"明星"以其骄人的成绩，仅在短短几年间，遂成为中国影坛首屈一指的影片公司。其出品，从选材立意到导演的艺术构思，从摄影技巧到演员的表演水平，均要明显高出像"天一"这样主要注重票房收入的公司，因此，1928年胡蝶适时地告别"天一"，步入"明星"，无疑在她面前已展开了一条充满希望同时也饱含诱惑的道路。

这一年，胡蝶刚满20岁。

胡蝶的婚姻

1935年深秋，正当《劫后桃花》一片拍得热火朝天的时候，胡蝶和潘有声突然决定将于近期举行婚礼，消息传出，一石激起千层浪，电影圈内外人士都颇觉意外，所谓意外，其实也就是这消息来得过于突兀。

胡蝶与潘有声的恋情，早在两三年前就已公之于众了。自打胡蝶欧游归国在江海关码头由潘有声亲手挽着接下船来，在所有的归国后的应酬中，两人几乎形影不离，较之胡蝶出国前，两人关系又要密切了许多，但是，胡蝶与潘有声从来没有正式订过婚。

按照当时的习惯，一般在正式结婚前，总要经过订婚这一步骤，体面人尤其如此。因此，在一般人眼中，虽然都知道胡蝶和潘有声是一对恋人，但大都以为两人要走向婚姻，总还有一段路，甚至对这段恋情是否能结出婚姻之果也还有些怀疑。现在突然传出他俩即将结婚的消息，怎能不感到出乎意料之外？

在消息得到证实以后，感到意外者仔细想想，又觉得这也是在情理之中的事。

胡、潘恋爱已经多年，始终情投意合，即使那些钻天打洞搜寻名人隐私的小报记者，

也从来没有发现过他俩之间有过任何争吵和不快的事发生过。胡蝶的年龄也已老大不小，按当时通行的以虚龄计算，已28岁，在那个时代，对于初婚的新嫁娘来说，这实在是个够大的年龄了。因此，胡蝶、潘有声的结婚应该说还是一件顺理成章、水到渠成的事。

胡蝶在解释她与潘有声相恋数年而一直不议婚嫁的原因时说：

这期间，有客观的因素也有主观的原因。在我，拍电影的银色生涯正处在知识、经验都有一定水平的阶段，需要更进一步去追求。而在有声，也用他的话说，需要有更雄厚的事业基础才来成立我们的新家庭。这些都是我们婚姻一再延迟的因素。

胡蝶对于婚姻可能会给她的事业带来不利影响的担心是可以理解的。在胡蝶与潘有声恋爱的这几年，尤其是恋情公开后的这两三年，正是胡蝶在事业上最为鼎盛的时期，从荣膺"影后"到在"左翼"电影潮中大显身手，从主演《姊妹花》轰动全国到周游欧洲列国的异常风光，都是这几年中的事，能成就如此不凡的业绩，原因固然多种多样，而没有婚姻家庭的拖累，不用相夫课子，可以心无旁骛地扑在电影事业上，不能不说是一个很重要的原因。

潘有声在耐心等待胡蝶的这些年中，也把主要精力投在了事业上。虽然他的成就无法与胡蝶相提并论，但他也绝对没有像林雪怀当年因胡蝶的进步而猜忌嫉恨、自暴自弃。潘有声在这几年中，事业还是小有成就的，他与胡蝶初识时，只是礼和洋行的普通雇员，不久，他转至德兴洋行，"潘在德人经营之德兴洋行，司输出，其后经营者归国，一切归潘君管理，留现银一万元，作营业。数年后，经营者不返沪，亦无音信，而该洋

行由潘君之努力，营业逐渐发达，财产已至两倍。若潘有声，高中桃花之外，亦可谓财运亨通者矣。"

这段引文我们可以看出以下几点：一、潘有声确实理财有方，颇具商业头脑；二、潘有声诚实可靠，足可托付；三、肯定了潘有声和胡蝶的感情实有其事且令人羡慕。因为文中所说的"高中桃花"不难看出是指潘有声得到"影后"胡蝶的青睐。

胡蝶对潘有声这几年事业上的进展也很满意：

有声先在礼和洋行，后来到德兴洋行任总经理。他的经营以纸为大宗，也经营其他货物。他善做生意，也长于交际，比如前良友总经理伍联德，中华日报总经理林柏生等都和有声做过纸的交易，同时也是有声的好友。明星公司如有用纸的地方，也和有声交易。郑正秋曾说过："潘有声虽会做生意，但神气完全是个大学生。"

郑正秋如是说，既赞潘有声的能力，更赞其气质，胡蝶听了当然非常骄傲。

经历了和林雪怀恋爱失败的打击之后，在经历了对簿公堂的磨折之后，胡蝶又与潘有声又经过了爱情与事业的双重考验。终于，这对恋人走上了婚姻的圣坛，各自把自己完整地交给对方。

古人云，好事多磨，真是至理名言——

其实，从欧洲刚回来之时，胡蝶就打算与潘有声结婚，但因为两个原因，没有实现愿望。

一、公司由于胡蝶的出国考察用了一些时间，甚至耽搁了一些事情，于是，想把落下的事务追回来，因此，给胡蝶安排的事情多了些。如续拍《夜来香》，开拍《劫后桃花》。

二、除了时间外，胡蝶因出国还耗费了公司的不少金钱。

拿人钱财，替人消灾。这也是中国的古训，虽然多用于人与人之间，但此时我们把它用在公司与人之间，似乎也未尝不可。

正因如此，胡蝶不便马上向公司提出结婚一事，于是拖了下来。不是她不想早日结婚，而是她是一个负责任的人，不论是对潘有声还是对公司。

又过了一段时间，因为胡蝶母亲的"步步紧逼"，胡蝶只得答应。

老太太经常在胡蝶面前这样念叨——

"你阿爸已经被查出得了癌症，你是知道的，你应该趁他还在世时，把他最不放心的事情办了。这样，你阿爸也能闭上眼睛走了。"

胡蝶只得硬着头皮向公司提出结婚一事，没想到公司竟然爽快地答应了，充分显示了公司的大度和对胡蝶的重视。

很快，胡蝶要结婚的事情便通过媒体扩散开来。

其实，除了胡蝶所说的原因以外，还有一些因素促成了胡蝶披上婚纱。

这些因素可以概括为三大方面：

一、艺术表演的规律方面

和其他事物的规律一样，表演艺术的提高，并不是线性的平稳的发展，而总是经一定的蓄势以后进行新的突破，呈现出跳跃式的进步，左翼电影的应运而生，恰好为胡蝶突破旧的表演模式提供了必要的前提条件，使她从才子佳人卿卿我我的旧式影片中跳了出来，饰演了一系列全新的银幕形象。胡蝶在左翼电影潮中经历了"转变作风"后所塑造的新的女主角的形象，不再是恋爱片中"纯粹的爱"的符号与工具，而是有了深刻的社会内涵，尤其是一个个由迷惘到觉醒的新的妇女形象——店员、村姑、农妇、婢女、奶妈、知识女性等，使她变得更加光彩夺目，成为她事业成功的标志，也得到了影评界和观众的广泛认可。但成就只能说明过去，观众总是需要新的东西，随着观众欣赏水平的不断提高，胡蝶要想继续赢得观众，就必须再有新的突破。然而，胡蝶并没有找到新的突破的契机，对于如何实现新的突破，胡蝶心中很是惘然。

如果说三年前胡蝶怀抱在事业上争取更大的进境以一展鸿图的雄心，而不议婚嫁，那么，事业上果然有了突飞猛进的三年之后的今天，要在百尺竿头更进一步，胡蝶不免感到有些力不从心。

考察欧洲列国电影的发展现状，胡蝶虽感深受启发，但这些感受远没有上升到可资指导今后表演上有大的突破的理论，无法收到立竿见影的效果。而观众却对欧游归来的她寄予了极大的期望，这种高的期望值若得不到满足，必然导致大的失望，就有可能被观众所抛弃。对于这一点，胡蝶心中是十分明白和十分担忧的，这造成了她在续拍《夜来香》和拍摄《劫后桃花》时一直挥之不去的战战兢兢和如履薄冰的心态。这种心态在胡蝶成名以后已经久违了，而这次却来得如此强烈。

二、胡蝶自身的原因方面

胡蝶本身客观条件也制约了她在表演艺术上更进一步。胡蝶从影以来，拍过数十部电影，饰演过数十个不同的角色，但有一点是共同的，就是无论角色如何变化，却总是美丽的少女，而至1935年底时的胡蝶，年龄和身体条件都已使她不大合适再饰演这类角色。欧游归来的胡蝶已届27岁，虽风姿依旧，但人却明显地胖了。在欢迎胡蝶归来的新闻报道中，客气的媒体称她"更见丰腴"，不客气的媒体则直言"前后左右均胖"，在欢迎胡蝶的人群中，更有人叫出"块头大得咧！"不免让胡蝶有些难堪。胡蝶也知道，再演少女，难免矫情做作，更谈何突破？而30年代的电影中，女主角十之八九均是少女，胡蝶感到事业上的发展余地已经不大。

既然难以在电影表演事业上更上层楼，何不见好就收，在尚被观众所钟爱时即与观众惜别？而结婚成家无疑是从影十年身心俱已疲惫的胡蝶进退有据的最好选择，进，可继续拍片，退，可就此息影。

三、舆论的压力方面

舆论的压力则是促使胡蝶决定结婚的另一个因素。胡蝶自成名后，一直是报刊议论得最多的影星之一，在与林雪怀解约风波的前前后后，胡蝶已实实在在地领教了报刊记者尤其是小报记者的厉害，此后一直谨言慎行，但九·一八之夜的冤案，仍使她成为"红粉祸水"。好友阮玲玉不堪忍受黄色小报的污辱而含恨自尽更使胡蝶悲痛和愤怒，同时也生出一种

"人生无常"的感慨。然而，竟有一些小报造谣说胡蝶在国外闻知阮玲玉的死讯时"付之一笑"，这种以小人之心度人的报道十分恶毒，胡蝶只能置之不理，因为她深知，有些事情越辩越辩不清，而不辩反而自明，对小报的说三道四，能不理尽量不理才是上策。

但是，1935年中小报记者热衷谈论的另外两个与胡蝶有关的话题则令她有些为难。

其一，是胡蝶的第一个未婚夫林雪怀之死。林雪怀于1931年底正式与胡蝶解除婚约后，即关闭了设在上海新新公司附近的照相馆，携盘店所得资金赴苏州，在观前街开设照相馆，并与姑苏姑娘王佩贞结婚，生有一女。但法庭认定的林雪怀所欠胡蝶的债务一直未还，胡蝶乃请求法庭强制执行，林雪怀的照相馆遂被查封。林雪怀忧郁成疾，患颧骨癌，终告不治，于1935年4月11日去世。小报记者闻知此讯，又将胡蝶与林雪怀昔日的恩恩怨怨在报纸上再炒一遍，且言词间对已去世的林雪怀颇多同情，而对胡蝶颇多指责。胡蝶是在欧洲闻知这一消息的。胡蝶在与林雪怀分手后，因厌恶其为人而尽力让自己忘掉此人，现闻其死讯，更觉世事沧桑。访欧归来，甫抵香港，即有记者问胡蝶对林雪怀之死的感想。胡蝶措手不及，只得摇头并轻轻叹息。然而，好事的小报却不愿意从此罢休，他们仍然挖空心思地利用手中的说话之权对胡蝶进行中伤。

其二，因胡蝶和林雪怀关系的炒作而转向对胡蝶和潘有声关系的妄论，对胡蝶与潘有声的关系作了种种不负责任的评论和预测，仅举一例：

潘郎至于今日，无人不羡其艳福无双者，有说其与影后结合之经过者，当后与雪郎解约之后，居处岑寂，以后有声于银国，不可遽而作嫁，而失观众之热情，顾人生大欲，不可或缺，会有后戚与潘郎审者，因以郎介于后，郎顾顾有气概，颇惬后怀，顾穷，后不之鄙，二人相依至今，亦既有年，顾不订婚约，虽合衾之谣，甚嚣尘上，然终未实现，故郎之于后，在名义上实不足称未婚夫，三五年后，后不能称雄银坛，谋归隐计，必嫔巨富，而必不属潘郎，若在今日，不过为二人之过渡结合而已，潘郎之所以为幸运儿也。

此段文字，鄙俗不堪，但却也道出了许多影迷心中的疑问，即贵为"影后"的胡蝶倒底会不会下嫁一介平民的潘有声？即使如善察人心的小说家张恨水亦认为胡蝶与潘有声相恋正是她的精明之处，以潘为挡箭牌即可安全地出入女影星非涉足不可而又被正派的女影星视为畏途的社交场所，"但不结婚"，言下之意对胡蝶与潘有声能否终成眷属亦表怀疑。

胡蝶在与潘有声的恋情刚公开的头两年确实因为潘有声的呵护而陡增安全之感，但随着时间的推移，记者们开始不断地凭一己之思来诠释这样的问题：

胡蝶到底爱潘有声什么？
胡蝶真的会嫁给潘有声吗？
胡蝶和潘有声什么时候才会结婚？
胡蝶与潘有声的婚姻会维持多久？

诸如此类，不一而足。

很多记者一有机会则以此类问题向胡蝶直言相询，甚至连海外的记者们也对此类问题发生兴趣。胡蝶欧游归国船过新加坡时，《星洲日报》记者就问过胡蝶，与潘有声到底有没有婚约，胡蝶因与潘有声的确未有婚约，乃直言相告。此类问题折磨得胡蝶颇为苦恼，尤其是林雪怀病逝以后，报刊上更是借说往事而讽喻今人，把胡、潘关系说得很不中听。纵然潘有声豁达大度不予计较，但久而久之，谁能保证不会出现三人成虎谣言变为真实的结果，昔日与林雪怀反目成仇的悲剧岂不又要重演？

这个念头令胡蝶不寒而栗。四年来，胡蝶已习惯于将潘有声当作精神生活中的一根支柱，有高兴的事与他分享，而受到委屈时则可向他倾诉。胡蝶与潘有声的恋爱，虽然从来就没有过轰轰烈烈死去活来般的高潮迭起，但这循序渐进的恋爱却始终让胡蝶感到一种宁静和温馨，她并不沉迷和陶醉于此，但这份恋情也已成为她生活中不可缺少的一部分了。胡蝶绝不允许这份真诚的感情被亵渎，而维护这份感情，回应小报记者的挑战，解开关心她的人们的疑问的最彻底的办法就是走向婚姻——让这份感情开花结果。

小报及其记者固然无良，倒也情有可原。他们为了自身的生计，为了父母、妻子、儿女的生活之需，为了小报的生存，不得已而为之，的确不值得刻意计较。但有一点儿是这些小报不曾想到的：正是因为他们的炒作和步步相逼，倒是在某种程度上促使倔强的胡蝶下了决心——她绝不允许自己和潘有声的爱情受到误解甚至曲解，她也不能容忍让潘有声白白地等待，她要和潘有声步入婚姻的殿堂！

2. "六合围剿"

两个人的江湖——剑云VS醉翁

在那个时期的天一公司里，因为年龄尚小，且正在读书，邵逸夫只兼职当一个小喽啰的角色。打扫卫生，管理道具，随叫随到，苦不堪言。有时为了一件小事，要忍受大牌演员的抱怨；有时为了一个微不足道的道具，要到几十里路的地方去借。再后来，为了锻炼弟弟，邵醉翁又把邵逸夫派到放映组去，专门干跑腿的行当：送片、收片、借片等，不一而足。吃苦是经常性的，但邵逸夫并没被这苦和累所吓退，反而更加激起了他的心气。他学过摄影，当过编剧，尝试过演戏，还接触了当导演的角色。

1925年，电影《珍珠塔》上映，上面演职表中赫然有"邵逸夫"的名字！在这部电影里，邵逸夫是摄影。努力终于收获了回报！

发展总是伴随着越来越激烈的行业竞争。从1927年开始，当时的"带头大哥""明星"公司组织了一场商战，这场商战被命名为"六合围剿"，这是中国电影有史以来的第一场商战。由于"明星"公司财大势足，力压群雄，日趋壮大的"天一"自然就成为它的打击对象。"明星"掌门人周剑云，是当时上海乃至中国的电影界响当当的人物。当邵醉翁的名字初入他的耳朵之时，他心里猛然一动：醉翁，一个颇具侠义的名字，好一个醉翁。他蓦然意识到，这个人日后或许会成为自己的强劲对手。但念头仅仅是灵光一闪，随即就被他的自负湮没。是啊，周剑云的自负自然是有理由的，"天一"是当时如果算是一个渐渐长大的少年的话，明星则是一个膂力过人的壮汉！试想，周剑云怎么会将邵醉翁放在眼里呢？但事情往往就是这样，第一感觉是对的。不过短短几年，邵醉翁的名字就即将与他周剑云的名字相提并论甚至分庭抗礼了！一些好事者还有意无意说：

"周老板，你听说过邵醉翁的名字吗？"说话者脸上的调侃深深刺伤了周剑云的神经。

更有甚者，有人还这样说："你叫剑云，他叫醉翁，你们可都是豪气干云啊！不如你们联合，那一定是电影之幸！"

周剑云，安徽合肥人，少年时曾在江南制造局开设的兵工中学读书，读书期间不知不觉地受到兵工学校所推崇的豪侠之士和豪侠之举的影响，凡事不怕，办事必成。成立明星公司以后，又与"大中华百合""民新""上海""神州"等四个电影公司成立了"六合影片营业公司"，这是一个大型的、相当于集团性质的电影专业发行公司。1923年，在公司遇到瓶颈的时候，为了倾力拍摄《孤儿救祖记》，周剑云拿出了妻子的新娘首饰，以此为资金上马该片，该行为一时为人传诵，这也可见他不达目的誓不罢休的秉性。1927年，古装片风行正劲、神怪片被热捧的时候，"明星"公司的效益大幅度减少，几乎面临倒闭的危险，周剑云急中生智，他联合当时的著名编剧郑正秋，在电影专刊上撰写文章，痛斥古装片粗制滥造，是在愚弄观众，并向社会做出承诺，一定要拍摄出高质量的古装影片以飨观众。于是，周剑云咬紧牙关斥巨资拍摄古装戏《火烧红莲寺》，取得极大的成功，将濒临破产的明星拉出了亏损泥淖。

转危为安之后，心高气傲的周剑云便觉得自己有余力跟"天一"玩了，于是，就想借助"六合影片营业公司"挤垮"天一"，从而再次确立明星公司当年的垄断地位。

六合影片营业公司的创办初衷原本是为了抵御外片蚕食和控制国外市场、沟通海外贸易，但为了搞垮"天一"，周剑云将六合拖出了正常的轨道。

于是，主持着"六合"的周剑云就做出了被人们称为"六合围剿"的决定。

六合围剿的情况是这样的：

一、把持着六合大权的周剑云向与之合作的电影发行商制定了这样一条规定：任何与"六合"签订了合同的发行商，绝对不准再购买"天一"公司拍摄并出品的影片！

二、采取"双胞胎"计策。这一计策的操作程序是这样的：先派人搞清楚"天一"正在拍摄什么样的影片，然后六合旗下的几家公司依靠自己雄厚的经济实力立即着手拍摄与"天一"所拍影片名称相同的影片，并一定要赶在"天一"之前使该影片投放到市场去。

绝地反击

自此，刚刚走到阳光下的天一公司，前途重又被阴霾层层覆盖——他们失去了偌大的上海市场！

然而，邵氏兄弟到底不是几只软柿子，他们在邵醉翁的带领下，戮力同心，最终打破了"六合围剿"，反而开创了自己的新天地。

邵氏兄弟的对策是这样的：

一、针对六合围剿不准发行商购买天一影片的规定，邵醉翁决定，派三弟邵仁枚到南洋去拓展市场。

通过不懈的努力，终于开拓了南洋市场，为天一公司的影片创建了非常大的放映空间。

二、针对六合围剿的"双胞胎"招数，天一公司将计就计，更加注重提高自己影片的质量，有意地延迟推出新片，在此之前通过多条渠道进行宣传、澄清，最终，不但未受"双胞胎"这一损招的损害，反而在观众中广泛地宣传了自己，赢得了更多的信誉。

周剑云未曾想到，"双胞胎"原本是自己想出的妙招杀手，不料却成了双刃剑，这剑刃非但没有砍坏"天一"和其他的几个小企业，反而用它的另一面刃砍伤了自己。此举造成的直接结果是，观众不仅知道了"天一"的影片拍摄态度端正，质量很高，自己公司拍摄的影片反面成了反面教材，成了丑陋的背景，衬托出天一影片的好来！

3. 南洋血泪

南洋——曙光乍现

> 走马观花泰马新，南洋异域化风淳。
> 椰娑海瀚人谐处，水碧天蓝地满春。
> 佛国皈依僧寺愿，狮城恪守礼仪心。
> 马来晋谒郑和迹，更颂侨魂报国深。
> ——暖风《南洋印象》

南洋是明、清时期对东南亚一带的称呼，是以中国为中心的一个概念。包括马来群岛、菲律宾群岛、印度尼西亚群岛，也包括中南半岛沿海、马来半岛等地。

面对可怕的六合围剿，初时邵醉翁兄弟也一筹莫展。失去了上海原有的市场，短时间内到哪儿去开辟新的天地呢？

不料，一件偶然的小事，竟然成为让天一公司化险为夷的契机。

邵仁枚任天一公司营业经理职务以后，整天想的就是如何打开天一公司电影的销路。有一天，他对着一张地图苦思冥想，边想边用手比划。旁边的人看他久久地站在地图前，眉头紧锁，手不住比划着，口中还念念有词。就给他开玩笑说："你的手已经早就比划到国外去了！现在你的手底下正是南洋，你的手刚刚从美国比划过来。"没想到，这淡淡的一句玩笑话忽然给了邵仁枚启发："对呀，南洋，南洋，离上海并不太远，从内地移民去的华人那么多，长期地在异国他乡生活，他们一定会思念祖国的亲人，思念故乡的热土；当地的土著人也会受到华人较多的影响，他们都会喜欢看天一的电影的！"

一语点醒梦里人。对，开拓南洋市场，刻不容缓！

但路途遥远，人地两疏，谁去好呢？

邵醉翁陷入了沉思。

自己年龄渐长，又主持着"天一"的事务，当然不适合前往。仁棣虽然精于理财心思缜密，但开拓市场似乎不足；六弟仁楞年龄尚小且正在读书。三弟……虽然读书不多，也未受正宗的西洋教育，但待人接物能力最强，更可贵的是，他的意志品质是无庸置疑的坚定。

经过慎重考虑后，邵醉翁决定派邵仁枚代表邵家兄弟去开拓天一公司的南洋市场。做出这一决定的原因是：

一、可以摆脱六合围剿带来的危机；

二、如果战火蔓延到上海，南洋可以让邵氏家人及其产业有一条退路；

三、拥有天一公司在南洋的电影放映市场。

1928年3月的一天，春雨如织，但织的几乎全是愁绪，因为邵仁枚就要准备登程，向着那未知的南洋进发了。

天气乍暖还寒。

黄浦江边，外滩码头。

一艘旧式客轮汽笛长嘶，似乎在无情地催促远行人快点告别。汽笛里似乎包含着这样的语言：要走了，下了决心的就赶快上船；打退堂鼓的还来得及。

船梯上，老管家正指挥着搬运工把笨重的箱子往客轮上搬，"小心点小心点，别磕坏了！你，放的时候轻着点儿！"老管家用沙哑的嗓子提醒着工人。不用问，箱子里装的全是"天一"公司的影片，这些可都是宝贝啊，到南洋是否能立住脚可是全靠它们哩。

邵醉翁、邵邨人、邵逸夫前来为仁枚送行。即将登上舷梯时，邵醉翁拉着邵仁枚的手说："三弟，此行关乎我们的生死存亡，初到南洋，肯定会遇到数不表的困难。但无论什么时候你都要记住，生意固然重要，最终战胜周剑云固然重要，但你的安全却是最重要的。我们这一次是以退为进，若老天开眼，到时候我们再杀他个回马枪，打垮周剑云！"

邵仁枚咬住嘴唇，频频点头。

客轮缓缓离岸，毫无留恋之意，可邵仁枚心里却突然又生出更加浓烈的留恋。黄浦江水默默地流着，客轮犁开的波纹渐渐被流水抹平，可谁又能抹来邵山客心里的留恋呢？他看着岸上兄弟们的身影渐渐变小，渐渐远离视线，自己挥手的动作也渐渐变得僵硬。不知不觉地，热泪不争气地流下来，把岸上的影子淹没，可心里立即矗立起更加高大逼真的影子来。随即，他狠命地擦去泪水。此次南洋之行责任重大，如山如岳，吉凶未卜，岂容他儿女情长！

到了新加坡——南洋的第一站以后，让邵仁枚感到不解的是，新加坡的各大小影剧院却像被人安排好了一样，谁都不愿意放映"天一"的影片。这是为什么呢？邵仁枚拖着疲惫不堪的身子回到条件简陋的旅馆里，百思不得其解。是新加坡不接受来自中国的电影？不对呀，早就听说这儿挺喜欢中国电影公司的作品的；是天一公司的影片本身不受欢迎？也不对，他带来的这几部影片虽然不乏最新拍摄的，可也有早已得到上海市场认可的成熟老片；是自己以前的判断出现了根本错误吗？好像也不对，这儿到处都可以见到和自己肤色相同，操着华语的华人，他们怎么会排斥来自自己国度的电影呢？

邵仁枚身体的疲劳远远抵不过心灵的疲惫，当有些东西潮水一般涌起来的时候，一个举目无亲、四顾无朋的外乡人情何以堪！

这其中一定有问题。邵仁枚有这样的直觉。

多亏了一位热心人看在他非常辛苦的分上告诉了他原因，才使得邵仁枚像从梦里醒来一般地知道了自己应该怎么做。

他忽然想起了一个人！

在联系一家家的影剧院时，他记住了一位姓孔的影剧院老板，听他的口音像是宁波人。"老乡！"邵仁枚心里涌起了一阵温暖。于是，邵仁枚专程拜望了孔老板。

"孔老板是宁波人吧？"邵仁枚直奔主题。

"是啊，莫非邵先生……"

"不错，我与孔老板有幸是宁波同乡。"

当即，孔先生的眼里闪烁着泪花。宁波，这个神奇的名字，这片令人神往的故土，让海外的游子多么想念你啊！

后来，是熟悉的乡音和同根同源的乡情促使着孔老板热心地把原因告诉了邵仁枚。原来，既不是南洋的华侨不喜欢中国电影，也不是"天一"的电影质量不好，而是这儿的华侨多数来自广东、福建，他们以口音为尺度，不自觉地排斥与他们口音不同的人。

听完孔老板的话，邵仁枚不觉笑了起来，他想起了一个办法。

"孔老板，我想求您一件事。"邵仁枚说。

"邵先生请讲。"

"我想租用孔老板的戏院来放映我们天一公司的电影，让更多的华人华侨了解故国。您看行吗？"

孔老板稍加沉吟，便爽快地答应了邵仁枚的要求。

"孔老板放心，若事情真能像我预想的那样，我永远都不会忘记您对'天一'的帮助的！"

得到了孔老板的首肯，邵仁枚便开始了自己的行动，但令人奇怪的是，他并未立即放映来时所带的影片，而是做了一些准备工作：

他通过多种渠道告诉当地的华人华侨，孔老板的华英戏院要放映来自中国的精彩故事片了，中国的影片不仅情节曲折感人，还取得中国传统的故事，看了影片不仅能受到深刻的教育，更能一解对故国故乡的思念之情。不仅如此，邵仁枚还承诺，电影好看，票价却比外国的影片要低廉得多！

这样，电影未放，远近的人们都知道了这个令人振奋的消息，第一场取得了很大成功：戏场爆满！

看过电影，感动之余，这一批观众便回去把这个消息告诉自己的亲友，他们也成了观看天一电影的新顾客。远远超过了邵仁枚的预期！

邵逸夫的南洋之行

一天，刚来北京不久的邵逸夫忽然接到了大哥让他速归上海的电报。于是，他急急忙忙按大哥的吩咐赶回。

邵逸夫刚回到家，就被大哥邵醉翁唤住了。

"老六，你来一下。"

"大哥，什么事？"

邵醉翁把一封电报拿到邵逸夫面前。

看过电报，邵逸夫为难了。

"大哥，我想去，但又不能去。"

"是啊，你还正读书呢。"

"你的意思呢，大哥？"

"这关乎你自己的一生，虽然你去对'天一'无疑非常重要，但我还是想让你自己拿主意！"

告别大哥，邵逸夫思绪如潮，犹豫不决。

去吧，自己正做着升大学的准备，会前功尽弃。终止了学业，阿爸靠他振兴家业的希望没准会成为泡影。

不去吧，邵逸夫眼前浮现出三哥焦急的神情，眼光里充满对六弟的渴盼，天一影片也亟待在南洋站稳脚跟。眼下，战火越燃越旺，邵逸夫似乎已经听到隆隆的炮声。一旦战场南移，上海便不再是躲避战乱的天堂，而成为首当其冲遭遇兵燹的地方。到了那一天，不光求学不成，反而耽误了天一公司在南洋的发展。

邵逸夫打定了主意，于是，他找到了大哥。

"大哥，我决定了，去！"邵逸夫口气异常坚定。

"老六，你要想清楚啊，如果你不去，我可以另想办法。但你一去，势必会中断学业。我不想让你以此为代价。"

"大哥，我已经考虑清楚了。我喜欢电影，我更离不开'天一'，为了电影，为了'天一'，我什么都愿意做！"

"火烧片"的诱惑

新加坡。

当邵仁枚远远地看到六弟清瘦的身影，心里升腾起一股温暖；当邵逸夫走下甲板，来到三哥身边时，邵仁枚早已热泪盈眶了！

兄弟两个久久相拥，当年的种种亲切历历注入心头。

回到住处，问完家里人的情况之后，邵仁枚就迫不及待地问起上海的电影市场的状况，邵逸夫便饶有兴致地向三哥讲起来。

在邵仁枚离开上海来南洋的半年中，上海又出现 "复旦"、"沪江"、"暨南"、"元元"、"大东"等几家电影公司，市场的竞争也越来越激烈，因为这些公司中，有不少是有来头和背景的，他们的背后甚至有一个大人物或大家族在撑腰。白热化的竞争产生了相当多的负面产品，市场上认可什么，大家就一窝蜂地拍摄什么，不少影片根本没有按拍摄的程序来，首先，没有完整的剧本，情节东拼西凑，漏洞百出；道具的使用也有故事的时代、场景严重脱节。

"有的古装戏，女演员的古装裙袍下面，却是现代人穿的高跟鞋！"邵逸夫绘声绘色的讲述，让三哥笑得前仰后合。

"三哥，你知道什么是火烧片吗？"待邵仁枚笑过，邵逸夫问道。

"火烧片？"邵山客大惑不解。

"火烧片的名字取自明星公司今年刚刚推出的《火烧红莲寺》，这部电影是根据平江不肖生的武侠小说《江湖奇侠传》改编而成的。它的编剧是大名鼎鼎的郑正秋，导演是张石川。"邵逸夫说，《火烧红莲寺》推出以后，深受观众的喜爱，在电影公司方面也受到狂热的追捧，一时间，各种各样的同类电影纷纷上马，如《火烧九龙山》、《火烧白雀寺》、《火烧青龙寺》、《火烧七星楼》……像一把大火迅速烧遍了整个上海影坛！于是，就有好事者给这类影片起名叫"火烧片"。

"火烧片既然这么受欢迎，咱们'天一'不能按兵不动吧？"

"三哥你说的对。大哥早已坐不住了，我来的时候，他正准备拍摄一部叫《火烧青楼》的片子，我亲眼看到大哥招了十几个青年女子扮演青楼妓女呢！"

邵逸夫迅速抖掉仆仆风尘，立即投入到紧张的工作中去：到报社登广告，广告词是他和三哥商量着拟定的；到处张贴海报，海报是他亲手制作的。尽力让更多的人知晓天一公司的影片在这里放映的消息。除此之外，邵逸夫还做些更琐碎的工作，比如组织观众进场啊，整理片子、更换片子啊，邵逸夫乐此不疲。

就在"天一"的影片慢慢为当地人所接受和喜爱的时候，六合围剿的触角也随之伸到了新加坡。

一些南洋片商迫于六合的压力，开始对邵逸夫兄弟俩和天一公司的影片进行排斥。一时间，在城里的放映又举步维艰起来。

罗厘车的歌

怎么办呢？

山重水复疑无路，柳暗花明又一村。多番的愁眉紧锁，换来了一朝云开月明。

"三哥，有了！"

"六弟，你有办法了？"

"三哥，你见过戏院里看电影的农村人多吗？"

"这还用说？农村人怎么能……"邵仁枚忽然明白了六弟的心思，"六弟，你是说……"

"对！城里放映遇到了困难，咱就到农村去，放给那些进一趟城很难的人看！"

以后，马来群岛的乡间小路上，天天都出现这样的场景：一辆老爷罗厘车上，放满了放映用的机器、影片、简单的食物等东西，邵仁枚和邵逸夫兄弟俩坐在车上，虽然累，但他们的脸上始终有着自信的神情，他们在笑着，笑容掩盖了所有的疲惫。

清晨，邵家兄弟俩早早地来到华人聚居的地点，好让他们一早就看到喜爱的电影；晚上，兄弟俩在星星的微光下、在露水的清冷中放映完最后一场电影，然后，当众人散去，他们又把放映用的机器搬回到罗厘上，拉回租住的简陋不堪的小屋。

时常，蚊虫来凑热闹，专叮远道而来的细皮嫩肉的客人。这种欢迎的仪式实在让人难以忍受，但为了放映的质量，兄弟俩咬牙坚持着。但蚊虫的叮咬也有好处：由于当时的放映需要一格一格地手工来摇动，一场电影摇下来，已经人困马乏，手臂酸痛。如果没有这些小虫的热情骚扰，恐怕深夜放映时就会睡着。多少次想放手不干了，多少次心里生出些许埋怨，多少次恨命运不公，最后都被一种叫做理想的东西打败。东游西荡般的放映生涯，苦行僧一样的事业开创历程，磨炼了邵逸夫的意志，让他在困难面前抬起头来，睥睨对待。他干脆自嘲一样地为自己起了一个名字：Run Run Shaw。用汉语的表述，其意思大致是一个姓邵的东奔西跑的人。名字虽然滑稽，但其中的甘苦和决心显而易见！

春去秋来，罗厘载着兄弟俩，也载着"天一"的影片，硬是走出了一条坚实的道路，不仅基本摆脱了六合围剿给他们带来的窘境，还意外之得地占领了农村市场。可以说，破旧落后的罗厘车，不仅把影片送到了马来西亚广袤的农村，还把"天一"的希望种子播进了农村。一个电影王国的传奇就在这罗厘车上由构思而书写最后成篇了。

若干年之后，那段苦累也意义非凡的日子依然鲜活于邵逸夫的回忆，每一次想起和每一次提起，他就不由得感慨万千。他动情地说："……在那样的生活中，我学到了许多东西，这些东西让我一辈子受益。如果我不经历这一段生活，不会有今天。现在青年人，心很高，学问也很深，但是不能够吃苦，是一大缺陷。"

邵仁枚独闯南洋一事，杜云之在他的《中国电影史》中这样说道：

"民国十七年（公元1928年），邵仁枚（山客）离开上海，来到星岛（新加坡）的大城小镇，甚至乡村地区放映影片，招徕观众。而后，邵逸夫加盟。他们从巡回放映电影，发展成为开设游艺场和电影院。刻苦耐劳的经营，耗费30余年，终于在星岛创立庞大的电影娱乐事业，拥有100多家电影院和若干游艺场……"

阴霾又起

由于邵氏兄弟采取了最有效的措施，既巩固了城里的电影市场，又开辟了农村市场，已经完全走出了"六合围剿"的阴霾。正当他们在南洋想再更大地拓展"天一"市场的时候，有以一个人为代表的反对势力又杀了出来。

这个人叫王雨亭，当时，独霸南洋影片业务的就是他。这个在南洋势力很大，属于在一个地方跺跺脚，四方都得跟着颤动的人物。更可怕的是，王雨亭与"六合"一直沆瀣一气。看到邵氏兄弟在南洋成绩斐然，他预感到正在到来的危机，就坐不住了，于是专程到上海，和"六合"组成了联盟集团，签约的核心思想就是不买"天一"的影片。慑于王雨亭的淫威，很多小型戏院便不敢再放映"天一"公司的影片了。

"天一"在南洋的拓疆之途又遭遇了风雪。

"这可如何应对？"邵氏兄弟一时也看不清方向。

事业进入了梗阻期。

若不是一个人的无私相帮，恐怕就没有后来的电影王国。

邵家兄弟的打拼精神，邵家兄弟的热诚和冷静并存的经营风度，吸引了当时槟城首富王竟成的目光。王竟成认为，邵家两兄弟既然有如此的品格，成功指日可待。于是，王竟成就和邵仁枚、邵逸夫认识了。

如今，邵氏兄弟的事业遇到了很大的困难，作为知遇者，作为朋友，王竟成觉得自己有责任出手相助。

这一天，王雨亭接到了一张请柬，署名让他吓了一跳，上面赫然写着

"王竟成"三个字。

王竟成约我干什么呢？王雨亭有些惴惴。

按照王竟成的安排，王雨亭还是如约而至。

那是一家雅致的茶馆。

淡淡的茶香笼罩，令人神清气爽。

淡淡的音乐响起，洗涤着人的心灵。

"王先生，请坐。"王竟成见王雨亭到来，客气地招呼。

"谢谢。"王雨亭有些受宠若惊。

"咱们是一家子呢！"王竟成缓和着气氛。

"王先生今天约我来这雅致的场所，恐怕不是纯粹的喝茶吧？有什么话请直说，只要我能做到，我一定不敢怠慢！"王雨亭急忙表态。

王竟成只说了四个字："邵氏兄弟。"

王雨亭不敢不卖王竟成的面子，就再也顾不得和"六合"的协议，主动表示自己的影业公司与邵氏兄弟成为合作上的朋友，不再干涉其他大小戏院引进和放映"天一"的影片。

"天一"公司的电影作品终于获得了真正杀进南洋的大都市，真正建立自己的南洋电影王国的资格。

柳暗花明又一村

这以后，邵氏兄弟连续出击，好戏连台：新加坡的"华英戏院"、马六岬的"一景团影戏院"、怡保的"万景台戏院"和吉隆坡的"中华戏院"均被邵氏兄弟不惜重金包下，长期放映"天一"电影。

"福无双至今朝至"，在"邵氏"发展的历程中，有雪中送炭的恩人，如王竟成；也有锦上添花者，如黄毓彬。

黄毓彬曾是明星公司的大股东，因为对明星公司的掌门人周剑云不满，与之分道扬镳到了南洋。

有一次，邵仁枚和槟城新开的一家戏院洽谈合作事宜，偶然间遇上了黄毓彬。

"黄老板，你也到南洋来了？"虽然早就认识，但这认识不是因为合作，而是打斗。既然碰见了，躲是躲不过去的。于是，邵仁枚只得上前打招呼。

谁也不料到，这一宽宏的举动竟然无意间成就了"邵氏"获得重大发展的绝好契机。

"怎么，南洋又不是你邵家的世袭领地，你们能来黄某就不能来？"黄毓彬有些意外，但在异国他乡，对邵仁枚的这一举动颇觉温暖。

"你来南洋是为了干什么呢？不会是……"邵仁枚话没说完，他故意留下空档给黄毓彬。

"是给你制造麻烦？放心吧，那都是周剑云搞的！再说，那都是过去的事了！"

"黄老板，那您的意思是……"

"我已经和周剑云闹翻了！且不论他使用的下三滥手段，就是他拍电影的思路就长久不了！"

邵仁枚不明白黄毓彬的真实意图，也搞不清他的话的可信度。因此，邵仁枚没有答话。

据黄毓彬说，现在不论"六合"还是"明星"已经走上了一条邪路，像一条跟屁虫一般地跟在人家后面，拾人牙慧。题材毫无新意，拍摄粗制滥造，结果电影杀青之后却无人问津。

黄毓彬继续说："你想，《火烧红莲寺》怎么能连拍18集？不就是一本《江湖奇侠传》吗，到底有多少好东西可挖？因此，越拍越烂，越拍观众越不接受，所以我这次把资金撤出来，打算到这里发展。"

这样，邵仁枚和黄毓彬通过频繁接触，日渐了解，最后决定合力编织成一个电影发行网，专门开拓南洋市场，既发展自己，又能和"六合"抗衡。

邵家兄弟在南洋的信誉越来越高，名气越来越大，与他结交的都是当地的商业大亨和上层社会人士。比如狮城富豪黄文达、黄平福兄弟。黄氏兄弟在新加坡商界是举足轻重的人物，他们的名下不仅有银行，有当时南洋一带最大的、被称誉为星马娱乐业魁首的"新世界游乐场"。

紧接着，黄家兄弟将"新世界游乐场"毫不犹豫地交由邵氏兄弟经营管理。邵氏兄弟根据当年大哥经营"笑舞台"的成功经验，针对新加坡的地方特点再加以改变，"新世界游乐场"在他们打理下，一年内收入翻了一倍。黄氏兄弟对邵仁枚和邵逸夫更加信任。

随着经营经验的日渐丰富和名气的日渐扩大，邵氏兄弟不再满足于有实无名的管理。

于是，在1930年，邵氏两兄弟结束了精神四处流浪、人身仰人鼻息的历史，成立了"邵氏兄弟公司"，有了真正属于自己的事业。

这以后，邵氏兄弟又有几个大动作：

收购了"大世界"游乐场；

收购了多家戏院，并把这些戏院组成连锁店，放映中国片、日本片、印度片、西片，以满足不同地域不同层次的观众的需要；

与别人合资开设戏院……

事业风生水起，语言掷地有声，行为有目共睹。

美丽的南洋，邵氏兄弟的南洋……

4 好莱坞，迢遥的风景

差点破碎的梦

一个世纪的演练。

明星灼灼。光彩灼灼。金钱灼灼。

——这里诞生神话，也诞生着破碎的灵魂；

这里编织梦幻，也编织失败者泪的雨帘；

这里产生轰动效应，也产生世上最凄凉最寂寞的故事；

这里

便是让人类拿青春与生命与意志与灵感与苦斗与忍韧与不折不挠与泣泪泣血来和命运拼搏并

决一生死输赢的地方！

美的极至丑的极至真的极至假的极至善的极至恶的极至……

在这里

被衍生为一个个令人惊讶的故事

——电影——蹒跚与飞翔了整整的一个世纪。

一个世纪的努力呀！……

HOLIWOOD！

——万树摇风《好莱坞》

20世纪20年代末，有声电影诞生。

30年代初，美国的经济危机冲击了南洋，不少电影院倒闭，"邵氏"在南洋的影院生意也渐渐难以维持。

邵逸夫发现，再想盘活邵氏电影公司，必须着手制作有声电影。于是他决定，到好莱坞去取经，并购买拍摄有声电影的设备。

于是，邵逸夫便把自己的想法讲给了三哥邵仁枚。

邵仁枚非常高兴，并大力支持邵逸夫即刻到美国去。

1931年，邵逸夫启程去电影业最发达的美国。

"天将降大任于斯人也，必先苦其心志，劳其筋骨，饿其体肤，空乏其身，行拂乱其所为，所以动心忍性，增益其所不能。"邵逸夫在用自己这一段富有传奇色彩的亲身经历实践着孟老夫子的名言。

千尺巨浪，万里距离，脾气深不可测的海洋，生死未卜的前程……邵逸夫经过数十天的风浪与颠簸之后，晕船、呕吐已经折磨得他近乎脱水。但想到即将到达美国，这个现代电影最发达的地方，好莱坞所在的地方，邵逸夫心里又充满了成就感。想到离购买拍摄有声影片的机器越来越近，想到中国第一部有声影片即将在"邵氏"诞生，邵逸夫又充满着期待。大哥、二哥、三哥，老六一定不会让你们失望！邵逸夫暗暗给自己鼓劲。

轮船即将驶入美国西海岸之时，邵逸夫始终提着的心才算放了下来。他甚至在细细地构想着到好莱坞之后的具体情况了。于是，一股胜利之感沛然升腾。

但他哪里想到，巨大的灾难正悄悄降临！

上帝之手

这时，"轰"的一声巨响，轮船触礁了！海水以排山倒海之势从船底涌入船舱，轮船迅速下沉，轮船里绝望的哭声和凄厉的惨叫让人毛骨悚然。

很快，一切归于沉寂，沉寂之时，无数的生命在顷刻间消逝，化作滔滔海水中的孤魂野鬼，把亲人的切盼和所有的梦想沉入洋底。

邵逸夫无疑是幸运的一个，落入水中时，他碰到了一块木舢板，这是他唯一的救命稻草啊。邵逸夫紧紧地抱着小舢板，冰冷的海水几乎让人失去知觉，但他还是凭着自己坚强的毅力绝不松手。

邵逸夫在茫茫的大海上漂泊了一夜，时间被死神的巨手拉长到可怕的程度。第二天上午，邵逸夫幸运地被救援的船只救起了！

从死神的巨手下挣脱了的邵逸夫在医院里昏迷了一天一夜，他一睁开眼睛便偷偷溜出医院，好莱坞，这个被人称作"电影梦工厂"的地方——他深深向往的所在。这次旅程让邵逸夫永远难以忘怀。他决心在中国建一座像好莱坞一样的属于东方人的"电影梦工厂"。好莱坞电影基地的庞大壮观，电影制作流水线的现代完备，让他感到自己是井底之蛙的同时还觉得异常幸运和激动。

邵逸夫不负兄长所托，最终买回了全套的有声电影器材，马不停蹄地回到了新加坡后，他们旋即开始改造自己的影院，安装有声设备，开创了南洋地区有声电影的崭新时代。

此时，他们已经知道，明星公司已率先推出了《歌女红牡丹》——这是中国电影史上第一部蜡盘发音的有声影片，时间几乎与邵逸夫和死神搏斗同时！当这部影片在上海的新光戏院隆重上映时，立即引起了轰动。

为此，邵醉翁意外且懊恼。意外的是，没想到这次又被明星抢先了；懊恼的是，"天一"未能早些派六弟逸夫到美国去购买有声电影设备。但事已如此，懊恼无用，只能面向未来。

好在邵仁枚非常豁达，他劝说大哥邵醉翁说，虽然他们"邵氏"没能实现拍出第一部有声片的愿望，但明星所拍的第一部有声影片因为设备和技术上的双重缺陷，肯定不会有很高的水平，我们现在有了世界上最先进的武器，在质量上水平上超越明星丝毫不成问题。

邵仁枚的话，给了醉翁莫大的安慰。

5. 迎娶黄美珍

都是青春惹的祸

余东璇是新加坡最闻名的富豪，他非常赏识邵氏兄弟，常邀请他们到家中做客。一天，他们又应邀来到余府，余东璇亲自出门迎接，与以往不同的是，他身旁还站着一位年轻的女子。余东璇介绍说：这是黄美珍小姐。

邵逸夫悄悄看去，此女子身着白色连衣裙，像池塘盛开的白莲，纯洁得一尘不染。真是个清新脱俗的美貌女子。

初次见面，邵逸夫就深深地喜欢上了她。

这就是一见钟情吧！邵逸夫不由得涌起"关关雎鸠，在河之洲。窈窕淑女，君子好逑"的句子。

吃过饭后，因为余东璇要和邵仁枚就一些问题需要长谈，但又担心冷落了邵逸夫，就让黄美珍陪邵逸夫到花园中随意走走。

余家偌大的花园霎时变成全世界最美丽的地方：不仅仅是因为花园里各展媚态的花草，而是因为两颗已经发觉彼此相吸的年轻的心。

边走边聊，邵逸夫虽然沉稳，但爱情降临的时候也兴奋得口若悬河。聊起上海的"天一"，聊天转战南洋的甘苦，听到轻松处，黄美珍轻言巧笑；听到惊险处，黄美珍不由得失声惊呼。当然，他们聊得最多的还是电影，从"天一"拍摄的第一部影片，到由于影片而引起的"六合围剿"，再到有声电影的诞生……两个年轻人的心越靠越近。

时间是好妒的女子，在青年男女情由心生的时候总是过得飞快。回到住处后，邵逸夫心里有了一种别样的滋味。这滋味说不清道不明，既让人坐卧不安，好像失去了什么；又像无比踏实，似乎得到了很多。即便是这滋味的内涵都让邵逸夫搞不清楚：既有忧愁，更有甜蜜。"剪不乱，理还乱。"莫非这就是相思的滋味？

不仅仅是邵逸夫，黄美珍心里也翻江倒海：邵逸夫清瘦的身影，坚毅的面庞，清澈的眼神，传奇般的经历，过人的才华……深深地吸引了她。

莫非自己恋爱了？莫非恋爱就是和一个人刚刚分别就迫不及待地想他？莫非明明知道他很好很安全很强大却又忍不住担心牵挂他？莫非恋爱就是只和一个人刚刚认识就已经觉得无限亲切，似乎前生就已经相识？

爱情的潮水是武断甚至霸道的，来的时候不和人打招呼，如天外飞仙，倏尔而至，更令人毫无防备地进驻人的内心，然后控制他或她的思想，让他或她心甘情愿、甘苦不避地受它的摆布。

以后的日子，两人频繁见面：由于邵逸夫太忙，黄美珍就前来看望邵逸夫，当然是在余东璇面前找个"合适"的理由。

爱情的藤蔓在不知不觉疯长。

爱情如何顾全大局

终于有一天，邵仁枚对邵逸夫说："老六，我要跟你谈件事。"

三哥严厉的神情和郑重的话语让邵逸夫很是吃惊。

"三哥，什么事？"

"你清楚你眼下正在做的事吗？"

"噢，你是指……"

"对，黄美珍。"

其实，不用三哥提醒，近来邵逸夫已经越来越感到愧疚了，当一种原本美好的感情产生的时候，伴随着这种感情的是如果有愧疚的成分，男女双方就会更加痛苦。是啊，余东璇对邵氏兄弟的恩人，可以说，没有余东璇的帮助，"邵氏"发展的路上或许会生出很多麻烦。而黄美珍是余东璇的心爱的女子，这点从余东璇看黄美珍的眼神和提到黄美珍时的口气就可以看出来。而现在，自己竟然爱上了余东璇的女友，还爱得这样深，这不是忘恩负义是什么？这不是横刀夺爱是什么？然而，余东璇的势力如此强大，这儿又是他的地盘，自己当真有横刀夺爱的资格吗？

因此，当三哥邵仁枚问起这件事时，邵逸夫是既紧张又轻松。紧张的是，这件事到底还是知道了，三哥都知道了，余东璇会看不出来吗？如果他已经看出来了，他为什么不出面阻止呢？这是他的宽宏大度还是他在找阻止他们的可怕高招呢？这可怕的高招对黄美珍有没有伤害？自己受到伤害是"罪有应得"，尚不足惜，可是，这高招对"邵氏"会有多大伤害？当余东璇是邵氏兄弟的朋友时，对"邵氏"的发展是一支非常强大的支撑力量，可是如果余东璇成了"邵氏"的敌人，将来是多么可怖的敌人啊！如果有朝一日余东璇真的使出了可怕的高招来拆散他们，他又如何应对？

"老六，你打算怎么办？"三哥紧追不舍。

"我……我不知道。"邵逸夫不敢看三哥的眼睛。

"如果余东璇为了红颜一怒，后果你想过吗老六？"

"可是我爱黄美珍！我不想放弃！"这次邵逸夫口气强硬起来。

想到"放弃"两个字，邵逸夫心里隐隐作痛。火一样的眼神，枫一般的笑靥，具有神力一般的话语，海一样的深情……莫非，这爱有错吗？

"你要以大局为重，想想'邵氏'的未来。"

邵仁枚拍拍邵逸夫的肩膀，走了。

大局，大局。邵逸夫当然知道这大局意味着什么。然而，两个人的感情真的关乎如此"大"的"局"吗？

1931年，邵逸夫决定到美国去，购置一批拍摄有声电影的新型机器。当他把这个打算告诉黄美珍，黄美珍非常赞同。其实，黄美珍哪里知道邵逸夫此刻的心情啊。如果她知道了，或许她会伤心的。

去美国，一方面当然是为了购买拍摄器材，与此同时，还有另外的意图。

相思的痛苦，三哥的提醒，来自方方面面的无形压力，让邵逸夫一时不知道到底该怎么办。余东璇那儿一直没有动静，或许他真的不知道，或许他真的在等待时机，毫不留情地出手！

还是暂时分开一段时间，自己和美珍都冷静地想想。看下一步到底该怎么办。

几个月后，当漂洋过海回来新加坡的邵逸夫的身影刚在轮船的甲板上出现，岸上早已秋水的黄美珍就涌出了满眶的热泪。

"逸夫，你可回来了！"黄美珍默默地呼唤着这个日日夜夜让自己牵肠挂肚的男人的名字，似乎他已经来到自己身边。

一上岸，相思成病的一对恋人便紧紧相拥，久久不愿分开。

这几个月里，邵逸夫心里时刻鲜活着一个倩影，挥之不去。余东璇和黄美珍年龄悬殊，况且余东璇早有妻室，美珍跟着他又算是什么？像美珍这样的美丽女子，为什么跟着余东璇？是自愿还是有其他的因素？这种前提下，她又如何能够幸福？如果自己真的放弃这段感情，且不说自己的一生会从此跌进痛苦的无底深渊，或许自己的此举正是害了美珍，因为是他邵逸夫亲手掐死了心爱的女子的爱情！

于是，邵逸夫做出了一个决定！

幸福就在心里

把电影器材一安置妥当，邵逸夫便与黄美珍来到余东璇府上，向余东璇坦诚地谈了和黄美珍的事情。

"余老板，我和美珍的感情已经到了再也分不开的地步，请余老板宽容并成全我们！如果不能成全我们，就请余老板杀了我们！"邵逸夫言词恳切。

沉默了一会儿，余东璇忽然哈哈大笑着说："你们的事我早就知道了，一开始我还不太信，但后来我慢慢信了。今天看在我们以往的交情上，我成全你们！"

"余老板，你说的是真的？"邵逸夫真不敢相信自己的耳朵。

"说实话，开始时我气得发抖，毕竟是你夺人所爱嘛，你夺的还是我余东璇的女人！但后来，我改变了主意。君子成人之美，老弟既然和美珍真心相爱，就不用顾及这么多，难道让美珍一辈子陪着我这个老头子吗？"

"谢谢余老板海一样宽阔的胸怀！"邵逸夫激动万分。

黄美珍早已泪流满面。

"要谢你就谢你三哥，谢你自己吧。是你今天的勇气让我觉得我的决定是对的。我相信你会好好待美珍的！"

有一次邵仁枚和余东璇见面，邵仁枚颇惴惴地对余东璇说：

"余老板，你对'邵氏'有恩。我们兄弟时刻铭记在心。本该滴水之恩，当涌泉相报的，但如果我们兄弟做了对不起余老板的事情，还请余老板……"

"山客，你说的可是你们家老六和黄美珍的事儿？"

"余老板，你……你早就知道了？"邵仁枚万分惊诧。

"你都知道了，我又不是傻子。你不见美珍成天借故去找逸夫，你不见两个人对视时的眼神吗？在我的面前，他们的眼神不敢对视，稍微一碰就立即躲开，两个人原来有说有笑的，现在在我面前显得像个陌路人一样。越是这样就越有问题！"

"那……"邵仁枚不知道怎么措词了。

"黄美珍喜爱电影，逸夫是电影专家，有他经常陪着美珍，也是一件好事。"

这下邵仁枚的感情变化难以捉摸起来。

他搞不清楚余东璇的意图。他说的话是发自内心的呢，还是在搪塞。

他更不清楚余东璇话里的"陪"是怎样的一种意思，也闹不清楚话里的"好事"到底该怎么理解。

邵仁枚感到了山雨欲来风满楼的气势。

爱情像爬墙虎，倔强而茂盛。有了余东璇的默许，黄美珍和邵逸夫见面更繁，甚至，黄美珍近乎公开地参与"邵氏"的内部事务，积极地为"邵氏"的发展出谋划策。

1937年，邵逸夫与黄美珍在新加坡举行了婚礼，婚礼热烈而又隆重。

余东璇还特意派人送来了50万元的大礼，世间还有这样宽阔的胸襟！以后的日子里，每次提起余东璇，邵逸夫就不免热泪盈眶，是这位宽厚仁慈的前辈成就了他的婚姻和幸福，也成就了他事业和人生的传奇！

第二次世界大战爆发后，邵逸夫因为"拍摄反日电影"被日本宪兵关进监狱，打得皮开肉绽。"邵氏"影院也被催毁殆尽，没有邵逸夫在身边的日子里，黄美珍一边独力苦苦支撑邵氏家业，一边想办法托关系营救邵逸夫。

黄美珍忽然想到了两个人——山本和中野，他们是日本人，曾在"邵氏"做过事。黄美珍不惜重金请山本和中野到日本宪兵部，替邵逸夫说话，费尽周折，终于将邵逸夫救出。

邵逸夫和黄美珍夫妇琴瑟和调，共同走过了邵逸夫事业和人生中最波折、最动荡的时段，艰难见真情，他们的感情被艰苦的岁月磨砺得日益深厚。在邵逸夫和黄美珍心中，对方就是自己前生和今生寻寻觅觅、历尽风波才得到的真情，又如何能不用尽心力去滋养，去呵护呢？

邵逸夫与黄美珍育有四名子女：维铭、素雯、素云及维钟。

1987年，黄美珍在美国洛杉矶病逝，享年85岁。在邵逸夫与黄美珍共同度过的50年里，他们风雨同舟，患难与共，用紧握的四手和紧紧相连的两颗心为世人诠释了什么是爱情，什么是夫妻，什么是坚贞，什么是永恒。

第三章　金龙创辉煌　邵氏兄弟立

1934年，邵氏兄弟合作的《白金龙》问世了！

这是中国人独立拍摄的有声电影的第一部。

这是中国电影史上方言片的第一部。

这部电影，邵逸夫做了非常重要的工作——摄影；编剧，薛觉先；导演，邵醉翁；主演，薛觉先。

《白金龙》取得了巨大的成功！

一天数场，白天晚上连轴转。场场爆满，盛况空前；一连数月，观众热情不减。不少人看了一遍还想再看，一时间，像今天春运时的火车票一般，一票难求。

1 "天一"移师香港

风雨飘摇的前程

1932年。

上海。

"一·二八"事变爆发。

上海成为战火纷飞的战场。

此后，民族存亡国民关注的焦点，民族精神成为电影主题的核心。空前高涨的爱国热情使反映现实的"左翼"电影和进步电影成为市场的宠儿，戏院里上座率高的几乎都是反映现实、宣传民族大义和爱国感情的电影。受明星公司拍左翼电影的影响，在《狂流》、《姐妹花》、《十字街头》等明星公司拍摄的左翼电影问世以后，在经商上一向精明的邵醉翁，审时度势，吸纳了一些左翼人士加入创作队伍，如司徒慧敏、汤晓丹、沈西苓、吴印咸等人，拍摄了一些反映现实的、有着爱国情节的积极主题的影片。如《生机》、《飘零》、《挣扎》、《东北二女子》、《海葬》、《吉他》等影片。

然而，不可讳言，邵醉翁的内心深处不过是一个娱乐商人，骨子里纯乎是为了追求电影的商业利益最大化，因此，"天一"拍摄思路的转变不过是暂时适应市场的一种市场营销手段而已，他根本不可能像周剑云主持的明星公司那样，勇敢地站到时代的前列，提升到以电影的形式为民族尽快走出危亡困境而发出怒吼的高度上来。加上邵醉翁一贯的吝啬作派，他也不可能将拍摄有左翼倾向的电影作为天一公司的核心宗旨。

1933年11月，上海发生了"电影界铲共会"捣毁艺华影片公司事件。

鲁迅先生在《准风月谈》后记里有这样的描述：

昨晨九时许，艺华公司在沪西康脑脱路金司徒庙附近新建之摄影场内，忽来行动突兀之青年三人，向该公司门房伪称访客，一人正在持笔签名之际，另一人遂大呼一声，则预伏于外之暴徒七八人，一律身穿蓝布短衫裤，蜂拥夺门冲入，分投各办事室，肆行捣毁写字台玻璃窗以及椅凳各器具，然后又至室外，打毁自备汽车两辆，晒片机一具，摄影机一具，并散发白纸印刷之小传单，上书"民众起来一致剿灭共产党"，"打倒出卖民众的共产党"，"扑灭杀人放火的共产党"等等字样，同时又散发一种油印宣言，最后署名为"中国电影界铲共同志会"。约逾七分钟时，由一人狂吹警笛一声，众暴徒即集合列队而去，迨该管六区闻警派警士侦缉员等赶至，均已远扬无踪。该会且宣称昨晨之行动，目的仅在予该公司一警告，如该公司及其他公司不改变方针，今后当准备更激烈手段应付，联华，明星，天一等公司，本会亦已有严密之调查矣云云。

随即，"天一"立即弃拍左翼片，重新回到商业片的陈旧道路。从此时起，邵醉翁就已经产生了"天一"要避开上海这个政治风暴中心，移至香港的想法。

因为邵醉翁心里放大了一些感觉："电影界铲共会"事件使他惊惶失措；上海已经不适合生存，至少不适合"天一"的长足发展。

上海的电影人进退维谷：继续拍通俗并具有娱乐片吧，怕被爱国热情高涨的观众骂詈；继续拍左翼进步电影吧，又势必会得罪蒋介石当局，这样导致的结果会比挨骂要可怕千倍万倍！

之所以说邵醉翁放大了自己的感觉，是因为"铲共会"的势力远没有邵醉翁想像的那么大，他们的破坏力也远没有他想像的那么强烈。可以说，这种可怖的结果不过是邵醉翁的臆想罢了。当然，这是由于他的性格决定的。1935年，中国电影代表团赴莫斯科参加国际电影节，中国参展的影片全部是左翼进步影片，前往的人员也全部是左翼电影人。这可以成为笔者持该观点的一个佐证。

为保存实力，邵醉翁决定把"天一"主力从上海移至香港。上海的天一公司时里，留下邵邨人继续照看，邵醉翁则带着"天一"的主力和资金，在九龙开设了"天一港厂"，这是"南洋影片公司"的前身。

邵醉翁一行抵达香港后，觉得除了气氛上比上海要宽松外，在拥挤和热闹不亚于上海。这些地方似乎都不太适合开设公司。邵醉翁深知公司选址的重要。经过多日寻访，他们终于发现了一个地方：九龙土瓜湾。这个地方偏居一隅，但偏而不荒。又经过多番论证，最后确定把这里——九龙土瓜湾北帝街42号——作为"天一"片场的新址。

在邵醉翁眼里，在这片相对偏僻的地方，天一公司可以不受太多搅扰地多拍摄一些影片，这些影片既可以供南洋的邵氏兄弟公司，又可以伺机重返上海滩。因此，邵醉翁觉得，香港作为上海和南洋的中转站，无论在地理位置上还是在市场气氛上都非常理想。在这种非常形势下，邵醉翁做出的南迁决策，像当年的分兵南洋站稳市场一样，是成功的。既解决了上海"邵氏"的"人为危机"，又为"邵氏"最终创建香港电影王国提供了一个良好开端。一举数得，这真的不失为一个明智之举。

《白金龙》横空出世

"天一"在香港的片场开工后，邵醉翁收到薛觉先来信，声称他同意按照邵醉翁开出的条件合作。

薛觉先何许人也？

百度百科中，有"薛觉先"这一词条。现摘引其中的一些信息：

薛觉先原名薛作梅，字平恺，广东顺德人，1904年生于香港，早年肄业于圣保罗英文书院。五四运动时，曾以"佛岸少年"笔名著文宣传爱国思想。18岁时到"环球乐"班学艺，拜新少华为师，改艺名薛觉先，19岁即在《三伯爵》一剧中担任主角而一举成名。在《夜吊白芙蓉》中扮演书童，显出他的灵慧的气质。朱次伯死后，先生的生角平喉声艺继之而起，在弱冠之年即以演出《三伯爵》而成名。1925年到上海，自演自导一部电影《浪蝶》，这是他尝试在银幕上现身的开始。1927年回广州，先后参加"天外天"班、"新景象"班，"大江东"班演出。1929年下半年自组"觉先声"剧团，任班主。1932年10月移家上海，开办觉先影片公司(后改为南方影片公司)。在此期间向京剧著名红生林树森和陈鹤峰学习，取其所长，以丰富粤剧艺术，在提高唱、念、做、打水平，改革剧场陋习，培养后辈等方面都做出重要贡献。《白金龙》上映数年，卖座空前。同时，他向《伶界大王》林树森及名艺人陈鹤峰请教，学习了红生戏和须生戏。为公益作募捐演出，先生参演《古城会》和《月下追贤》，他的京剧表演搏得行家的赞许。以文武生见长，又能反串女角，兼演红生，但以扮演风流儒雅、潇洒俊逸的小生最享盛誉。人称"万能老倌"。

拍一部电影，耗资不菲。因此，为了降低拍片成本，不少小电影制片公司拍片的时候都得租用大公司的片场和拍摄器材，或者采取联合摄制的方式。薛觉先的电影公司也是如此，于是，他选中了和邵醉翁合作，租用"天一"的片场和器材。

但邵醉翁是电影业界的铁公鸡，于是就开出了苛刻的条件。

但经过考虑之后，薛觉先竟然答应了。

之所以答应，不是因为薛觉先的钱花不完，也不是因为薛觉先傻。而是有自己的小九九。邵醉翁已经身处香港，"天一"的主力团队和大部分资金已经登陆香港，以后全部移师香港也并非不可能。如果这个设想成为可能，天一在上海的场地器具等就会低价转手。相对于从未和"天一"合作过的公司而言，薛觉先觉得，自己这一把合作便是一个最好的砝码。

邵醉翁收到薛觉先的信后，大喜过望。他立即给在南洋的邵逸夫，要他立即带着美国器材协助他拍有声片，立即动身。同时，邵醉翁把香港片场的事务交由他人代管，自己风风火火地返回上海。

大哥一声召唤，邵逸夫狂喜不已，狂喜的原因至少有两点：

一是，他的内心深处，拍片才是正宗，放片不过是跑跑龙套而已。是的，他有深切的电影情结，但这情结绝不应该体现在放映影片上！

二是，他在上海出生，在上海长大，上海有着他太多太美好的记忆。他的童年时代青年时代都寄托在这片土地上。这次回来，无疑是重温一个无限温暖的好梦啊。

归心似箭，刻不容缓。即便大哥的信中没说立即动身的意思，邵逸夫也不想耽搁！

他立即带上从美国买回来的有声器材赶赴上海，和大哥一起开始了有声电影的拍摄工作。

1934年，《白金龙》问世了！

这是中国人独立拍摄的有声电影的第一部。（当然，这只是一个版本。2005年"中国电影百年"一系列纪念活动和纪念文章中，都把由袁牧之、应卫云等人编导，陈波儿、唐槐秋、王人美等主演，左翼电影公司"电通"1934年出品的《桃李劫》，列为第一部由中国人独立拍摄的有声电影）

这是中国电影史上方言片的第一部。

这部电影，邵逸夫做了非常重要的工作——摄影；编剧，薛觉先；导演，邵醉翁；主演，薛觉先。

影片《白金龙》由粤剧改编。而薛觉先系粤人，熟悉粤地的风物人情，由他编剧自然再合适不过；薛觉先又是演员，基本功扎实全面，经验丰富老到，名气颇大，由他主演自然由他由粤剧泰斗薛觉先编剧并主演。

该影片除了选用薛觉先演男一号外，还让薛觉先的妻子演女一号，其他角色也均由薛觉先的粤剧班的演员饰演。可以说给了薛觉先最大的权力。

之所以这么做，邵醉翁是有目的的。目的有二：

一是商业目的，这是指近期的。全部由和自己合作的薛觉先及其职员出演，而不请外面的大牌演员来担纲，可以节省开支，又能使薛家班全体人员竭尽全力，并为以后的良好合作打下坚实基础。

二当然是出于战略目的，这是长远的。

之所以选用粤语来安排对白，是因为邵醉翁越来越坚定了到香港发展的决心，这样的话，天一公司的影片的未来观众就是广东人、香港人和南洋的广东人这些喜欢和熟知粤语的人群。因此，拍摄这样的"第一部"，就是向这些未来观众抛了一枝橄榄枝。

《白金龙》一片在香港进行了首映式。这也是有战略眼光的：这是一块试金石，既看出了香港观众对天一公司影片的态度，又能看出香港观众对粤语片的认可度，通过这两条来预知"天一"在香港的前景如何。

《白金龙》取得了巨大的成功！

一天数场，白天晚上连轴转。场场爆满，盛况空前；一连数月，观众热情不减。不少人看了一遍还想再看，一时间，像今天春运时的火车票一般，一票难求。

不仅在香港，通过在南洋的发行网络，邵氏兄弟还在南亚华人社区巡回放映，同样是场面火爆。据说，《白金龙》有一次在泰国放映时，一个初次观看有声电影的观众，听到这无比亲切无比熟悉的乡音，疑心音响的后面藏的一人，便不顾管理人员的劝阻，更是冲上前去，把音响砸开，以验证自己的判断是否正确。可见观众对有声片，对《白金龙》的热衷。

不夸张地说，《白金龙》一跃成为中国20世纪30年代既叫好又叫座的粤语片，不仅天一公司赢得了好名气，更令他们赚得盆满钵满。让邵氏兄弟意外的是，《白金龙》作为一部以粤语对白的有声片，在粤语方言区取得极好的票房似乎不足为奇，但在非粤语方言区也成绩不菲。

《白金龙》的大获成功，作为摄影的邵逸夫自然功不可没。通过拍摄这部影片，不唯让邵逸夫对电影的热爱空前高涨，更使他对拍摄更好更多的有声电影的信心也空前充足。

做完《白金龙》后，邵逸夫又回到南洋这块老根据地去了，与三哥邵仁枚扩张南洋市场，为天一港厂开辟更大更稳定的发行网络。

邵醉翁喜欢香港的原因有很多，但非常重要甚至可以说是第一的原因是它宽松的文化氛围。谁想干什么就干什么，没有人干涉，没有人指手画脚，更没有人背后对你捅刀子。这儿不像是上海，动辄得咎，时刻提心吊胆。邵醉翁觉得，把大部分"天一"的家当移到香港来真是对极了。这样，他放开手脚大干的时候已经到来了！借着《白金龙》巨大成功的东风，天一港厂马不停息地接连拍出多部有声影片，以供应南洋日益稳固的院线，这些新推出的影片一次又一次刮起旋风，把邵氏兄弟的大名刮到各地，刮到人们的心里去。

事业发达，人心舒畅，老成的邵醉翁得意之下，竟也哼起了当时时兴的歌曲。

生活的情节总是不情愿完全按某一个人的思路往前发展。

邵醉翁的末路

1936年6月29日，这一天的颜色是黑色的。

11时左右，天一港厂的影片库房里，突然有浓烟冲出，接着便能闻到什物燃烧的异味。"不好了，库房走水了！"有人最先喊起来。

幸亏是工作时间，大家听到后立即冲出来，提水的提水，拿扫把的拿扫把，很快把火扑灭了。这个库房原是为了保存影片拷贝的，所幸的是，天一港厂发行量大，库房没有什么影片的库存，里面多是些杂物，因此，未造成大的损失。邵醉翁先是松了一口气，为没有烧着拷贝，为发现及时，为损失不大；紧接着又心情沉重起来：

库房本来就很少进去人，更不易有火源，怎么会失火呢？思来想去，邵醉翁得出一个结论，这是一次人为的纵火！不过所幸的是，纵火人信息掌握不太准确，库房里已经没有影片拷贝了。所以他的阴谋没有得逞。

或者，他们原来掌握的信息是准确的，因为这里经常留存着影片拷贝，只是这消息滞后了许多，所以他就白忙了一场。

或许，他们这次纵火根本就不是为了把拷贝烧毁，而仅仅是为了警告。如果这样的话，后果就严重得多！

理解为警告是合理的。《白金龙》头炮打响，"天一"财源滚滚；后来的几部也都取得了令人羡慕的成绩。这足以引来不怀好意的人的嫉妒了！不论是在上海，还是在香港和南洋，开影片公司的多了，有谁能像"天一"这样名利双收？恐怕眼红的人多了！想一把火烧掉"天一"的多了！

邵醉翁不仅深深地倒吸了一口凉气。

既然是警告，就意味着以后还极可能有更大的行动。纵火人在暗处，"天一"在明处，防不胜防啊，怎么办呢？

但有一点儿可以肯定，以后一定要严加防范了。虽然不敢保证防范一定能阻止火灾的再次发生，但总比毫无防备完全被动地等死要强吧！

从此，天一港厂便加强了警戒，尤其是夜里。

常备着灭火的水源，有专人值班，让易燃的东西远离拷贝库房，同时，加强发行的力度，尽量减少拷贝的存放，缩短拷贝存放时间……

明枪易躲，暗箭难防。第二次大火果然又如约而至。

那是距上次试探性的小火不到两个月之后。

这天深夜，大火又起了！这次完全不像上次。

待厂里的值班人员发现时，已经晚了！待消防队赶来时更是正月十五贴门神——晚半月了！这场神秘的大火，不再像上次那样只烧了一间小房子，而是从片库烧起，很快向四围蔓延。火势之烈，气热之猛，起火点之多，实在匪夷所思。大火整整燃烧了两个小时，熊熊的火焰燃红了半边天空；噼噼啪啪的声音，刺鼻的气味在夜里传得很远。这场大火，把片库里所有的存片和拷贝都烧了灰烬，随之化为灰烬的还有邵醉翁十年的心血。

邵醉翁看着废墟一样的火场，神情惨淡。他目光呆滞，面容憔悴。霎时间，他好像一下子老了10岁，像梁羽生小说《七剑下天山》中的练霓裳一样，一夜白了头，变成了白发魔女。

从此，醉翁变成了白头翁。他卧病在床，再也理不起生意。

邵仁枚和邵逸夫听到这巨大的变故，暂时抛下手里的业务，匆匆从南洋赶到香港。

看到憔悴而一蹶不振的大哥，邵逸夫觉得恍如隔世。想起阿爸说过的话，说大哥手掌铁硬，存不住钱财，振兴邵家的大计不能靠大哥，开始他还以为是阿爸为了鼓励他这个幼子才故意这样说，现在，大哥毫无精神的眼神让他相信了，阿爸说的是对的。

"阿爸，你放心吧，我一定会尽最大努力把邵家的生意做大做强！"邵逸夫的心里，似乎阿爸的在天之灵已经听到了他的祷告。

邵醉翁强折起身子，有气无力地对两个弟弟说："老三，老六，这两场火并不蹊跷。它们都是人干的，是人祸。邵家的生意太过火爆，气瞎了有些人的眼睛，因而才遭到暗算。我渐渐变老，做事越来越力不从心了，加上这两变故，恐怕以后也难以担当大任。一切都靠你们仨人了。"

"大哥，这儿的生意怎么办？难道就这样停了？"老三仁枚问。

"我已经不想再考虑这些事情。伤心至深，心劲已灭。你们自己看着办吧。如果能开下去就开，不过一定要小心，别再受人暗算了；如果觉得不行，就转手也行。"

"当然不能停！"邵逸夫坚决地说。

"不能停，这儿谁来管呢？咱两个都必须继续待在南洋？"邵仁枚问大哥。

"让老二来吧，反正上海那边业务量也不大。他来以后，我立即动身回上海去，一则是养病，二则，如果身子能好一些的话或许能勉强照管些生意，不行的话再说吧。"邵醉翁疲惫不堪地躺回到床上，再也不想说话。

说是等身子好些了再打理上海的生意，不过是邵醉翁宽慰两个兄弟的话，其实，在他的心里，商场已经不啻是洪水猛兽了。

从此，邵邨人从上海来到香港，担起了重振天一港厂雄风的担子。

邵邨人的香港

邵邨人到香港走马上任后，立即着手做了三件事：

一、把"天一港厂"改名为"南洋影片公司"。

此举意味着多重含义。首先是想告别过去，重整家业，有一个良好的开端。也想通过改名给自己振作的理由。

其实，从两个名字上看，新改的名字从气势上大了很多，这体现了邵邨人远大的决心。同时，"南洋"二字也包含着邵邨人明确的目的，立足香港，辐射南洋。以南洋作为影片发行的主渠道，定位是准确的。

然而，事物均可以一分为二地看，果断改名，固然是当即立断，足见气魄与胆识不俗；可是，从另一角度来看，轻易改名，也意味着邵邨人的不够稳重呢？联想到他日后的改变，改名的事情应该已经显出前兆。

二、严格规章制度，使一切工作有法可依，凡事按章办事，赏罚分明。

尤其是公司的账目，必须清楚准确，明细可查。开源节流，减少开支，降低生产成本。

邵邨人从小就擅长理科，对理财颇为精通，办事有条有理，一板一眼，丝毫不乱。这是擅长理财者的长项。

邵醉翁执政的时候，由于性格原因，已经非常重视降低成本，节约开支，但他并没有把这种理念形成制度，这样就难免做事随意性强，预见性弱。不少时候，全凭他一人说了算，更难免有草率的决定。这样的结果是，成本可以降下去，但容易造成些负面的影响，宽严失当，产生矛盾。邵醉翁不是落下个铁公鸡的名声吗？

而邵邨人却把规章订立得很细，规章制度写在明处，让每一个人都知晓，并且能够按规章一板一眼地执行，这样就细而不苟，公正公平。

不久，公司就迅速走出了混乱，逐渐消弭了火灾造成的恐慌，走上了正常运营的道路。

三、坚持走通俗道路，拍商业片。

邵邨人继承了"天一"的一贯宗旨，坚持拍摄商业片，娱乐片。在上海，"天一"公司所拍的表现才子佳人的古装片等影片，曾受到进步人士的尖锐批评，有些观众对这些题材的影片也颇有微词。然而，在香港，这些通俗的娱乐片却大受欢迎，大行其道。不论是媒体还是观众，都是积极的态度。媒体的评论是平和的，观众的态度是愉悦的。

邵邨人初到香港的经营道路无疑是平坦的。实践证明，他采取的三项措施也无疑是成功的。

就在不论是香港的"南洋影业公司"还是南洋的"邵氏兄弟公司"都抓住机遇飞速发展的时候，情况突变，形势急转直下。

1941年底，日本侵略军相继攻陷南洋各地，"邵氏"影业遭受到了重大的打击，在日军铁蹄的蹂躏下，南洋的百余家影院几乎全部化为灰烬，邵氏兄弟历尽艰苦、苦心经营多年结得的硕果被战火无情地置于覆巢之下。

邵氏四兄弟，老大邵醉翁在上海，老二邵邨人在香港，老三邵山客（仁枚）和老六邵逸夫在南洋，在那个"烽火连三月，家书抵万金"的岁月除老三老六兄弟俩在一起之外，其他兄弟之间失去了联系。绞尽脑汁也难以为继之后，生意只得暂时关门了事，那个年代，人人自危，谁还有闲情逸致到戏院里来？

更令人意外的是，邵逸夫本人也被日军扣留，被严刑拷打之后关入大牢，罪名是"拍摄反日电影"。邵逸夫陷入了一生中最为艰难危险的境地，后来，多亏了妻子黄美珍多方营救，才使邵逸夫最终重获自由。

万马齐暗究可哀。然而，对于邵氏兄弟来说，任何困难险阻，都不能消减他们对振兴中国电影、振兴邵氏家业的信心，不能减退他们对电影事业的由衷热爱。在黑暗里盼天明，在沉默里等爆发，这是邵氏兄弟们的共同性格。

② 天命之年抵港

战后重逢

三年多以后，抗战胜利，早已失去联系的邵氏兄弟，又走到了一起。他们眼泪潸然，心绪如潮，久久相拥，语言文字太过苍白，四兄弟的兴奋之情难以言表。

擦干了热泪，邵氏兄弟心里的一个念头便开始升腾：振兴"邵氏"电影事业！老大邵醉翁状态有所好转，便自靠奋勇留在上海作为后盾，并负责"笑舞台"和南洋影片公司在上海的发行业务；老二邵邨人回到香港全力恢复南洋影片公司，在香港这个相对宽松的基地上拍摄电影，以供应上海及南洋戏院的需求；老三邵山客和老六邵逸夫继续留在南洋恢复戏院，拓展渠道。

当别的电影公司创始人还在噩梦里未完全清醒的时候，在人们还沉浸在抗战胜利，与亲人团聚成为现实的时候，几乎从零开始地，邵氏兄弟的追梦之旅再次启程。

返回南洋后，邵逸夫与邵山客立即着手恢复院线。战争的巨手是可怕的，原本繁盛的戏院已经面目全非，或毁于纷飞的战火，或早已改做他用，少数幸存的戏院也是破烂不堪，见之令人凄楚。兄弟俩经过连日的走访和综合考量，先挑选了十处过去人气最旺、现在还算安全的戏院，同业主签订了长期租赁合同，因陋就简，先放映已经经过市场检验的卖座电影，等有了收入，再利用赢利进行改善。

历经苦难，人心思定。加上战前"邵氏"早已有了牢固的基础和良好的信誉，院线的迅速恢复把人们又重新召集到戏院里来。一时间，"邵氏"在南洋的生意又重现火爆景象。

到了20世纪40年代末，只用了短短几年时间，"邵氏"在南洋的院线基本恢复到战前水平，在南洋院线商中独占鳌头。恢复迅速之快，发展壮大之速，令人咋舌。

1945年8月，英国政府重新接管香港，结束战乱、拥有安定之后，香港再次体现出"东方之珠"的魅力，风采更劲。

与南洋邵氏两兄弟的动作几乎同时，邵邨人也以迅雷不及掩耳之势地将九龙的南洋片场恢复起来。他们重新招兵买马，吸纳贤才，在南洋的邵山客与邵逸夫支持下，开始了拍摄新电影的工作。

但此时，时间已经来到了20世纪40年代末期，邵邨人他们要拍摄的电影与战前已经有了根本的不同。

此时的电影发展，已经迈入了彩色电影时代。

中国第一部彩色电影是1948年拍摄于上海的戏曲片《生死恨》，由华艺影片公司出品，费穆导演，主演梅兰芳，著名摄影师黄绍芬为摄影指导，李生伟任摄影师。影片以京剧大师梅兰芳主演的同名舞台剧为蓝本，对原剧进行了删减，用16毫米彩色胶片摄制，然后翻制为35毫米。虽然由于经验不足，以至影片的彩色不够理想，但毕竟是中国第一部彩色电影。此后，直至1953年，上海电影制片厂推出了由桑弧导演，黄绍芬摄影的彩色戏曲片《梁山伯与祝英台》（袁雪芬、范瑞娟主演），它不但是新中国拍摄的第一部舞台戏曲片，也是新中国拍摄的第一部彩色电影。影片保留了越剧艺术唱腔优美的特点，同时，发挥了彩色电影的优势，摄影和美术处理追求中国艺术独特的意境。影片上映后不但受到观众的欢迎，并获得1949-1955年文化部颁发的优秀舞台艺术片一等奖，并在1954年卡洛维·发利国际电影节上获音乐片奖及爱丁堡国际电影节"映出奖"。同年的日内瓦国际会议期间，周恩来总理为美国影星卓别林放映了此片，被卓别林称为"中国的罗密欧与朱丽叶"。

1956年，同样由桑弧导演，由北京电影制片厂推出了新中国第一部彩色故事片《祝福》。影片改编自茅盾的同名小说，由白杨、魏鹤龄主演。影片获得1957年卡洛维·发利国际电影节特别奖及1958年墨西哥国际电影节银帽奖。

上述这些彩色影片都是用进口胶片拍摄的。1980年，由常彦导演，长影摄制的惊险片《保密局的枪声》则是第一部用国产彩色胶片拍摄的故事片。影片讲述的是抗日战争胜利后，国民党统治着上海，共产党地下工作者刘啸尘奉命打入国民党军统保密局，并最终获得胜利的故事。这部影片创造的另一个纪录是观众达到了6亿人次，这一上座纪录迄今为止无人能够打破。

在新的电影浪潮即将到来的大趋势下，精明的邵邨人又如何会无动于衷！

彩色电影，让邵氏兄弟再次重拳出击！

"唐僧"第二次"取经"

1948年，"邵氏父子公司"，这是由邵邨人及其儿子控股的新公司，是由其前身南洋影片公司改组而成。与此同时，远在南洋的邵山客与邵逸夫两人合组的"邵氏兄弟公司"也经过战火洗礼之后恢复了运行。

这时候，正当盛年的邵逸夫做出了一个重大的决定！

邵逸夫看到，市场对电影尤其是高质量的电影的需求量越来越大，而现在电影的生产能力和生产水平已经远远落后于市场的需求。之所以产生这样的窘状，除了人为原因如理念和技术的陈旧之外，拍摄电影机器的严重老化，也是不容忽视的原因。他意识到，电影事业要想真正地发展壮大，就必须紧跟时代的潮流、洞悉市场的瞬息万变，清楚了解观众的口味。否则，就不能长久发展，甚至可能被市场淘汰。"磨刀不误砍柴工"、"工欲善其事，必先利其器。"必须要率先购到世界上最先进的电影拍摄机器！邵逸夫决定，立即动身！

1950年，这是邵逸夫第二次劈波斩浪，历关涉险，到大洋彼岸去。屈指而计，这一次距离上一次已经接近20年。这一次的心情，自然与前一次不同。这一次，比上一次站得高，比上一次看得远，也比上一次轻松。事业的腾飞，爱情婚姻的甜蜜，充足的自信，志向的高远，成熟而稳重的他自然非20年前所能比。这一次，他不仅去了电影最发达的美国，还去了欧洲的几个国家和澳大利亚。他一边选购拍摄器材，一边近乎贪婪地学习国外的先进经验和新观念、新思维。这一次的学习自然与20年前不同。20年前，他是一个20多岁的青年，对电影理解不深，眼界还不够宽，见识还不够，最关键的是，那时的电影技术和电影设备还相当落后，而现在，他已然是一个名震南洋的电影业的大亨了！年龄的增长，增长的不仅仅是阅历，还有胸襟的更加宽阔，见识的更加宽广，志向的更加远大。这一次远行，没有像上一次那样为情所困，心破碎成一片片的玻璃；这一次远行，没有像上一次那样的与死神近距离相拥；这一次远行，让邵逸夫大开眼界，他为电影的飞速发展由衷地惊叹不已；这一次远行，邵逸夫像唐僧那样，从"西天"取来了"真经"。

当他带着最先进的"武器"踏上南洋的土地时，他踌躇满志，目光中透着坚毅，表情里是沉稳与胸有成竹。这就意味着，"邵氏"影业已经站在再次飞速发展的起点上了！

有了先进的拍摄设备，更有了先进的经营理念。之后，邵逸夫与邵山客调整了昔日相对保守的经营方式，把多角度、多方位、多层次的经营发展模式引进到企业发展上去。此时，他们的事业已经不仅仅局限在电影业及娱乐业，还把触角延伸到了银行和房地产业。他们利用"邵氏"积下的江山：稳固而宽阔的渠道、雄厚的经济实力、丰富的打拼经验、优良的信誉、广大的客户群，主动进攻，多点多面开花，将越来越多的院线网罗至"邵氏兄弟"名下。但电影业仍然是"邵氏兄弟"事业的基石和重心。

十年磨一剑，锋刃已如霜。

仗剑向天笑，试问谁短长。

"邵氏兄弟公司"在战后的废墟上重新起飞，不仅规模上超过战前，在理念上，前景上亦远非战前所能企及。

1957年，"邵氏兄弟"立足南洋整整30年的时候，已经在马来西亚、新加坡、泰国、越南等地拥有百余家电影院和十多座大型游乐场，风头之劲，一时无两。

邵逸夫的香港

有一天，邵逸夫兄弟忽然接到了一封信，这封信先由三哥邵仁枚看阅之后，又交给了邵逸夫。看这封信之前，邵逸夫是轻松愉悦的，但看这封信的时候，他的眉头慢慢锁成了"川"字。

看罢这封信，邵逸夫又做出了一个决定！

这封信是邵逸夫的二哥邵邨人写来的。信中说，由于设在香港的"南洋影片公司"的经营状况江河日下，他已无心在这个行当上恋战，于是就向邵逸夫他们兄弟俩求救，希望他们中的一个能来港接管南洋影片公司。自己好腾出更多时间和精力来做其他的事情。

做其他的事情？这其他的事情指什么呢？

信上没有明说。

对于二哥在香港的作为，邵逸夫和邵仁枚一直不太满意，但事已至此，要以大局为重，不能任"邵氏"辛苦创下的基业付之东流，这是前提。

好事多磨吧。当年的老大邵醉翁在两次火灾面前败下阵来，将公司交给了老二打理；如今，老二又心有他属，多年的一幕又在重演。

怎么办？

1957年的初秋。

南洋的风已经带上了些微的凉意，枯黄的树叶不情愿地离开树枝，被风推着到处流浪。在这样的肃杀里，邵逸夫辞别了合作了30年的三哥，从狮城新加坡动身，正式移师香港，从此开始了另一段人生历程。

这就是邵逸夫看二哥的信时做出的决定。

此时，邵逸夫正好50岁，属于儒家所说的"知天命"之年。

孔老夫子说，五十而知天命。天命，是什么样的内涵呢？邵逸夫不知道。但他知道，壮大"邵氏"在香港的企业，拍出最好的电影，发展中国电影工业，就是他的使命，这是他义不容辞的。这就是天命吧。

邵逸夫一到香港，很快就抓住了问题的症结。

顾不得洗去满身的风尘，顾不得游览香港的美景，顾不得与亲人细细地叙旧，邵逸夫便开始了细致的考查。

之所以不能拍出足够多的影片供应市场，之所以拍摄质量不高，之所以动辄呈捉襟见肘之窘态，根本就是缺少一个场地，这个场地必须具备齐全的配套设施，具备各司其职、各负其责的影人队伍，具备拍摄电影所需要的一切条件。它应该像美国的好莱坞一样，在这里，不用走出去，就能完成拍摄电影的所有程序！如果具备了这样的场地，邵逸夫称它为影城，就势必会迅速改变中国人没有自己的高质量电影的现状。

因此，抵港伊始，邵逸夫便着手建立自己的电影工厂了。

当然，建立工厂的首要任务是选址。

香港有这样的一个地方以供他建立自己的工厂吗？邵逸夫心里没有底。

香港，因为是个弹丸之地，说寸土寸金实不为过。到香港之后邵逸夫才了解到，二哥邵邨人之所以不愿再分心做影业，除了客观的因素之外，还有内因，他迷恋上了房地产业。邵邨人之所以产生这样的改变，以至将振兴邵氏家业的传统行业都抛诸脑后，就是因为这儿的房地产业更有利可图。想买一块地谈何容易？不是因为这儿没地可买，而是说在这儿买地所需要的高昂费用。此时，依邵逸夫这样雄厚的财力，他也只买得起一片荒山。这片荒山买得非常实惠，他是从二哥邵邨人手里买过来的。荒山共46

亩，位于清水湾。这里远离闹市区，远离闹市区就远离了现代文明；这里交通不便，人迹罕至，因而杂草往往一人高。邵逸夫曾经用这样的话说来描述这里："在山上向四周开枪，都不会击中任何目标。"有人劝他，算了，花那么多钱，却只买了个鬼都不愿来的地方，图个什么呀？这样的砸钱，值吗？

但邵逸夫偏偏认为这地方是个好地方。对于拍摄影片来说，偏僻就是好。偏僻意味着可以免受世俗太多的打扰。这里所说的世俗，不仅仅指人情世故，也指纷纷扰扰的媒体报道，以及由媒体报道而引起的种种不安宁。

很快，邵逸夫便挂出了一块招牌——邵氏兄弟影业有限公司。目前，一切都在设想之中，这块招牌还不是金的，将来它一定会变成金的。做成一块金字的招牌是再容易不过的，但要在人们心中、在市场的心中做成一块永不褪色的金字招牌，就太难太难了。

但邵逸夫有这个信心。

来香港的第一夜，邵逸夫望着窗外的香港夜景，流光溢彩的霓虹灯，川流不息的车流，不由得心绪万千。此时的香港已不再是大哥当年开创"天一港厂"时的香港，也已不再是二哥初来接替大哥时把"天一港厂"改名为"南洋影片公司"时的香港，更不是自己曾经倾注一全部热情和心血的新加坡。香港就是香港，她像一个漂亮得令人眩目的女子，有着无数的奇装异服，她变得太快，服装也更换得太勤，快得让人目不暇接，令人眼花缭乱。自己此番来港，能否力挽"邵氏"企事业在香港的颓势，为"邵氏"的电影业开创一个崭新的局面呢？邵逸夫沉吟着。恰在此时，邵邨人走了进来，邵逸夫看上去，邵邨人脸上有掩不住的疲态，还有歉疚。

"老六……"邵邨人说不下去了。

"二哥，你的心思我知道，你不必太过沉重。"

"六弟，我对不住大哥的重托，对不住六弟你，让你从南洋已经发达的事业上拉过来。可是六弟，你相信我，我也是为了振兴邵家的家业啊。

不同的是，我不善于长期经营电影业，我更擅长的是另外的产业。"

两兄弟经过深聊，邵逸夫原谅了二哥的"不思进取"。临分别时，邵邨人劝告邵逸夫一定要小心应对，因为现在的香港影坛比过去任何时候都需要小心应对。

"我会小心的，放心吧二哥！"

依然是坚毅的神情，不容置疑的口气。是啊，依邵逸夫现在的实力，不论在财力上还是经验上，他都有理由充满信心。

有"电"来袭

香港的电影业分左派和右派两种。

邵逸夫主持的"邵氏"影业属于后者。

所谓左派，指的是得到了政府的支持，可以通过官方渠道生产并发行的一派。但香港的左派电影在市场上尤其是在香港、东南亚以及欧美华人市场上所占据份额很小。左派电影之所以在市场竞争上没有优势可言，是因为他们缺乏完备的院线体系，尤其是在南洋，他们根本就没有自己的院线。因此，光靠政府支持还是远远不够的。

所谓右派，又称为自由派，其称呼源自1956年老演员王元龙牵头成立的"自由总会"（全名"港九电影从业人员自由总会"，一年后更名"港九电影戏剧事业自由总会"）。

但邵逸夫同时认为："左派与右派并非永远势不两立，凤凰影业的发行主任多次求我，利用'邵氏'的南洋院线放映'凤凰'的片子。只要有票房，我从不管摄制机构是左派还是右派。而'长城'的片子，多由香港'电懋'在南洋的院线发行。"

在邵氏兄弟（香港）有限公司的发展史上，"电懋"肯定是绕不开的一个坎。

1956年，陆运涛把"永华"和"国际"合并，改组为电影懋业有限公

第三章　金龙创辉煌邵氏兄弟立

司（简称"电懋"），陆运涛出任董事长。改组以后，陆运涛立即打出了"巨片标志、荣誉之征"的旗号，重金招募"食客"和"智囊"，设立剧本编审委员会，这个委员会由张爱玲、宋淇、姚克、孙晋三组成；延请易文、陶秦和岳枫为导演；招揽当时颇有名气的明星，开始制片运作。

陆运涛（1915年—1964年），新加坡及东南亚的电影制片人、鸟类学家及摄影家。1915年生于马来亚吉隆坡，1964年不幸因飞机失事逝于台湾（另一版本说是1971年）。（根据龙应台的叙述，1964年的飞机失事实际上是"国军"劫机，大陆与台湾对峙之时。）

上世纪40年代至60年代陆运涛是新加坡和香港的著名电影制片人，他是国泰集团、永华电影和电影懋业公司的创办人。

由于"电懋"的实力亦非常雄厚，在香港的电影界，很快，便出现出"邵氏"和"电懋"两雄并起的局面。

邵逸夫曾在评论"电懋"时说过这样的话："'电懋'有陆氏家族雄厚的资金支持，陆运涛一旦较了真，那句'巨片标志、荣誉之征'的口号就不会是拉大旗做虎皮。"

当初，二哥邵邨人再三提醒过邵逸夫："六弟你要当心，陆运涛、钟启文，还有其他的高层管理人员，个个都是喝洋墨水出身，据说他们不但去过好莱坞考察，还把好莱坞的英文资料研究透了。"

但邵逸夫并不太把留洋当一回事，留洋有什么了不起？自己也曾在南洋打拼了30年，虽然未在国外读过书，但是小时候自己接触的思想、掌握的语言都是西洋的。再说，他们去过好莱坞，自己也去过。

"李祖永也是喝过洋墨水的人，不过怎样了？到最后还不是落到破产的田地？"邵逸夫对二哥的提醒不以为然。

看六弟这样，邵邨人忧心忡忡："六弟，这事说不清楚，李祖永的失败，或许很大程度上是政治原因。你想想，假如是四几年的时候，李祖永家族在大陆财大势大，谁敢动到他头上？"邵邨人想竭力劝告六弟。

"二哥你说的也不是没有道理，但我看最关键还是他自身的原因，是他掌握市场的能力不够，调节经营方向的意识不强。还有，他最大的错误是不该跟张善琨闹翻。"邵逸夫振振有词。

兄弟争论了几句，最后邵邨人见说不动六弟，只得作罢。毕竟，自己是要退出电影业的人了，毕竟自己已经志不在此，可能六弟觉自己没有资格这样劝他吧。邵邨人想。

邵逸夫承认，他之所以"看轻"陆运涛，是故意的，不是他真的觉得陆运涛不是一个强劲的对手，而是用了一种自我暗示的心理学方法，这样的结果是让自己更加自信是害怕自己丧失自信。邵逸夫说："我不会低估陆运涛，也不敢掉以轻心，但我不怕他。"

面对"电懋"这样的强大对手，面对陆运涛这样的人物，邵逸夫被激发出了更大的野心！

这就是邵逸夫！不怕一切困难的邵逸夫，永远打不垮的邵逸夫，永远会在失败的废墟上迅速建立起自己的成功大厦的邵逸夫！

第四章　影城竣工日　名满香江时

1958年的春天，邵逸夫的"邵氏兄弟（香港）有限公司"正式成立了！踌躇满志的邵逸夫轻轻地揭开了牌匾上的红绸时，那刻着"邵氏兄弟（香港）有限公司"大字的招牌，便赢得了人们热烈的掌声。影城的出现，为邵逸夫主持的邵氏香港有限公司他日的腾飞奠定了坚实基础。

　　在抓住南洋电影发行渠道的同时，邵氏"影院"开始闯入世界影业市场，70年代，"邵氏"先后在美国、加拿大与欧洲一些国家建造自己的电影院，进入80年代，邵氏公司已有300多家自办或代理的电影发行网络，每年拍摄的40多部华语影片可及时发往世界各地。

　　邵氏影片不仅为各国观众带去了欢乐，也对传播中华文化起到了极大促进作用。

1 明眸皓齿清水湾

香港的秋季，金风多情地送来凉爽，茂盛的洋紫荆枝叶轻拂，似乎在殷勤地欢迎着远道而来的邵逸夫，可能是它们已经预知这个人的到来会对香港的未来尤其是香港电影的未来意味着什么吧。这种被西洋人亲切地称为"穷人的兰花"的花树，已到了荚果采摘的收获季节，而邵逸夫却是到这里辛勤播种的初来乍到者。看着洋紫荆累累的荚果，贪婪地吸吮着掺杂着花香和维多利亚海水微咸的空气，邵逸夫不由得汹涌起一定要在这里立足的豪情。

到香港之后，邵逸夫立即意识到，由于"邵氏"拍摄影片的业务基本处于停滞状态，而要想让"邵氏"真正跻身于香港乃至亚洲最强大的电影公司之林，必须有自己的高质量的影片，并且，这样的影片要能够源源不断地制作出来。而要做到这点，必须要有自己的影片拍摄基地。

因此，以下三大事务迫在眉睫：迅速建成自己的影片制作基地、广泛吸纳电影人才、尽快拍出高质量的电影。

而首要的任务就是建设拍摄基地了。

早些时候，"邵氏"在香港原本有两个片场的，这在同行业的公司中是首屈一指的。即便是当时实力最强的"电懋"，也仅仅有一个片场，并且这个片场的规模还不够大，发展前景也不够广阔，与整个"电懋"的"牛气"根本不相配，加之片场周围已经没有了空地，更无扩张的潜力。而邵逸夫要做的，就是建成全亚洲规模最大、设施最齐全最先进、能够拍摄出最好影片的好莱坞似的片场！但由于前一阶段邵逸夫的二哥邵邨人已经无心在电影业恋战，就把其中一个卖了地皮，仅剩片场可以利用，但制作新影片的事情也基本处于瘫痪状态了。

邵邨人的手里有一块地皮，原来就是为了建片场才买下的。但一直在那里荒着，本来就是一片荒地，如今就更加荒芜。这时所说的荒芜指的是心灵上的、心气上的荒芜。

关于片场，邵逸夫是这样做的：先让那个旧的片场上马，生产新的影片；同时，运作那片二哥"束之高阁"了很久的荒地，投建新片场！

这就是邵逸夫！不走寻常路的邵逸夫，不甘人后、目光高远的邵逸夫，这是他后来成为影视大王的先决条件。

一顾之下，邵逸夫便看上了那块地皮——清水湾220号地段，像他当年初一见到黄美珍就钟情于她一样，像当年他深信黄美珍一定会成为一个好妻子一样地，他也深信这儿一定会成为他梦想起飞的起点。

这块地皮早已在邵邨人手中了，但邵逸夫首先要把它买过来。

在香港的"邵氏父子影业公司"和在南洋的"邵氏兄弟影业公司"的关系是这样的，由"邵氏父子"生产影片，然后卖给"邵氏兄弟"，后者给前者一定的费用，然后由后者再通过南洋的"邵氏"电影发行渠道卖给电影需求的终端。这样的关系，不论给"父子"还是"兄弟"都有了一个推力，推力就是动力，这是其他家族企业所无法比拟的。这也是"邵氏"能够在最短时间内得到快速发展的原因之一吧。

因此，邵逸夫首先需要花钱把地皮从二哥手里买过来，只不过，价格会相对低一些。

邵逸夫喜欢这块地皮的原因是：首先，它远离香港闹市区；其次，它地域开阔，依山傍海，空气像过滤过一般的清新怡人，邵逸夫初到这里时，正是秋季，是一年之中最美的季节，天高无限，空中像被谁洗涤过一样，几片云朵如羊群，优游地在草地上吃草。好一块待开垦的处女地呀！邵逸夫由衷地感叹。

站在不太高的小山上极目远眺，虽然荒芜，但并不荒凉，最起码在邵逸夫的心里并不荒凉，因为此时他心里已经在构划电影基地的明天了！

电影基地的明天是怎样的呢？在邵逸夫心里，它应该是有鳞次栉比的房屋的，房屋依山而建，错落有致，富有美感。乍一到这里，听不到人声，但一旦进入电影的制作间，立即可以感受到这里蒸腾的人气——人们的忙碌是这里最美的风景！站在电影城的大门口，会不时见一辆辆车进进出出，出去的车上拉的都是最新电影的拷贝。整个世界都热衷于看邵氏影业拍摄的电影，它被分配到每一个电影院，为数以亿计的观众带去笑声，让越来越多的人们受到教益。由于电影基地的迅猛发展，带动了山脚下人们生活的改变：原本破落的小渔村，将不再贫穷，人们将过上优裕的生活，村里的男人们将告别世世代代在浪里讨生活，整日看大海脸色的提心吊胆的生活，而变成一个个富有特色的家庭旅馆的老板——招待来自世界各地慕名而来的人们。

邵逸夫沉浸在自己的构想里。

说干就干，接手这块地皮的产权后，邵逸夫立即就投入到了"邵氏影城"的建设中，他请人根据地形进行设计，精心画好图纸，并请专家商讨，反复修改。在当年年底就破土动工！

动工要做的第一件事就是修建一条大道，这条大道宽阔平整，直通清水湾。不远的将来，每一个电影拷贝都要靠它来运出呢！

邵逸夫投入了大量的人力、物力、财力来建造自己的梦想：开山填海，"大兴土木"。人心齐，泰山移。一人深的枯黄的野草刈掉了，站在平地上也能看得更远；乱石堆归整了，变成了一条伸向远方、伸向美好未来的路。

来港时，邵逸夫带来了500万港元，这些钱很快告罄。在实现理想的路上，是没有什么困难能让邵逸夫止步的。邵逸夫当即立断，立即乘飞机赶到新加坡，又向三哥邵仁枚借了200万。

位于清水湾的邵氏影城自1957年年底开始动工，边建边拍摄影片，历经七度春秋才宣告完工。仅仅一年之后，邵逸夫一口气在清水湾建起了四座摄影棚，摄影棚里有当时最先进的拍摄器材，这些器材能保证拍出最高质量的影片。

1958年的春天，当洋紫荆、宫粉羊蹄甲、红花羊蹄甲、黄槐、铁刀木、猪肠豆、凤凰木、梧桐等或伟岸、或秀气、或健壮、或婆娑的树木争相吐绿的时候，邵逸夫的"邵氏兄弟（香港）有限公司"正式成立了！踌躇满志的邵逸夫轻轻地揭开了牌匾上的红绸时，那刻着"邵氏兄弟（香港）有限公司"大字的招牌，便赢得了人们热烈的掌声。

清水湾影城沸腾了，虽然影城还在兴建之中，但人们对未来的憧憬已经把干劲充分地点燃了！

清水湾影城的横空出世，消除了邵氏影业香港拍摄场地的局限性，消除了"邵氏"发展壮大最大的挚肘因素。

影城的出现，为邵逸夫主持的邵氏香港有限公司他日的腾飞奠定了坚实基础。

2 邵公吐哺，影人归心

宣传奇才——邹文怀

邵逸夫是一个极讲求效率之人。他建片场和招揽人才两手都抓，两手都硬。因为他知道，影片之间的竞争，拍摄机器还只是硬件，而软件更重，软件是什么？是理念，是技术，是人才！

邵逸夫还知道，如果再靠"邵氏父子公司"里的原班人马，是支撑不起新公司这个巨轮腾飞的大业的。因为，"邵氏父子公司"有一个致命的弱点：没有一个宣传的部门！因为二哥邵邨人是财会出身，精于理财也精于算计，这样就使他渐渐养成了"抠门"习惯。他不愿意养一个"闲人"，因为他认为宣传人员就是"闲人"！在人员结构构成上，一线人员比重太大且"良莠不齐"，幕后的管理人员太少。这样就容易失去计划性，容易形成一盘"散沙"的状态。

必须有新鲜血液注入！

和二哥邵邨人不同，邵逸夫首先要招的就是个"闲人"——宣传上的人才！这个人不仅要懂业务，还要懂市场，既要善于策划和包装，又要具备极强的社交能力。并且，他始终坚持"宁缺毋滥"的原则，宁愿长期的虚位以待，也不随便抓一个胡乱凑合。

千军易得，一将难求。不是没有人推荐，甚至不乏毛遂自荐，但都不具备邵逸夫及其"邵氏"要求的条件。

阅人无数的邵逸夫，竟也为缺乏这个人而发愁起来。但从未因外物而失去的邵逸夫，始终相信，这个人就会到来，不过是早晚的问题。

这时，天赐邵逸夫一个邹文怀。

说是天赐，其实是为了突出邵逸夫求贤的迫切和邹文怀日后之于"邵氏"的重要性。事实上，邹文怀是邵逸夫的好友吴嘉棠推荐的。吴嘉棠曾经无意间提起邹文怀这个人，说邹文怀能力强，口才好，头脑灵活，在各处工作都极为出色，有很好的口碑。

言者无心，听者有意。邵逸夫记住了这个名字。莫非，自己苦苦等候的左膀右臂就是他？

邹文怀，英文名为Raymond（音译为雷蒙），1927年出生于广东大埔和睦堂，客家人。于上海圣约翰大学新闻系毕业。1948年在上海《申报》当实习记者，1949年来港后，曾于英文报纸《南华早报》及《虎报》任记者。1951年任职美国新闻处，在"美国之音"电台工作。

感动于邵逸夫的真诚，也为邵逸夫的重金聘请所动，1957年，邹文怀出任邵氏兄弟香港有限公司宣传经理，此时，"邵氏"尚未正式挂牌。

当然，邹文怀是有条件的。

"邹先生有条件尽管提，只要'邵氏'能够做到的，我一定尽力而为！"邵逸夫坚定地回答。

"邵老板您可能误会了，我不是就个人待遇上来提要求。"邹文怀觉得自己受了伤害。

"噢，那是……"

"我想请邵老板答应我一件事，在'邵氏'公司宣传部里，由我亲自挑选人员，亲自组建宣传部。"邹文怀明白，"邵氏"的对手"电懋"实力太强了，而宣传部门又是制造攻势，树立公司形象，为公司赢得市场非常重要的部门，若自己没有几个得力的助手，所有的一切都会成为镜中月水中花。

邵逸夫略作沉吟，便同意了。

邵逸夫相信吴嘉棠有眼光，好不容易得到这么一个人才，当然要充分地尊重他的意见，况且这个建议对他的"邵氏"有好处。因为宣传部门太重要了。但他有点儿担心的是，谁招兵买马，招来的兵马就会对谁亲近，因为具备招兵买马资格的这个人一定会根据自己的判断来要人，慢慢的，这些人就会成为他的亲信。亲信多了，如果这个人再以此为资本向公司提条件，那时恐怕公司也不好拒绝，否则就会陷入尾大不掉的尴尬之境。

但邵逸夫毕竟是一个爱才求才心切的人，"邵氏"也确实需要邹文怀这样的人才。从公司发展的角度来考虑，如果招来的人都与邹文怀同心同德，对公司也不无坏处，反之，公司的宣传想做好就非常之难。再说，邹文怀既然有那么多本事，既然"邵氏"不惜重金招他进来，就不能仅限于让他做宣传经理。邵逸夫真心希望邹文怀加盟之后最终能成为他的左右手，必要时能真心地替他统管"邵氏"大局。因此，邵逸夫才有短时间的沉吟，随即又爽快地答应。

邹文怀这样做也是有自己的考虑的。首先，"邵氏"出薪不菲，颇有诱人的资本，令他难以拒绝；他早就听说邵逸夫是一个胸怀大志、身负奇才、爱才惜才之人。也想为他在"邵氏"初创之时多做些事情，以使"邵氏"创出更大的事业来。这样对自己也有利。但在这样的基点上，他需要和自己志趣相投的人才，这样才会同心协力，而不至于互相拆台。如果真的是因为人人相互提防而影响了工作，自己的高薪也肯定保不住。

之所以下决心做好宣传工作，当然还有一个根本原因，邹文怀也是一个热爱电影的人，也想在电影事业上做出一番成绩。其实，他和邵逸夫骨子里是一种人！

得到了邵逸夫的授权，邹文怀开始大刀阔斧地招揽宣传方面的人才了！

他首先找来了何冠昌，请他为自己出谋划策；接着，他又安排了自己的亲信蔡永昌、汪晓高、梁风担任要职。

何冠昌，1925年出生于香港，20世纪40年代毕业于上海复旦大学，早年供职于香港邵氏电影有限公司，1970年离开"邵氏"，香港著名电影制作人，嘉禾电影公司创始人之一。受邹文怀之邀进入"邵氏"时，何冠昌正在《香港时报》任采访部主任。

由于成绩斐然，邹文怀在"邵氏"得到飞速提升，1960年，邵逸夫提升邹文怀为制片经理，兼任宣传部经理。第二年，邵逸夫又提升邹文怀为公司副总经理，兼任制片部经理。

可以说，邹文怀在"邵氏"尽心尽力，尽职尽责，为"邵氏"的发展立下了汗马功劳，邵逸夫和邹文怀的合作关系也一直没有什么嫌隙。邵逸夫这种爱才惜才的品质一直是"邵氏"发展的重要因素之一。然而，到后来，由于一些原因，邹文怀离开了"邵氏"，另建了"嘉禾"，从事物发展的规律上来看，也属正常甚至必然。

宣传工作交给邹文怀了以后，邵逸夫又把目光盯准了电影的主创人员——编导和演员。

"邵氏"刚刚成立不久，邵逸夫每天白天都泡在片场工地上，与工人和技术人员一同吃，一同劳动。天黑以后，邵逸夫才匆忙赶回寓所，洗去了一身的泥浆和汗渍，这是劳动给他留下了礼物。这时候，邹文怀总是如约而来。

夜色如水，星辉明亮，小虫还未冬眠，叫得正欢。邵逸夫和邹文怀并肩坐在邵逸夫寓所的露台上，面前的小几擦得锃亮，小几上两杯清茶，一碟小炒。夜里光线不明，看不清清茶的袅袅淡烟，但可以闻得见茶的清香，绵长，持久。两人离得很近，不论是身子还是心灵，声音时高时低，时断时续。

聊得那样融洽，那样投机。

"雷蒙，你说说，我们下一步该做什么？"很多事情，邵逸夫本来已经有了较为成熟的方案了，但他还是提出来问题，想先听听邹文怀的意见。如果邹文怀反对，他会对自己的想法进行微调甚至修正。邵逸夫就是这样的人。

"你已经有了想法了吧？"邹文怀说话很随意，他深知邵逸夫的脾性。

"还是那句话，我想听你说说。"

"很简单，下一步是如何挖到一流的编导和一流的演员。"邹文怀不假思索。

"说下去雷蒙。"邹文怀的想法又与邵逸夫不谋而合。

邹文怀不慌不忙说道:"我们要学习我们的竞争对手'电懋'和一些左派公司的做法。"

"噢?你已经研究过了?"

邹文怀和邵逸夫都知道,自陆运涛把"国际"和"永华"合并为"电懋"之后,已经在公司内设立了一个编审委员会,这个编审委员会由张爱玲、姚克、宋淇、孙晋三组成,任务是负责从剧本策划开始一直到剧本的最终审查,可以说,其重要任务贯穿剧本创作的始终。

其实,设立剧本编审委员会并不是"电懋"独有,"长城"和"凤凰"等影片公司也有这样的委员会。但与"长城"与"凤凰"不同的是,"电懋"并不像"长城""凤凰"那样以编剧为中心,而以演员为中心,公司的中心不再是编剧而是明星。这就是陆涛高明的地方,既有借鉴更有发挥。当然,明星中心制也并非陆运涛的首创,而是舶来品——好莱坞就是这样,这是成熟的经验。

因而,邹文怀建议,应该不惜重金挖来大明星,以壮大"邵氏"的力量,扩大"邵氏"的影响。

这个建议当然也正是邵逸夫考虑的。

邵逸夫笑着问邹文怀:"如果你是老板,你是否害怕自己公司的明星演员会另攀高枝?"

邹文怀胸有成竹地回答:"从理论上讲,人才的流动是极为正常的。各个公司总是限入这样的两难推理之中:当自己麾下没有名演员时,他们想拥有自己的名演员,一旦拥有了大牌演员却又怕他们远走高飞。到底应该怎么做?于是就有一种进退维谷的感觉。其实,正确地对待这个问题,是一个公司发展之道。培养一个未名演员,目的是为了公司的发展,事实上,培养成一个名演员,也确实能给公司带来很大的效益。至于名演员后来会离开公司,且不论是不是应该,单从这种结果发生之前,其实是可以避免的。比如对这个演员好一些，重视一些，薪水高一些，或许被挖的可能性就会小一些。反之，当然免不了名演员会离开。当然，除了人性化的关怀重视之外，我们也可以用其他方法也避免这种尴尬情况的发生，比如签订协议，以此来约束他们。"

邵逸夫非常高兴："好，你说的和我完全一样。人要成就大事，就应该有大气魄大胸襟，否则就肯定一事无成。在演员的身上，我们必须花费该花费的精力、时间和金钱，只有这样，'邵氏'才能更好地发展。就当是赌博吧，怕输就别赌；赌就不怕输。不赌，就无丝毫赢的可能，只有克服畏惧心理，就有赢的希望。"

邵逸夫决定，在明星的问题上，也要两步同时走：培养自己的明星和挖掘别的公司的明星！

男女台柱——赵雷和尤敏

在当时的"邵氏"，由于邵逸夫二哥的性格所限，并没有培养出来一个大牌明星。在"邵氏"自己着力培养的男演员中，最具明星前途的当数赵雷；女演员则数尤敏。

赵雷，原名王育民，曾做过金银交易所的职员和报社记者。1953年，邵氏父子公司招收新演员，偶然的机会里，王育民赵雷和陈厚均凭借他们俊朗的外表、洒脱的气质顺利通过考试。当时"邵氏"的掌门人邵邨人给他们的待遇是月薪200元，王育民同意了，但陈厚的朋友却认为这薪金太低了，陈厚就向邵邨人交涉，希望增加到250元，不料，却被精于算计的邵邨人严辞拒绝了。

陈厚在遭受打击之下，百无聊赖地"宅"于家中。心里既有后悔也有怨恨，后悔的是听了朋友的话，没能像王育民那样先答应，待有朝一日成了名演员之后再提出涨薪水不迟；怨恨的是，邵邨人太小气，偌大的"邵氏"竟然会因为区区50元而轻易地任一个青年人失去当明星的机会。

不料，之后不久，陈厚便时来运转，先于王育民出名。

与"邵氏"招聘演员同一年，陆运涛在香港成立了"国际公司"，其总经理欧德尔听说了陈厚的遭遇，也觉得陈厚是一个可造之材，就将陈厚破格揽至"国际"旗下，所给的月薪就是250元。于是，有了当演员土壤的陈厚格外珍惜这个机会，加上他过人的自然条件与表演天赋，迅速蹿红，成为后来"电懋"的当家小生。陈厚擅长饰演风流倜傥的年轻公子角色，所饰演的角色栩栩如生。被人誉为"喜剧圣手"。

邵邨人听到被他轻易放弃的后生陈厚竟然为对手公司赚了大把的钱，不知道心里会作如此想。

王育民对"邵氏"所给的薪金没有表示异议，并且同邵邨人签了"长约"。邵邨人寄希望于王育民，就决心对王育民进行培养，使之成为大牌男明星，并且煞费苦心地为他取了艺名——"赵雷"，希望他能够不鸣则已，一鸣惊人，像夏天的雷一样，响声在外，为"邵氏"的电影事业做出贡献。我们分析邵邨人的心理，可能是这样的：既为轻易放过陈厚而有些悔意，又想像"国际"培养陈厚一样，把赵雷培养成明星，以雪前耻。当年，邵邨人就让赵雷在邵氏公司的电影《残生》中出任男主角，女主角则是尤敏——邵邨人一手发现并且培养出来的女演员。

1954年，"邵氏父子公司"总共才拍了五部影片，邵邨人就让赵雷担纲了三部，这三部电影是《小夫妻》、《人鬼恋》、《诱惑》。此中足见邵邨人的爱才之心。

1955年，赵雷未能参加新电影的拍摄，原因不详。

1956年，赵雷主演或参演了《乱世妖姬》、《零雁》、《水仙》、《喜临门》等影片。由于这些影片投放市场后反响一般，再加上堪称吝啬的邵邨人一向不愿意在宣传上费功夫（当然是因为怕花钱），因此，赵雷名气并未像他的名字那样如雷贯耳。

"一定要弄个好本子让赵雷主演！"可能是因为邵邨人也看出来赵雷打造成耀眼的明星的价值吧，决心下大力气打造赵雷。以前，之所以未尝这样想和这样做，可能正是因为像后来邹文怀所说的，邵邨人心里有着两难推理吧——如果赵雷真的红了，他或许会跑！这让精于算计，极善理财的邵家老二情何以堪！

但随后，由于邵邨人已经志不在此，把赵雷培养成真正的大牌明星的计划未能实现。

邵逸夫完全不同于二哥邵邨人。接手并创立邵氏香港有限公司之后，不仅从别人的口中，通过观察，他也觉得赵雷一定具备成为大牌明星的优势，于是决定在赵雷身上下本钱。1958年，赵雷与林黛合演《貂蝉》，名声大噪；从此，赵雷的人气就和他的名字真正相匹配了。

与陈厚不同，赵雷善于饰演皇帝并多次取得成功，业界称呼他"皇帝小生"，一时间，赵雷像现在的一些长于演某类角色一样，成了名副其实的皇帝专业户。

"邵氏"自己着力培养的女演员是尤敏。尤敏与赵雷的情况既有相同之处又有区别。相同的是，在邵邨人"执政"的年代，尤敏也并未真正红起来，当然也未能真正为"邵氏"创下太高的票房。和赵雷不同的是，邵邨人对她有更深的知遇之恩。

尤敏成为一名演员实属偶然。

尤敏的父亲与邵邨人的关系非常好，可以说，邵邨人几乎是看着尤敏长大的。因此，尤敏刚从中学毕业，邵邨人就让她参演"邵氏"即将拍的新片。并且在开机的一刹那临时换角，让尤敏饰演该片的女一号。

由于年龄尚小，又没有一丝一毫的经验，1951年，尤敏的处女航并未给"邵氏"带来什么惊喜。

邵邨人有些泄气，可能是希望越大，失望越大吧。第二年，邵邨人只让尤敏拍了一部新片——《玉女怀春》。

遗憾的是，这部影片并未公映。

于是，恼羞成怒的邵邨人把一股邪火一古脑发泄到尤敏身上，认为"邵氏"的电影之所以不因为尤敏演技不高，或者态度不端正等，甚至埋怨，是尤敏坏了"邵氏"的好运。尤敏本来已经因为片子不受欢迎而自责至深，又被老板这样的埋怨，痛苦的程度可想而知。好在，后来邵邨人能够反省自己，坦率地承认责任不在尤敏，而在自己，是自己未做好准备便匆促走马换将，未考虑到尤敏的年轻和缺乏表演经验，以致效果不佳。找到了症结，邵邨人就着手为尤敏量身打造角色，为她特意制作影片，以兑现他当初捧红尤敏的承诺。

尤敏先后主演了十多部影片，题材涉及多个方面。这十多部影片是：《人鬼恋》、《残生》、《好女儿》、《零雁》、《黑手套》、《秋娘》、《明天》、《诱惑》、《同林鸟》、《红尘》、《痴心井》等。

尽管尤敏出演了这么多片子，但令人大跌眼镜的是，尤敏还只是小有名气，完全未像当初邵邨人的承诺所说的那样，把尤敏打造成一个巨星。

问题还是出在邵邨人身上，是他一向陈旧的理念，是他一向不重视影片和演员的宣传造成了今天的结果。对此，不当是尤敏，全"邵氏"甚至外界的人也都对邵邨人的吝啬成性深有了解，不同的是，当事人感触殊深罢了。

但尤敏一直没离开"邵氏"。其中的原因有二个，一是因为邵邨人与尤敏父亲的交情，怕离开"邵氏"之后父辈相关抹不开脸；二当然是因为邵邨人对尤敏到底有知遇之情，尽管这知遇之情最终未能真正让尤敏实现成为女明星的梦想。

和赵雷不同，尤敏的命运在曲折得多。

邵逸夫接管邵氏香港的制片业务之后，本该像对待赵雷一样对待尤敏，像培养赵雷一样下大力气培养尤敏，但事实上却并非如此。因为邵逸夫也像二哥邵邨人一样，认为尤敏是"邵氏"一手培养起来的人，加上尤敏的父亲和邵逸夫的二哥关系很好，就对把尤敏培养成明星的事没有太上心，邵逸夫也认为，尤敏不至于有离开"邵氏"的想法。不料，仅仅一年之后，尤敏被"电懋"挖去，大红大紫，为"电懋"既赢得了美名，又挣得了财富。

星光无限——林黛

"电懋"的明星阵容非常庞大，力量自然也非常强大。其实，当时所说的明星，基本上是女星的专指。那个年代是女星当道的时代，即便是现在也基本如此。观众追捧的是女星，公司重视的是女星，票房宠爱的是女星，媒体乐意追逐的也是女星。而男星，不过是女星的点缀。编剧多是围绕女星设计情节和人物形象，导演也根据女星设计场景。可以说，女星是月，男星才是真正的"星"。如果制片公司拥有了一颗魅力无穷、人气超旺的女星，就等于拥有了一个聚宝盆；若是拥有了众多的大牌女星，就基本上具备了在电影界称雄的先决条件了。

"电懋"的女星有很多。最富盛名的是林黛，其后还有葛兰、林翠、叶枫、苏凤、李湄、王莱等；有名的男演员也不少，主要有陈厚、张扬、田青、雷震、乔宏等。

邵氏兄弟香港有限公司这台大机器尚未正式启动之前，宣传部经理邹文怀便和邵逸夫一起拟出了一份撬挖名角的名单。根据当时女星的名气高低，我们有理由推出这样的结论：她们应该包括林黛、乐蒂、夏梦等女星在内。

撬挖林黛这件事，是邵逸夫执掌的"邵氏"和陆运涛掌门的"电懋"挖角大战的重头戏。这一回合，胜利者是"邵氏"。这次战役中，邵逸夫"避其锋芒，剑走偏锋"，对"电懋"采取了偷袭战术，最后由邵逸夫亲自上阵，终于把"电懋"的当家花旦——台柱子林黛成功挖了过来。

林黛原名程月如，祖籍广西宾阳，生于1934年12月26日。曾在广西省立艺术专科学校音乐系读书。林黛之所以出名，除了她自身的传奇经历之外，还由于她的父亲。

林黛的父亲是程思远，是罗马大学政治学博士。自1930年起，程思远即先后担任桂系军阀李宗仁、白崇禧的秘书，后来又在国民党内出任要职。

20世纪五六十年代的香港，林黛可谓是家喻户晓、妇孺皆知。尤其让千万影迷唏嘘不已的是她于1964年7月17日突然香消玉殒，这个消息不啻于地震，一下子把人们的心震乱了，甚至把影迷们的精神世界震塌了。一夜之间，这个消息即传遍香港，震碎了多少影迷的心。多少人扼腕叹息，实在不愿接受这突如其来的残酷事实。

1948年，尚未成年的林黛和家人一起来到了香港。正是严冬时节，刚踏上香港这块陌生的土地，严寒就给人地两疏的林黛和她的家人一个可怕的下马威。来到香港后，他们一家人过着普通百姓的清贫自守的生活，住在九龙加连威老道的一座破旧的小楼里。由于父亲程思远与母亲感情失和，家庭已经破裂，在只有14岁的林黛的心里，这年的冬天格外的冷，冷到人的心灵深处。

林黛在香港的生活，似乎没受程思远的关照和影响，笔者认为第二种版本比较可信。

林黛父亲程思远长期以来都居住于香港，虽然如此，他并未能对女儿有什么照顾，而是任她们艰难地挣扎于贫困愁苦的深渊。我们猜想，可能是因为程先生太忙，只顾扫天下而顾不得扫一屋吧。和母亲、姨妈她们一起抵港之后，林黛先后读书于莱顿书院与新亚书院。至于"触电"，却是由于一个偶然中的偶然。倒是和林黛一起到达香港的表妹林佩，得到了一个机会，在话剧《孔雀胆》中饰演一个小宫女，这部话剧是当时著名的白光、王豪编剧的作品。

出于好奇，或者是机缘巧合，甚至是天命使然，林黛到剧院看表妹排演。不料这一看，竟然使她误打误撞地"看"成了一个巨星！

漂亮的表姐前来，让林佩非常骄傲。单纯的林佩就自豪地向人介绍她的表姐，还介绍说，表姐曾拍过一张沙龙照片，这张照片因为甜美纯真而被放大，并列入橱窗进行展示，引起过往行人的热心关注。其实，林黛刚一出现，就已经吸引了这些前辈演员和导演的目光。

命运似乎对林黛开始垂青了。

1951年，在楼子春的大力推荐下，林黛认识了苏诚寿，楼子春此时在沙龙摄影室任职，眼光自然了得，不亚于现在星探球探的眼光，而苏诚寿时任长城影业公司的副导演。苏诚寿又将林黛推荐给老板袁仰安，袁仰安一眼就相中了林黛。这样，尚未中学毕业的程月如就正式成为"长城"的电影演员。为了让林黛尽快出名，和邵邨人为王育民取艺名为赵雷一样地，袁仰安根据她的西洋名字Linda为她取了艺名——"林黛"。

"长城"是一家实力较强的影业公司，旗下已经拥有了李丽华、孙景璐等众多的大牌明星。在这样的公司里，多数导演出于种种考虑在起用新人上非常谨慎。我们分析，之所以这样做，至少有两种原因：一是，这些新人既无名气更无经验，如果匆匆就让他们担纲主演，极可能在表演上出错，即便不出错，观众和市场也未必认可；二是，如果一个新人一来就受到非常多的眷顾，势必会引起众多大牌星星的嫉妒，她们极可能会认为自己受到了不公正的待遇，因而产生怨恨心理，轻则消极怠工，重则跳槽归入其他公司。须知，这些人可是公司的台柱子啊。结果，命运之手在刚刚带上点儿温情之后，又把林黛安置在冷板凳上。

由希望的高峰跌到失望的深谷，林黛对在"长城"受到的冷遇，颇为郁闷。她常常到附近的"半岛茶座"打发寂寥的时光，排遣无聊的心情。她觉得命运对她不公，先是给她一个破碎的家庭，继而又给她漂泊无定的生活；先是给她一个漂亮不俗的容貌和身段，继而又给了她一个梦幻般的机会，但最后又给了她一个大大的泡影。

命运可能感觉到了林黛的郁郁寡欢，就给她安排了一个人，让他在这里等候林黛，呵护林黛，当林黛的护花使者。

他就是严俊，"长城影业公司"的当红小生。

严俊，蒙古人，原名严宗琦，1917年生于北京。曾在北京辅仁大学和上海大夏大学读书，在校期间就对演艺表现出了异常浓厚的兴趣，并积极参与话剧演出。1938年，严俊在上海投身电影业，在《新地狱》等影片中饰演角色。后来又在《万紫千红》、《出卖影子的人》等名片中担任主演。

1949年，严俊定居香港，并加盟刚刚创办的长城公司，在《荡妇心》

这部影片中饰演男主角，一举成名，在香港演艺圈里打下坚实的基础。此后，严俊一发而不可收，先后在《血染海棠红》、《一代妖姬》等"长城"著名影片中饰演主角。在香港影坛赢得了"千面小生"的美誉。

同情林黛受到的冷遇，痴迷林黛美丽的外貌，正值新片《日出》正选女演员，严俊推荐了林黛，让她出演其中"小东西"一角。林黛通过试镜，效果非常好。然而，她并未能如愿以偿地得到饰演这一角色的机会。这不仅让当事人林黛失望，觉得在"长城"出头无日，也让推荐者严俊脸面扫地。一怒之下，严俊和林黛双双进了永华影业公司。当然，林黛的跳槽是受了严俊的鼓动。否则，依她当时的名气与地位，应该不会这么容易地跳来跳去的。

永华影业是李祖永的公司，由于20世纪50年代初《国魂》和《清宫秘史》等片遭内地官方封杀，李祖永和永华都遭受到了一连串的挫折，出现了严重的危机。危机之下，人才水土流失严重，几乎成了一具空壳。

"受任于败军之际，奉命于危难之间"，林黛很快顺利成为"永华"的一名演员，月薪是"长城"公司所给的三倍。家境困难的林黛既感到温暖又很意外，她太需要这笔钱了；但她也不为此而感到满足，作为一个演员，她的最大愿望是走上银幕，走进观众的心。薪金的提高并不表明李祖永特别器重林黛，而是当时的右派公司比左派公司的薪资待遇普遍要高。

林黛相信，在"永华"，她一定会有出头之日的。她等待着这一天的到来。

在幸运之神降临之前，死神提前降临。

由于摆脱不了一个男人的百般纠缠，18岁的林黛服安眠药自杀！所幸，被家人及时发现，在九龙医院抢救了过来。这个男人是一个商人，在林黛成长的过程中曾经对她给予过支持。一开始，或者这位商人是由于发乎纯粹的善心，但久而久之，便产生了让林黛以身相报的龌龊念头。或许，这位商人开始即为林黛的美貌所动，所谓的资助不过是一种投资……这次自杀未遂的经历给林黛的一生造成了巨大的影响。影响至少有两个方

面，一是使她和严俊的命运曾在一个时期里连在了一起，二是可能间接地
导致了她最终由于婚姻的破裂而结束了自己的生命。

林黛与死神擦肩而过，却与严俊走到了一起。

听到林黛自杀入院的消息，严俊风风火火赶来，替林黛支付了医药
费，关切之情溢于言表。考虑到医院的环境和林黛的心情，严俊和医院签
了担保书，医院同意了严俊把林黛接出医院休养的请求。

林黛芳心大悦，很快走出"为情"自杀的阴影，打开心扉，严俊从容
地走了进来。

与严俊的恋爱促进了林黛事业的发展，可以说，严俊是林黛走上巨星
行列的领路人之一。严俊因林黛与永华老板李祖永费尽口舌，但李祖永出
于市场的考虑，始终不同意让林黛这么快地主演影片，严俊为美人冲冠一
怒，替自己也替林黛签下了保证票房的"军令状"！李祖永见严俊口气这
么硬，从严俊的信心上他也积聚了一些信心，于是便同意林黛担任《翠
翠》一片的主角。

这一次啊，一切都不同了！

林黛一举成名，成了香港影坛一颗冉冉升起的巨星，也开始成为娱乐
八卦杂志追逐的对象，林黛，不唯成了人们茶余饭后津津乐道的话题，还
成了许多人的梦中情人。

《翠翠》由严俊亲自执导，由沈从文的小说《边城》改编而成。为了
使林黛能一炮打响，为了所立的"军令状"，严俊拼上了！不光在剧本的
修改上为林黛量身打造，镜前幕后也花了不少功夫，比如，严俊对林黛的
鼓励也是使翠翠这个角色深入人心的主要原因之一。

紧接着，林黛又为"永华"主演了两部影片：《吃耳光的人》和《春
天不是读书天》，虽然没有《翠翠》的轰动效应，但仍然为林黛的形象增
加了不少砝码。

后来，严俊与林黛又双双离开了"永华"，在朱旭华"国风公司"里
主演了《金凤》一片，也是大受欢迎，票房喜人。

再后来，"电懋"前身——"国际机构"在香港成立。总经理欧德尔久闻严俊和林黛大名，诚邀他们加盟——严俊执导，林黛主演。

在"国际"，他们拍了《菊子姑娘》、《死魂谷》两部黑白片和《欢乐年华》一部彩色歌舞片，这三部新片是在日本拍摄的，足见"国际"对严俊和林黛的倚重。

1956年，"电懋"改组成立。一鼓作气，林黛又拍摄了巨片《红娃》，该片她与王引搭档，在日本拍摄。《红娃》放映后，大受欢迎，主演林黛的名字也家喻户晓，妇孺皆知。可以说，在当时的香港影坛，林黛几乎与港督一样有名。各影业公司老板纷纷登门，找林黛拍片，挖林黛加盟。

这些老板中，邵逸夫的二哥邵邨人是其中一位。

这个时期，正是邵邨人心气旺盛的时期，邵氏父子不仅有南洋和内地市场，还拓展了台湾市场，国语片的前景一片绚烂。

1956年，邵邨人重金聘请林黛，请她和严俊联手主演《乱世妖姬》这部影片。

同一年，由严俊亲自执导、林黛和严俊联袂主演的邵氏影片《梅姑》、《追》隆重上映。

1957年，林黛又为"邵氏"主演了三部影片：《窈窕淑女》、《黄花闺女》、《春光无限好》。需要说明的是，这三部影片的导演都是在这本书中初次进入我们视线的李翰祥。与林黛演对手戏的，前一部是罗维，他20世纪70年代成为一名成绩斐然的大导演；后两部则是赵雷，邵氏公司的当家小生。

1956年，林黛为陆运涛的"电懋"主演了《金莲花》。

原因是这样的：在林黛成为影坛巨星的过程上，"电懋"起了巨大的作用。在林黛越来越红之后，"电懋"老板陆运涛坐不住了。陆运涛指示总经理钟启文，自己捧红的明星不能为对手效力，一定要把林黛重新争取过来！于是，钟启文便陆运涛的意思传达给了林黛。事出突然，年纪尚小，涉世未深的林黛一直受严俊指点，她的每一步都是由严俊带着的。于是，林黛便找严俊商量。

严俊给林黛开玩笑："寻死都不能只认一棵树，假如这棵树断了呢，岂不想死都死不成？"

"都什么时候了，你还开玩笑！"林黛很着急。

"我的话虽是开玩笑的口气，但意思却不是开玩笑。"

"那你的意思是什么？"不是林黛不聪明，是着急了，情急失智了。

"我的意思已经很明白了！"

其实，林黛应该已经听出来严俊的真实意思了：要脚踏两只船，要做骑墙派，这样两只船的船主才都会求着你，墙两边的风景才能悉数浏览。

林黛真的按严俊的指点做了。

于是，林黛版的《金莲花》问世了！

影片讲述的是一个叫金莲花的歌女的故事：

金莲花不但歌声甜美，而且容貌迷人：双目含情，笑靥蕴爱。所以她所在的"茶居"天天门庭若市，人人都争听金莲花的妙喉，人人都争睹金莲花的姿容。这些人中，有一个富家公子程庆有，不可救药地迷恋上了金莲花，金莲花初时尚有顾虑，毕竟两人地位相差悬殊，但终于被程庆有的痴心打动。不料程庆有遭遇来自父亲的压力，迎娶门当户对的沈淑文为妻，但程庆有的心仍属于金莲花。结婚之后，程庆有坦诚地告诉妻子他与金莲花如海一般的感情，以及自己心里只有金莲花的事实。妻子因感情落差太大而抑郁成疾，程有庆仍不知体恤，以致妻子疾病日笃。为了程有庆的妻子，善良的金莲花就狠心地与程庆有断绝来往，抛弃工作远走天涯。程庆有不顾父母妻子的反对，追随金莲花而去。

1957年2月14日，新片《金莲花》一公映即有轰动效应。林黛也因为主演《金莲花》一片而获膺第四届亚洲影展最佳女主角奖和台湾影展金鼎奖最佳女主角两大荣誉。

特别说明的是，《金莲花》一片的编导是"电懋"的台柱子之一岳枫。1959年，在爱才的邵逸夫的重金攻势下，在邹文怀的游说下，岳枫离开"电懋"，加盟了"邵氏"。

这也是邵逸夫挖角策略的又一成果吧。

林黛成为红透半边天的巨星之后，有人谈起"长城"当年有眼不识金镶玉，致使肥水白流外人田的事情。"长城"总经理袁仰安辩解说："哪儿能呢？林黛的艺名都是我亲自取的，怎么能故意让她坐冷板凳呢？集中精力捧林黛是个时间问题，而那个时候，我们的当红影星是夏梦嘛，很多人的精力和目光都在夏梦身上。我也不好过多干预吧？毕竟夏梦来得早，又为'长城'立下了大功，她主演的《禁婚记》已经赢得了市场的认可，为公司赚了很多票房。而林黛，我们觉得她还年轻，先在一边多向夏梦学习学习，这也是有必要的呀。我们也很看好林黛，只是短时间而言，既生夏梦，林黛就受了冷落。"袁仰安的话我们且不管真假，其中对林黛的肯定却是真的，或许也有后悔之意吧。

大红大紫的林黛随即成了多家制片公司追逐的宠儿。经过反复权衡，林黛选择了"电懋"。之所以做出这样的选择，原因有二：一、"电懋"真正给了她一个实现梦想的平台，使她最终成为一个耀眼的巨星，一个人应该知恩图报；二、"电懋"实力更加雄厚，期待她加盟的愿望也更加迫切。反观此时"邵氏"的掌门人邵邨人，根本舍不得出与林黛的名气相应的本钱。

其实，如果邵邨人具备长远眼光、又不是那么抠的话，是完全可以留下林黛的。原因当然也有两个：一、林黛此时还未与"电懋"正式签订长期的片约，出于对她的信任，"电懋"老板陆运涛也未频频相催；二、林黛近段以来正在"邵氏"，属于"邵氏"的一员。

等到林黛正式加盟"电懋"，成为一个极具票房号召力的巨星时，不知道邵邨人心里作何感想。

邵邨人此时心里已另有所系——房地产，恐怕也没有太多心思来思考了。

幸亏，邵逸夫来到了香港，主持了"邵氏"的大局。

他的目光首先盯住的就是——林黛。

之所以想最先把林黛挖过来，邵逸夫是有自己的考虑的：

一、挖来林黛，可以给"电懋"一个下马威，为自己刚刚过来造造势，为"邵氏"长长人气；

二、林黛名气大，完全可以为"邵氏"赢得更大的人气和更多的票房。

于是，初来乍到的邵逸夫看准机会出击了！

其实，说是"出击"，并不是说邵逸夫用了什么过人的招数，或者说，并不是说邵逸夫用了什么见不得人的黑招。

邵逸夫的方法再简单不过。

这方法就是"吃饭"。

然而，邀请林黛吃饭，却颇费周折。

因为早在此前的一段时间，总经理钟启文已经找林黛谈过一段话。当然，这样的话钟总经理也找其他当红影星谈过。

"钟叔，您找我有事？"林黛对钟启文的突然来访感到意外且受宠若惊。

"没什么事，这一阵我手头的事做完了，有一段时间，想找你聊聊，借此放松放松。"钟启文笑笑，口气异常轻松。

林黛放下心来。

果然，钟启文没聊什么"正事"。只是先从林黛的家庭问起，继而问有没有什么困难，然后又热情地问林黛：

"林黛，听说你这个名字是别人起的？"

"是长城公司的袁总经理起的。"

"好啊，这个名字起得好！且不说你有出类拔萃的表演天赋，就是这个名字，就能和好莱坞的明星的名字媲美了！"

"钟叔，看您说的，好像在说我之所以有今天的名气，不是因为我的表演，而是这个名字带来的！"见钟启文和蔼可亲，林黛跟他开起了玩笑。

"哎，林黛，你可误会了我喽！我可是满心希望你能成为好莱坞明

"林小姐若是答应——当然我的话你明白，'邵氏'将为你提供一切方便，最大限度地实现你的梦想。比如保证制作出精良的影片，为你量身定做角色，为你赢得更多更大的荣誉，当然，也不像'电懋'一样限制你的自由。另外，'邵氏'还给你开出比'电懋'多一倍的薪水。"

林黛笑起来："邵老板，您不是在开玩笑吧？"也难怪，在"电懋"，林黛的薪水已经够高了，不少同事都说她拿的是天价的薪水呢。

邵逸夫以目光示意邹文怀，邹文怀立即从公文包中取出几张纸和一包东西。

"林黛小姐，邵老板可是有备而来噢。"

"邹先生，这是什么？"

"这一包是相当于'电懋'两倍的薪水，我们可是早就了解过的。"

邹文怀又指指那几张纸："这是合同，你只需要写上自己的名字，这些都是你的了！"

双倍薪水的吸引，前途光明的憧憬，对邵逸夫的信任，促使林黛在合同上郑重其事地签下了自己的名字，林黛觉得，这一次签字的感觉，是她以前所有的签字中都没有的。

邵逸夫的这一招杀手锏，让林黛完全未尝想到。她今天来，想着不过就是喝喝茶，聊聊天。即使有什么意向，也需要慢慢商量，回去后慢慢考虑，然后几天后再给"邵氏"打电话。谁料想……她毫无回旋的余地，霎时，林黛觉得心里又温暖，又踏实。是一种受重视的温暖，一种登上岸了的踏实。

她万万没有想到邵逸夫竟然如此大气，他和邵邨人是亲兄弟，相差竟然如此之巨！恐怕，除了高昂薪水和温暖感动因素外，感悟的落差之大也是让林黛毫不犹豫签字的原因吧。

邵逸夫乘胜出击，用"吃饭"这一招从包括"电懋"在内的电影公司挖角，把女星林翠，小生陈厚，导演岳枫、陶秦，招至"邵氏"门下。

在频频"挖角"的数场战役中，邵逸夫及其"邵氏"先发制人，战果辉煌。这当然与他爱惜人才的性格有关。

金马影后——乐蒂

乐蒂也是邵逸夫挖角战略中的一个成功战例。

乐蒂原是长城公司的演员，在"长城"，她虽然没有夏梦那么光彩照人，但也具备成为大牌明星的潜质。

乐蒂转投"邵氏"，比林黛加盟的情节要简洁得多。

乐蒂，1937年生于上海浦东的一个名门望族，原名奚重仪。1949年5月，乐蒂随外祖父——被人称为"江北大亨"的顾竹轩迁居香港，在伊维英文学校就读。1952年，乐蒂被招入长城电影制片公司，签了五年合约，因为是初来乍者，不仅薪水低，地位也低，好事捞不着，只有苦苦等待。

1953年，在由夏梦主演的《绝代佳人》一片里，乐蒂作为配角参演，公映之后，风头自然都夏梦占去，乐蒂没见什么反响。

乐蒂在"长城"拍了11部影片，可能是因为不是主演或者政治因素等，均未打响，人也只是脸熟，并未大红大紫。

1958年7月，乐蒂合约到期。其实早在此前，就已经有多家制片公司希望将乐蒂招到麾下。并且，乐蒂已同几家制片公司面谈过，有的还初步了签约意向。但乐蒂似乎并不着急，像林黛那样，她还要"玉在椟中求善价，钗于奁内待时飞"。这些公司的行动都在邵逸夫差邹文怀与乐蒂接触之前。甚至，在邵逸夫接管香港"邵氏"之前。

没想到，乐蒂的这一"待"，便待来了真正的明主。

有一天，邹文怀给乐蒂打了电话。

电话里，邹文怀并未提及"邵氏"想让乐蒂加盟"邵氏"的事情，这好像也不是邹文怀的风格。

邹文怀问乐蒂："乐蒂小姐愿不愿意到清水湾参观参观？"

乐蒂稍加思忖便答应了。

于是，邹文怀就带着乐蒂上清水湾影城去。

路上，邹文怀和乐蒂谈得很愉悦，他们谈的话题很多。但主要谈一个

"邹先生开玩笑啦，其实没那么严重，我有我的自由，我才不希望事事要公司点头，过后还要向他们一字不漏地汇报。"受邹文怀的感染，林黛也笑起来。

"那你敢不敢到外面吃一顿饭？"邹文怀单刀直入。

"那要看和什么人。如果影迷都要请我到外面吃饭，我岂不要撑死呀？"

"邵氏公司的新老板邵逸夫。"

"不去！"一听是"邵氏"老板请吃饭，林黛本能地拒绝。

之所以拒绝这么干脆，一是精神上受了钟启文的控制，二可能是被"邵氏"忽视之后的心理阴影吧。

"林黛小姐，你听清了吗？不是'邵氏'的前老板邵邨人，是新老板邵逸夫！这可是好事哦！"

林黛随即答应了邀请。即便邹文怀不解释，她也会改口答应的。

林黛虽然年轻，虽然涉世不深，但也见过一些风浪，毕竟在电影界打拼过多年了嘛。加上严俊对她的影响和指导。她又想起严俊的话——虽然严俊现在已成了别人的丈夫——要脚踩两只船，两只船的船主都会巴结你。

第二天，林黛依约来到一家餐厅，餐厅幽静、优雅。

邵逸夫和林黛客气地寒暄之后，双方落座。

邵逸夫以一个饱经风霜、阅人无数的老者的眼光打量着林黛。林黛的眼睛非常漂亮，清澈得近乎透明，不带一丝杂质和世俗的东西，这是一个女演员最珍贵的东西啊。现在，有太多的演员尤其是女演员要保持这种纯净委实太不容易了。更何况眼前的这名女子早已经红遍香港，名气已遍及南洋各国及中国内地，但她能仍然如此纯净，真是可贵。脸型虽然不是最漂亮的瓜子脸，但依然有着令人难以拒绝的魅力，似乎林黛这个人只适合这种脸型而不是其他。尤其是脸上浅浅的小酒窝，让她的脸更加生动。她略施粉黛，以示对客气的尊重，但以没有刻意修饰，足见其与众不同。然而，这种近乎"素面朝天"的装扮，更显其魅力，魔力。难怪影迷们喜欢她，崇拜她。

有点像好莱坞好头正劲的一个影星——奥黛丽·赫本。邵逸夫边为林黛斟茶边感叹。

"邵老板，我来吧。"林黛从邵逸夫手中接过茶壶，小心地为邵逸夫斟茶。

林黛也在打量着邵逸夫：他据说已年过半百，但看精神却不亚于年轻人；目光炯炯有神，清澈又深不见底，亲切又闪着坚毅的光。面容清瘦，表情和善。说话声音不高，却字字清晰；语速不快，却愈显其沉稳和成竹在胸。林黛不知道该怎么定位眼前的这位大老板了——他明明是一位腰缠万贯的大亨，在这并不奢华的茶座，那样朴实；他明明志比天高，却和她坐在一起，为她斟茶，那样平易、和蔼。

林黛一时失神了——这位"邵氏"的新老板可是和前老板邵邨人一点儿都不像！

"林黛小姐，去过清水湾吗？"邵逸夫当然知道，林黛不可能去过清水湾。当林黛在"邵氏"拍片的时候，清水湾还是一片荒山呢。

林黛知道，邵老板口中的清水湾专指他新建的片场。

于是老老实实地回答："还没有，但我看过报纸上刊登的图片，还听去过的人讲过。"

"噢？他们是怎么说的？"邵逸夫很感兴趣。

"他们说，那里好气派，好大，就像……就像……好莱坞。"林黛一时之间找不到合适的词，就用了"好莱坞"一词，这可是她心中的仙境。

去过那儿的人都说，比'电懋'的片场大得太多了！要是在那里面拍片，感觉一定好舒服好舒服。"

"那你愿不愿意在那里面拍片？"

林黛愣住了，一时不知道如何回答。

邵逸夫根本就没打算等林黛回答——他要的就是这种突然袭击的效果——便开出"邵氏"的条件：

星！那也是咱'电懋'的骄傲嘛！"

接着，钟启文就给林黛讲起，好莱坞对明星的管理非常严格，尤其是对大牌的女明星。这当然是为了她们好。钟启文还举了几个女明星的例子，说她们成名之后，不愿意接受好莱坞的管理，故意摆脱了公司人员的视线，和同事一起吃饭，却不料被记者看到，情急之下，该女明星处理不当，对记者大加指责，记者心怀不满，就在小报上登载了关于她的一些事情，当然这些事情极可能是记者无中生有的。但是读者和观众哪里知道了，白纸黑字的东西是最有说服力的了，还有照片什么的作证。于是，平白无故地就生出一些绯闻，闹得满城风雨。结果当然可想而知，女明星的形象一落千丈，她演的电影便没有人再看，被好莱坞除名后，也再没有公司请她拍片。大好的星生生地被自己毁了。

"林黛，你说她们冤枉不冤枉？"钟启文说完，笑笑就走了。

林黛痴坐在那儿，心情复杂。慢慢地，她咂摸出钟启文此番和自己谈话的用意了——他根本不是为了放松放松，也根本不是有一小段时间的空闲！

原来，"电懋"老板陆运涛担心自己公司的大牌明星频繁和外界接触的话会被撬走，于是就模仿好莱坞的做法，控制明星。于是，陆运涛就授意钟启文，让他找林黛等明星谈，但钟启文不便对林黛直言不讳地说要她接受公司控制的话，以免引起反感，南辕北辙。就委婉地把这个意思给包括林黛在内的这些明星说了。主题是非常明确的：看，如果不受公司约束而任意行动的话，好莱坞的这些明星就是前车之鉴！

不管钟启文所说的好莱坞女明星是否真有其人，也不管是否真有其事，但对林黛确实起到了作用。

第二天，林黛对钟启文说："钟叔，您放心，我不单在公司内部听您的话，在片场之外的活动，也听从您的安排。"自此以后，在"电懋"的片场内外，总会有公司的人 "照顾"着林黛，鞍前马后，不辞辛劳。一开始林黛还觉得不太习惯，觉得那些人好辛苦，好讨厌，但时间一长，林黛反而觉得自己特别有范儿，特别受眷顾。这情形大概像我们普通人第一次到规格较高的酒店吃饭，很不适应侍者站在身边，给自己布菜，为自己斟酒，听自己说话，但后来慢慢就适应了，慢慢地就对没有侍应生站在身边伺候的小饭馆不屑一顾了。

林黛所受的这一"待遇"给邵逸夫挖撬名角制造了困难。恐怕这正是"电懋"的目的所在。

请林黛吃饭由邹文怀牵头。

邹文怀把电话打到了林黛家里，即便"电懋"的监控再严密，也未必会在林黛的家庭电话上装上窃听器。邹文怀想。

正像邹文怀事先估计的那样，林黛对邹文怀抱有戒心。她说了不两句话，就要挂电话。她说，钟经理曾经叮嘱她和其他公司职员，不要随便接其他公司的电话，以免泄露公司机密。因为这些公司打电话的目的往往是探听消息。

出乎林黛意料的是，电话那头人家不单没有生气，反而笑起来。

邹文怀说："我给林黛小姐打这个电话，既不会探听贵公司的机密，也不想让林黛小姐为难。"

"那您想干什么？"

"我就想请林黛小姐吃个饭，认识一下。"邹文怀口气轻松，似乎毫无目的。

噢，可能是影迷想见一见崇拜的明星。林黛松了一口气。

但她随即又想起钟启文的话，况且，那个好莱坞女明星就是在和人吃饭的时候被记者缠上的。

"这个……"林黛有些犹豫。

"我明白了，林黛小姐是不是吃饭也要经过公司领导同意？如果公司不同意或者联系不上的话，林黛小姐就要一直联系下去，直到把自己饿死？"电话那头，邹文怀开起了玩笑。

表面上好像是在开玩笑，其实是激将哦。

林黛果然"上当"。

金马影后——乐蒂

乐蒂也是邵逸夫挖角战略中的一个成功战例。

乐蒂原是长城公司的演员，在"长城"，她虽然没有夏梦那么光彩照人，但也具备成为大牌明星的潜质。

乐蒂转投"邵氏"，比林黛加盟的情节要简洁得多。

乐蒂，1937年生于上海浦东的一个名门望族，原名奚重仪。1949年5月，乐蒂随外祖父——被人称为"江北大亨"的顾竹轩迁居香港，在伊维英文学校就读。1952年，乐蒂被招入长城电影制片公司，签了五年合约，因为是初来乍者，不仅薪水低，地位也低，好事捞不着，只有苦苦等待。

1953年，在由夏梦主演的《绝代佳人》一片里，乐蒂作为配角参演，公映之后，风头自然都夏梦占去，乐蒂没见什么反响。

乐蒂在"长城"拍了11部影片，可能是因为不是主演或者政治因素等，均未打响，人也只是脸熟，并未大红大紫。

1958年7月，乐蒂合约到期。其实早在此前，就已经有多家制片公司希望将乐蒂招到麾下。并且，乐蒂已同几家制片公司面谈过，有的还初步了签约意向。但乐蒂似乎并不着急，像林黛那样，她还要"玉在椟中求善价，钗于奁内待时飞"。这些公司的行动都在邵逸夫差邹文怀与乐蒂接触之前。甚至，在邵逸夫接管香港"邵氏"之前。

没想到，乐蒂的这一"待"，便待来了真正的明主。

有一天，邹文怀给乐蒂打了电话。

电话里，邹文怀并未提及"邵氏"想让乐蒂加盟"邵氏"的事情，这好像也不是邹文怀的风格。

邹文怀问乐蒂："乐蒂小姐愿不愿意到清水湾参观参观？"

乐蒂稍加思忖便答应了。

于是，邹文怀就带着乐蒂上清水湾影城去。

路上，邹文怀和乐蒂谈得很愉悦，他们谈的话题很多。但主要谈一个

"林小姐若是答应——当然我的话你明白，'邵氏'将为你提供一切方便，最大限度地实现你的梦想。比如保证制作出精良的影片，为你量身定做角色，为你赢得更多更大的荣誉，当然，也不像'电懋'一样限制你的自由。另外，'邵氏'还给你开出比'电懋'多一倍的薪水。"

林黛笑起来："邵老板，您不是在开玩笑吧？"也难怪，在"电懋"，林黛的薪水已经够高了，不少同事都说她拿的是天价的薪水呢。

邵逸夫以目光示意邹文怀，邹文怀立即从公文包中取出几张纸和一包东西。

"林黛小姐，邵老板可是有备而来噢。"

"邹先生，这是什么？"

"这一包是相当于'电懋'两倍的薪水，我们可是早就了解过的。"

邹文怀又指指那几张纸："这是合同，你只需要写上自己的名字，这些都是你的了！"

双倍薪水的吸引，前途光明的憧憬，对邵逸夫的信任，促使林黛在合同上郑重其事地签下了自己的名字，林黛觉得，这一次签字的感觉，是她以前所有的签字中都没有的。

邵逸夫的这一招杀手锏，让林黛完全未尝想到。她今天来，想着不过就是喝喝茶，聊聊天。即使有什么意向，也需要慢慢商量，回去后慢慢考虑，然后几天后再给"邵氏"打电话。谁料想……她毫无回旋的余地，霎时，林黛觉得心里又温暖，又踏实。是一种受重视的温暖，一种登上岸了的踏实。

她万万没有想到邵逸夫竟然如此大气，他和邵邨人是亲兄弟，相差竟然如此之巨！恐怕，除了高昂薪水和温暖感动因素外，感悟的落差之大也是让林黛毫不犹豫签字的原因吧。

邵逸夫乘胜出击，用"吃饭"这一招从包括"电懋"在内的电影公司挖角，把女星林翠，小生陈厚，导演岳枫、陶秦，招至"邵氏"门下。

在频频"挖角"的数场战役中，邵逸夫及其"邵氏"先发制人，战果辉煌。这当然与他爱惜人才的性格有关。

第四章 影城竣工日名满香江时

话题——一个演员的潜质与机遇的关系，他们之间的观点大致相同，那就是，都认为潜质非常重要，但也略有不同。乐蒂认为是金子早晚都会发光；但邹文怀不以为然。他说，因为金子是永恒的，它总有一天会发光的，哪怕这个时间是一万年。但一个演员和金子不同，她的青春是短暂的，短暂的可怕。最好的年龄里如果没有机遇，不能成功，可能这一辈子就只能寂寂无名了，不管她的潜质怎样好。

邹文怀的意思是，一个演员是否出名，光有潜质还不够，如果没遇到好剧本、好导演、好老板，很可能在遗憾里度过一生。

邹文怀的话让乐蒂万分感慨，往事历历，注入心头。她在"长城"之所以没有出名，除了公司把所有的宠爱都集中在夏梦、石慧、陈思思三人头上之外，还有机遇的问题；自己也参演过不少片子，之所以没有成为巨星，除了戏份以外，还有没遇到好本子、好导演的原因。于是，乐蒂有些动心，她似乎决定了要离开"长城"，同其中的一家新公司签约。

见乐蒂陷入沉思，邹文怀觉得自己的话触动了眼前的这位姑娘。邹文怀说："'邵氏'会打包票让你像夏梦一样红，但'邵氏'可以保证会尽力关照你，六叔很器重你的才华，也为你受到的不公正待遇而深表同情。"

邹文怀这番话深深地打动了乐蒂。这些日子，她听到了太多类似的话："乐蒂小姐，来我们公司吧，我们保你能红！"其中还包括"电懋"这样的大公司。像邹文怀这样说话的公司，以前还没有。

来到清水湾，邵氏影城的宏大气势令乐蒂惊叹不已。在这里拍片，感觉一定非常好！乐蒂为自己的犹豫而庆幸。因为如果她不是一个犹豫的人，就没有机会见到这样壮观的影城了。

这时，邹文怀把乐蒂领到一位老人面前，这位老人正对着她和蔼地笑着。

"乐蒂小姐，这位就是邵老板，大家都喊他六叔。"

"六叔！"乐蒂发自内心地叫了一声。她知道，自己找到了正确的方向。

第四章　影城竣工日名满香江时

邵逸夫爱才，惜才，尽力挖掘和培养人才，这是他一贯的准则。

到"邵氏"之后，乐蒂的首部作品是李翰祥执导、与胡金铨合演的《妙手回春》。之后乐蒂又替"邵氏"主演多部影片，包括乐蒂本人很喜欢的《畸人艳妇》、与日后丈夫陈厚结缘的《夏日的玫瑰》、被称为"再生林黛玉"的《红楼梦》及广受欢迎的黄梅调经典名片《梁山伯与祝英台》等。乐蒂凭着出色的演技、极佳的敬业精神及良好的票房记录，成为最受"邵氏公司"倚重的明星之一。乐蒂在"邵氏"共拍了21部作品，她一生大部分最出色的作品，均拍摄于此时。

1963年10月，乐蒂凭借《梁山伯与祝英台》一片荣获台湾的"第二届金马奖最佳女主角"。

挖角失败——夏梦

邵逸夫的挖角之役也有失败的时候，当然，这种失败也能显示他爱才的迫切。

夏梦是长城公司的当家花旦，风光无限的她远远盖过了与她同在"长城"时期的林黛和乐蒂。夏梦是上海人，1933年出生，原名杨濛（也有说夏梦原名杨蒙、杨濛）。1947年随家人来到香港。外形艳而不媚，贞静平和，娴雅大方，兼之身材高挑，有"上帝的杰作"之美誉。18岁那年，夏梦被好奇心驱使着参观了"长城"的片场，导演张善琨（另有一说是李萍倩）一眼就觉得这个小姑娘具备成为大牌明星的气质，属于可雕之璞，便力邀她加入"长城"，并动用集体的智慧为她取了艺名——"夏梦"。

1951年，夏梦主演了《禁婚记》，一举成名。此后又主演了《绝代佳人》、《孽海花》、《故园春梦》、《欢喜冤家》等著名影片，成为"长城"最具号召力的女演员之一。她与石慧、陈思思合称"长城三公主"，夏梦号称"大公主"，在"长城"共主演18部影片。

1957年，金庸在"长城"做小编剧，为夏梦的美丽所倾倒，暗恋夏梦几十年，一直到夏梦做了奶奶仍痴心不改。金庸说："西施怎样美丽，谁也没见过，我想她应该像夏梦才名不虚传。"著名导演李翰祥说："夏梦是中国电影有史以来最漂亮的女演员，气质不凡，令人沉醉。""长城电影公司"因为左派，其中的清规戒律较多，薪金也相对较低，夏梦并未获得大明星应有的待遇。

邵逸夫知道夏梦的待遇后，求贤若渴的他便让人查到了夏梦的电话，并委派邹文怀给夏梦打电话，请她加盟"邵氏"，但夏梦义正词严地拒绝了邹文怀。

邵逸夫不明白，依夏梦的条件，像夏梦那样的巨星，收入应当是与巨星相当的薪水，然而夏梦拿的却是香港二三线演员的薪水，即便这样，夏梦还对"长城"忠心耿耿，这是为什么？

邹文怀说："其实原因很简单，因为像夏梦这样的人有信仰，她们认为拍摄革命电影是在做让人觉悟的神圣事业，这种事业的崇高程度远远超出了金钱。就夏梦而言，在"长城"拍电影就是为革命拍电影，加盟"邵氏"就是为资本家效力，为资本家效力就是堕落了。

邵逸夫听完之后，沉默无语了。

邹文怀未必了解夏梦，但他看夏梦这样的人的眼光并不错。除了夏梦有理想之外，也跟她和石慧、陈思思等人在"长城"公司受到倚重有关，因为她们的影片能在大陆公映，争看她们主演的电影的观众特别多，电影给观众的影响是其他形式难以比拟的，为此，夏梦这样的巨星还经常受到内地有关领导的表扬。夏梦曾是中华人民共和国人民政治协商会议委员，也证明她是有理想的。

虽然邵逸夫挖角的战役在夏梦面前失败了，但他爱才惜才、想把电影方面的人才都网罗在"邵氏"的作风仍然得到了彰显。

痛失尤敏

失去了最具号召力的头号女星林黛之后，陆运涛及其"电懋"被邵逸夫打得措手不及。于是，陆运涛发怒了，他采取了行动。

他盯准的目标是"邵氏"的尤敏。

尤敏，原名毕玉仪，1935年5月7日（一说是1936年8月19日）生于香港，父亲是粤剧名伶白玉堂，由于家学渊源，尤敏九岁的时候，已经在父亲的戏班上粉墨登场，在粤剧《黄飞虎传》中饰演童角。1952年，她还在澳门圣心中学就读高中二的时候，"邵氏"香港公司当时的掌门人邵邨人在毕家看见尤敏悬挂于客厅上的一帧照片，认为她是可造之才，遂把她罗致入影坛。据说，尤敏将自己喜欢的姓和名，分别写在白纸上，然后逐一揉成纸团，再随意抽出，遂得"尤""敏"两字。她的处女作是1952年与王豪、黄河合演的《玉女怀春》，但此片最终未能上映。之后，她在"邵氏"拍了《残生》、《同林鸟》、《龙凤配》、《红粉干戈》等二十多部电影，并因其清丽脱俗的气质，赢得影坛"玉女"称号。1954年，她与赵雷合演的《人鬼恋》在"东南亚电影节"中获"最美的电影"奖项。

在林黛未加盟"邵氏"之前，"邵氏"的当家花旦是尤敏。但因为尤敏是"邵氏"一手培养出来的人，素以吝啬著称的邵邨人总是抱着尤敏必须感恩戴德的"家长"心态，没给尤敏更好的发展机会。

邵逸夫也未彻底改变这种观念。接手"邵氏"香港公司之后，只是略微调高了尤敏的薪水，也没肯花大价钱去照顾尤敏这样的"自家人"，而按照当初的承诺不惜金钱培养林黛，虽然演员的薪水是保密的，但尤敏相信林黛享受着天价片酬的传言不会是空穴来风。

尤敏和林黛曾经共事过，第一次共事两人是旗鼓相当，但再次共事时却已经有了天壤之别。出现这种差别的并不是二人的水平有了巨大的反差，而因为一者离开后又进来，而另一个一直对"邵氏"忠心耿耿。而今，忠心耿耿的尤敏薪水不高，而离开又进来的林黛却薪水高得惊人，这当然会引起尤敏的心理失衡。其实，邵逸夫是应该事先想到这些的，如果真是这样的话陆运涛就无法乘虚而入了。

遗憾的是，邵逸夫未看到这一点，这个空档正被陆运涛抓住了。

1958年7月，尤敏转投"电懋"，在挖角大战，由于邵逸夫的大意，陆运涛扳回了一局。

尤敏改换门庭，也改变了命运。"电懋"已经写好了本子等她过档主演，1959年，尤敏主演的第一部电影《玉女私情》在吉隆坡举行的第六届"亚洲影展"上，荣获最佳女主角奖。尤敏也因为在《玉女私情》中的出色表演和纯情清丽的形象，赢得影坛"玉女"的美称。1960年，尤敏凭着在《家有喜事》一片中的精彩演出，蝉联在东京举行的第七届"亚洲影展"最佳女主角奖的宝座。

1961年，"电懋"鉴于尤敏在亚洲的号召力，与日本"东宝"公司联合摄制彩色影片《香港之夜》，让尤敏出任女主角。"东宝"公司当时2500万日元，作为尤敏的宣传费。《香港之夜》在东京戏院上映时，打破了当地同期上映的所有中外票房纪录，历时三个月而盛况不衰，尤敏因此成为日本最受欢迎的外国女明星，甚至获日本新闻界封为"香港之珍珠"。

1962年10月，尤敏凭在《星星月亮太阳》的成功演出，赢得台湾第一届"金马奖"最佳女主角荣衔。而由日本《朝日新闻》举办的十大明星选举，尤敏更是名列前茅。

1964年4月，尤敏拍罢影片《深宫怨》（原名《董小宛》）后，与港澳富商高福球先生在伦敦结婚，经四个月欧洲蜜月旅游回港后，宣布退出影坛。

尤敏与林黛在影坛无论是表演才能还是名气，都不分轩轾，但观众的心目中，林黛似乎比尤敏更有名，很大的因素是林黛在事业巅峰时突然谢世。

③ 《江山美人》，回眸一笑百媚生

　　1958年，刚接管邵氏香港公司不久的邵逸夫，在建造邵氏影城的同时，决心在影片制作上一炮打响，于是，他又有了一个大动作！

　　他从几十部剧本中，精心挑选了《江山美人》来拍摄。财务预算的结果是，要拍这部影片至少需要100万港币，便纷纷劝邵逸夫放弃。但邵逸夫坚持要拍这部影片，并且大胆起用了年仅30岁的李翰祥当这部影片的导演。邵逸夫想借《江山美人》这部黄梅戏影片一震"邵氏"的威风，一扫邵邨人执掌时的不景气，也为正在建设的影城做做宣传。

　　《江山美人》是一部黄梅调电影，这是冒险的，因为此前的几部同类电影除了《貂蝉》外，市场反映都不好。而《貂蝉》的导演，正是年轻的李翰祥。这也正是邵逸夫重用李翰祥的基石。

　　李翰祥的古典文学功底和美学素养都很深，对电影的理解也很独到，并能把这些理解恰当地融入电影的拍摄中去。比如1956年拍摄的《貂蝉》，就创造了30万港元的票房，赢得了亚洲影展的五项大奖。可以说，《貂蝉》是第一部黄梅调电影，更是第一部成功的黄梅调电影。尚在腹中的《江山美人》能否超越《貂蝉》，则是个未知数，甚至是一个大大的风险。但邵逸夫从来就是一个敢于冒险的人，否则他就不是邵逸夫了。

　　邵逸夫给予了李翰祥充分的信任、充裕的资金和广阔的空间，让他完全将自己的美学构想与电影拍摄有机结合。当《江山美人》呈现在观众面前的时候，即以史诗般的艺术风格，华美宏阔的影像，既颠覆着传统的艺术形式和电影架构，更给人以强烈的视觉冲击和无尽的心灵震撼。有着"港台黄梅调第一功臣"美称的王纯为《江山美人》的作曲，用单纯的曲

调创造了一种与众不同的意蕴，若陈年女儿红，醇厚婉转；其中的不少唱段，余音绕梁，袅袅不绝。一直萦绕在人们的记忆。

《江山美人》创下当时香港电影票房的最高纪录，影片获得了1959年第六届亚洲电影节最佳影片、最佳导演、最佳女主角、最佳男主角、最佳男配角、最佳女配角、最佳编剧、最佳彩色摄影、最佳剪辑、最佳音乐、最佳录音和最佳艺术设计共12项金锣奖。这部电影让李翰祥声名远播，更让"邵氏"和它的新掌门人邵逸夫在香港名声大噪。

一鼓作气，不惜重金，邵逸夫又拍摄了《杨贵妃》、《梁山伯和祝英台》两部黄梅调电影。和《江山美人》一起，在香港、台湾以及东南亚掀起了中国古装片、黄梅调片的狂潮。我们完全可以说，"邵氏"的黄梅调电影不但传播了美学，也直接为这类电影下了无比恰当的定义。在《梁山伯和祝英台》一片中反串梁山伯的女影星凌波到台湾访问，万人空巷，争睹明星风采，人群渐散之后，遗落了一地眼镜、发卡、鞋子之类的东西。受欢迎程度人人皆可驰骋其丰富的想象。据坊间笑谈，一位台湾老奶奶把《梁山伯与祝英台》整整看了120遍，每一次都会泪流满面，一边哭一边笑，一边笑一边看。此时，坐在老奶奶身边的人若看到此情此景，当感动万分。

见有利可图，其他公司也纷纷效仿，拍摄黄梅调影片，从此黄梅调电影在港台久盛不衰，这其中的甘苦"邵氏"人能够深深地体味。不光他们的同类作品最多（30多部），取得的成绩也最高，为中国传统古装戏曲片的繁荣做出巨大的贡献。

4 新武侠片

黄梅调影片的定位主要是以女性观众为目标，几炮连发，炮炮中的之后，邵逸夫开始把新影片的定位找准了男性观众。想以一种新的影片俘获男性观众的"芳心"。

于是，"邵氏"的新武侠片便横空出世了。

所谓新武侠片，顾名思义，当然是相对于20世纪二三十年代的老武侠片提出，它与旧武侠片最大的不同在于——

新武侠片能"以真实的动作，立判生死的打斗，代替过去虚假的、神怪的、舞台化的武打和所谓特技"。

也就是说，"新"之所以"新"，是因为它的真实性。

"邵氏"新武侠片的代表人物张彻和胡金铨。

张彻的武侠片被誉为"阳刚武侠"，其开山之作是《虎侠歼仇》，而奠定其武侠片地位的则是《独臂刀》。

"阳刚武侠"影片中激荡着的豪情壮志，令人血脉贲张，曲折的剧情，惨烈的结局，凸显了男人之间的血色情谊和阳刚之美。

《独臂刀》是"邵氏"第一部赢利超过百万的影片，《独臂刀》第一次使男影星的地位超过了女影星。

张彻的新武侠片渲染了一种"阳刚之美"、"男人之美"、"暴力之美"，而胡金铨的新武侠片则精心打造的是另一种美——诗意之美，被誉为"文人武侠"。

遗憾的是，胡金铨因为与邵逸夫理念不符、言词龃龉而过早地离开了"邵氏"，因此，在"邵氏"他只拍摄了一部新武侠片——《大醉侠》，但这部电影的地位和影响力所达到的高度是"邵氏"的其他武侠影片所无法超越的。

这部影片塑造的"大醉侠"形象与其他影片截然不同,影片注意了形象的多面性:平时,"大醉侠"邋邋遢遢,状如乞丐,酩酩酊酊,俨然是一个醉鬼;而到了关键时刻,才显露出其侠义本色。因而,"大醉侠"的形象不仅真实,不仅生动,而且另类。

除了"大醉侠",影片还塑造了另一个让人眼前一亮的形象——侠女金燕子。说是侠女,但金燕子在影片上的形象也是多元的,时而男装,时而女妆。女扮男装时,英俊、帅气,英气逼人;本来面目示人时,则美丽温婉,娇俏多情。

除了人物形象,影片的其他形象也深入人心。如高山流水的清幽,配乐的悠扬畅快,边疆客栈的神秘,禅林寺院的暗含杀机,甚至一草一木一山一石,都蕴含着魅力。甚至每一个动作每一个眼神,都拍得精致用心,不可替代。

因此,《大醉侠》被认为是"1965至1966年间新派武侠片中成绩最美满的一部"。40年之后,在 2002年戛纳电影节上,《大醉侠》和黑泽明的《影武士》和金凯利的《雨中曲》等影片在"旧片重放"环节中隆重放映。不仅充分体现了胡金铨和《大醉侠》的艺术高度经久难越,也证明了中国电影在早期即取得了骄人的成绩的事实。

《独臂刀》和《大醉侠》开拓了中国武侠电影的新局面,是中国武侠电影里程碑式的杰作。从此以后,"邵氏"影片不仅在华人世界倾倒无数观众,引起巨大的反响,就连欧洲人、美国人也一改一向对中国电影不屑一顾的旧式思维,纷纷前来订购邵氏影片。

除了"主打菜"古装片和武侠片外,"邵氏"的其他类型影片也齐头并进,多点开花,可以说是"好戏连台"——

"彩色宽银幕"歌舞片:《万花迎春》、《花团锦簇》、《千娇百媚》等都是叫好又卖座的影片。

文艺片：《一毛钱》、《不了情》、《后门》等。

这些影片都使"邵氏"名利双收。

早在邵氏影城刚刚兴建之时，邵逸夫就开始在香港推行电影明星制，并且创办了香港最早的娱乐杂志之一《电影周刊》，并委派宣传部主任、富有编辑经验的邹文怀担任主编。《电影周刊》不仅捧红了一大批电影明星，更是吸引了大批年轻人。这些年轻人不仅仅是电影的爱好者，更是《电影周刊》的忠实读者；不仅仅是电影艺术的旁观者，渐渐地，他们也成了电影这门大众艺术的参与者和实践者。这些，都和邵逸夫先进的理念、前瞻的眼光和博大的胸怀分不开的。

令人钦佩的是，针对影片的某些台词因为各种原因可能让观众听不清的现状，"邵氏"出口的每部影片里都打上同步的中英文字幕，这一下就解决了台词稍纵即逝的弊病，中英文双字幕的设置，不仅拉近了中国人和外国观众的距离，更极大程度上拓宽了市场。

这，也是邵逸夫的首创和发明。

5. 邹文怀离开"邵氏"

1970年，是一个难以避开的年头。之所以这样说，一是因为"邵氏"的事业如日中天；二则是因为一个人物的离开。

邹文怀，这个被人誉为"宣传鬼才"的人，这个对邵氏的发展立下了汗马功劳的人，这个在"邵氏"工作了12年的人，在这一年与"邵氏"各奔东西！

关于邹文怀的离开，说法纷纭。有人认为是因为邹文怀和邵逸夫意见不合；有人认为是因为方逸华的介入，使邹文怀权力旁落；也有人认为是因为邹文怀自以为对"邵氏"有功，架子愈来愈大，加上他刚来时即组织的亲信集团，最终导致在这些亲信中，只知邹文怀而不知邵逸夫；当然，还有人说，邹文怀觉得自己的条件已经成熟，足以管理和运作一个影业公司，与"邵氏"分庭抗礼。

不管原因如何，对"邵氏"来说，结果都是相同的。

邹文怀的离开，还带走了何冠昌、蔡永昌、梁风等不少"邵氏"的"白骨精"，几乎使"邵氏"成了"空巢"公司。

1970年4月，邹文怀正式脱离了邵氏公司，随后即以40万港元成立了嘉禾制片公司。同时，嘉禾还获取了国泰制片公司在牛池湾斧山道的永华片厂的管理权，增强制作电影的实力，试图与"邵氏"相抗衡。但实际上，嘉禾公司最初也是延续着邵氏公司的经营、制片管理模式(毕竟这已经是成功的典型例子，而邹文怀也参与不少)，当时还拉来王羽与日本公司合作拍摄《独臂刀大战盲侠》("盲侠"是五六十年代日本武士片系列《座头市》的主角，当时也很有影响力)。

1971年，嘉禾公司成功地拉来了李一龙，翌年，由李小龙主演的另外两部功夫片《猛龙过江》、《精武门》分别取得531万、443万港元的香港票房，再度刷新了自己的票房记录，这也给嘉禾公司带来了价值可观的利润与生存空间，

电影产业研究者钟宝贤说："李小龙拍摄的影片虽只有五六部，但这些影片不仅把'嘉禾'的名字推向国际市场，而且令'嘉禾'更依赖外判制作，其制作的功夫片也行销140多个国家及地区。"

"阳刚武侠"的代表人物张彻也这样评价："在短暂的电影生涯中，他(注：李小龙)只拍了《唐山大兄》、《精武门》、《猛龙过江》、《龙争虎斗》等几部片，最后一部《死亡游戏》且未完成，但影响极大，由于他而全世界都知道'中国功夫'……'嘉禾'不但在香港站稳，邹文怀也挟李小龙的声势步上国际影坛，制作了多部西片，间接也引带成龙进入美国和日本市场。"

可以说，"嘉禾"的开锣戏即唱得无比精彩，对邵氏公司以不小的冲击。

1973年，李小龙的突然死亡，给嘉禾公司带来很大影响，"寻找李小龙"甚至也成为某段时期的风潮，但李小龙毕竟只有一个，后来，"嘉禾"找到了成龙、许冠文、洪金宝等大牌功夫巨星，才渐渐走出痛失李小龙的阴影，写就了80年代香港电影业的辉煌史。

邹文怀的离开和"嘉禾"的迅速崛起，并未动摇邵逸夫把"邵氏兄弟"公司做大、做强的决心。迅速抚平伤痛，盯紧前方，邵氏公司安然渡过难关，向着自己的目标继续前进。

到了20世纪70年代，邵氏电影进入了大丰收的时代。

李翰祥的宫廷历史片、风月片，张彻的武侠、动作、阳刚男性片，刘家良的功夫、武术动作影片，楚原的古龙小说系列等影片都有很高的上座率。邵逸夫的身价不断攀升，"邵氏"声势如火如荼，在历届亚洲电影节中，邵氏电影共得大小奖项 46项，创下中国电影史上的纪录。而"邵氏出品"四个字更成为那个年代华语电影的黄金品牌。

在抓住南洋电影发行渠道的同时，邵氏"影院"开始闯入世界影业市场，70年代，"邵氏"先后在美国、加拿大与欧洲一些国家建造自己的电影院，进入80年代，邵氏公司已有300多家自办或代理的电影发行网络，每年拍摄的40多部华语影片可及时发往世界各地。

邵氏影片不仅为各国观众带去了欢乐，也对传播中华文化起到了极大促进作用。

6 "两只眼睛看电影"的人

邵逸夫是一个"两只眼睛看电影"的人。这里的两只眼睛，有着特殊的含义。

邵逸夫说："在香港，我永远用两只眼睛看一部电影，一只是'商人的眼睛'，另一只是'艺术家的眼睛'。"

所谓"商人的眼睛"，在邵逸夫看来，其意义在于，电影是文化商品，既然是商品，追求高卖座率是应该的甚至是必须的。没有卖座率就没有电影事业的发展。要想"卖座"，就要充分摸清观众的欣赏口味，然后充分地迎合观众口味。就是说，要把电影拍得好看，只有这样，观众才会甘愿从钱袋里掏出钱来。因此，"商人的眼睛"就是必须把"观众至上"作为制片方针。

所谓"艺术家的眼睛"，也就是说，电影不但"叫座"，还要"叫好"。因为电影毕竟与其他商品不同，它是附着于人的精神的文化商品。如果一味的"观众至上"，而丧失自己的原则，就容易流于媚俗，那么也将最终被观众和市场抛弃。

"邵氏出品，必属佳片"，这是"邵氏"的宣传语。邵逸夫是一个做事一丝不苟的人，无论做什么事情，他都让人们不要忘记，细节决定成败。即使是最细微的部分，也不能忽略，也不能放松。

1966年11月14日出版的美国《生活》杂志，曾介绍过邵逸夫的"作息时间表"：

邵逸夫每天早晨6点钟便起床，早餐吃得很少，通常是进些面类，或饮些茶,然后打太极拳,接着沐浴更衣,读一两部剧本后,就坐劳斯莱斯直驱邵氏影城。

在九龙清水湾道转一转,大概五分钟就可以到达影城,那时大概只有早上8点钟。接着巡视各摄影场到大约9点15分左右,然后他整个早上的时间,便用来看影片,包括对手拍的电影,和昨天刚刚拍好的样片。如果还有时间的话,他就是读剧本,一直到中午。

担任制片经理的邹文怀说,他的老板邵逸夫,时常向编剧提意见,也常常向导演和演员们提示,如何把一场戏拍得更好和更生动。

邵逸夫通常回住宅吃午餐,午餐时间很短,然后一定午睡半个小时左右。醒来再回到办公室,一直工作到黄昏。除星期日外,他的工作表都是周而复始,坐镇办公室。遇到星期例假时,他会看别人拍的影片。下午才到上海澡堂休息,借以调剂一周来的紧张,松懈一下精神。

这张作息时间表是邵逸夫59岁时的日常生活的梗概,是一位外国记者观察后的总结,基本上是客观的。邵逸夫的日常生活的确如此,但大多的日子里,他的工作比这更紧张。而他的工作内容,也是非常单调和枯燥的,因为他整天是和电影打交道,多是看剧本与电影,很少有其他的内容。

这样单调的内容,这样快捷的节奏,这样高强度的工作,又是几十年如一日,这实在让一般人望而却步,邵逸夫却乐在其中。

邵逸夫常说:“我喜欢不停地工作,工作是我的嗜好,我不会过早地就退休。成功之道要努力苦干,并要对自己的工作有兴趣,运气只是其次。我深深体会到拍电影是很大的挑战,它能带给我无穷的乐趣,这也正是我努力工作的动力。”

这样的邵逸夫,便是与众不同的邵逸夫。他不仅仅是把电影当作一种赚钱的工具,更是将它作为一项挚爱的事业来追求,将它奉为一种心灵的理想来享受。

每天早晨6点钟,邵逸夫都会准时起床,每天工作时间都在16小时以上。即便是他的车里也是办公场所,连边边角角的时间都不忍浪费。这是因为邵逸夫时刻在要求自己成为精通电影的专家。

试片室是邵逸夫每天必到的地方，邵逸夫每天都要在这里坐上几个甚至十几个小时，目的是观摩电影。国语片、日本片、印度片、西班牙片、法国片、德国片、意大利片、墨西哥片，他都不放过，这其中当然包括邵氏公司出品的成功的和不成功的影片。从刚到香港接手"邵氏"开始，邵逸夫每天至少要观摩两三部电影，一年加起来是七八百部。日复一日，年复一年，邵逸夫可谓是看电影最多的中国人。

在观摩电影的同时，邵逸夫要去了解影业市场走势，去研究人家如何宣传推广，去揣摩观众口味的变化，去开掘新的电影选题。

为了保证影片质量，像当年他的父亲对每一块布料都亲自把关一样，邵逸夫对每一部影片都亲自严格把关。在他看来，观众看电影是为了放松，为了高兴，为了受到教益，但如果看了低劣的影片他们不光达不到目的，反而会非常不开心。因此，如果"邵氏"不留神做出了劣片，如果毫无补救的办法，邵逸夫就亲手烧掉，绝不姑息。从上海到南洋，从南洋到香港，从无声到有声，从黑白到彩色，邵逸夫不但在见证着电影的发展和中国电影事业的辉煌，更是在参与，在创新，在提升，在一点一滴地做着自己的贡献。

第五章　邵公多悲喜　银幕写精彩

每一年都有值得记取的大事小情，对于香港影界来说，1964年，值得记住的事情却特别多。这一年，邵逸夫的儿子邵维铭遭到绑架；这一年，"电懋"老板陆运涛遭遇空难；这一年，"邵氏"的当家花旦林黛自杀身亡；这一年，"邵氏"的清水湾影城宣告竣工。

　　这几件大事，都与邵逸夫有着直接的利害关系。陆运涛的意外死亡，使邵逸夫彻底从阴影中走出来，算得上他"不幸"中的"大幸"吧。陆运涛之死，成全了邵逸夫的香港影坛霸主之梦。

1. 翰祥自立门户

初露锋芒

邵逸夫接管"邵氏"、邹文怀刚加盟"邵氏"不久的一天，邵逸夫同邹文怀、何冠昌、梁风等人商量，如何拍出好的国语片来，邹文怀忽然说："咱们到影院去看《天仙配》吧。"

等看过影片，邵逸夫、邹文怀对《天仙配》中的黄梅调感觉特别好。在地方戏中，黄梅调的曲调优美悠扬、轻柔婉转，方言色彩不重，唱词完全可以用国语发音。

于是，邵逸夫就做出了一个重大决定！

邵逸夫接掌邵氏兄弟公司后，继续把振兴国语片作为公司宗旨。但生产国语片的大公司"电懋"，拍的却都是时代气息浓郁的时尚电影，演绎的都是都市中上阶层发生的故事，片中的女主角穿旗袍高跟鞋，富有浪漫的小资情调，人们称这样的电影为"时装片"。邵逸夫决定，"邵氏"要走另一条路。

邵逸夫意识到，中国人寻根观念非常重，加上中华民族的历史源远流长，可资挖掘的地方太多了！在这样的时候，要拍国语片，不联系历史还拍什么！

"交关好！"邵逸夫用浓郁的上海话说道，决定拍黄梅调国语片。

这时，邹文怀提到了已在"邵氏"的年轻小导演李翰祥。

李翰祥，1926年生于辽宁省锦州市，20世纪40年代在北平国立艺术学校专修油画，随后在上海实验戏剧学校专修戏剧、舞台表演和电影。1948

年来到香港，开始涉足电影业。先在大中华公司当特约演员，属于跑龙套的小角色。如，在1949年拍摄的《火葬》中演乡民乙，在1950年拍摄的《花街》中演琴师，在《玫瑰花开》中演职员乙。同时，李翰祥利用自己的专业，先后在"长城"、"大观"及"永华"等影业公司任布景师、场记、服装管理等职务。

1954年，李翰祥进入邵氏父子公司，开始做导演。同年，执导了由前苏联名著《在底层》改编的《雪里红》一片，这是李翰祥导演的第一部片子，由当时的大明星李丽华主演。电影公映后默默无闻，其导演李翰祥也没能引起人的注意。

1955年是李翰祥的"冷板凳"年，没有作品问世。

1956年，李翰祥执导了《水仙》一片。同年，在《梅姑》一片中参演，该片由林黛主演。

1957年，李翰祥执导了三部影片：《春光无限好》、《移花接木》、《黄花闺女》。

紧接着，邵逸夫替代邵邨人接管"邵氏"，他建片场和拍新片两不误，而李翰祥仍没有走入邵逸夫的"视线"。

1958年，李翰祥首次在清水湾影城执导影片——《给我一个吻》，邵逸夫和李翰祥见面并且有了交谈，但见面和交谈的重心不是李翰祥，而是王元龙。王元龙是一个老牌演员，邵逸夫交代李翰祥要特别关照王元龙。

李翰祥一直没有机会成为一个有名的大导演。时光匆匆，转眼而立之年已过，李翰祥的才能仍不得施展。他像当年的林黛一样，抱璞怀才，郁郁寡欢。

1993年，李翰祥在回忆他当时的境况时说："在那个时候，我还是三流的导演。我受委屈到什么程度呢？那时邵氏公司在清水湾片场盖了四个棚，我没在棚里拍戏，没我的份，因为他们一个人占了两个棚拍戏。"（《改变历史的五年》——李翰祥访谈录，焦雄屏记录）。

这期间，邹文怀与李翰祥有过几次长谈，认为李翰祥之所以仍然默默无闻，既不能归咎邵邨人老板不重视，也不能抱怨邵逸夫老板忽视他，也不是他没有导演才能，实际上，李翰祥的中国文学功底深厚，对历史人物、历史掌故等非常了解。邹文怀认为以前是他的"戏路"不对，以后应该朝古装戏方面转型。

一语点醒梦中人，李翰祥忽然觉得自己找到正路了，在这条路上，邹文怀这个伯乐在向他招手。

《貂蝉》，魅力无限

邵逸夫对邹文怀言听计从，立即叫来李翰祥，与他细谈。邵逸夫发现李翰祥对历史的感悟很深，是拍古装戏的料子。

"翰祥，你是咱'邵氏'的老人了，你觉得'邵氏'应该先拍什么片子？"邵逸夫想听听李翰祥的意见。

李翰祥脱口而出："六叔，我觉得应该立即投拍国语的古装片！"

李翰祥的想法与他不谋而合。邵逸夫非常高兴，英雄所见略同。

邵逸夫继续问李翰祥："你有没有具体的想法？"

李翰祥似乎早有准备："拍《貂蝉》！"

这个选题又符合了邵逸夫的胃口。貂蝉这个题材包含了观众喜欢的几乎所有元素：既有帝王交相，又有才子佳人；既有刀光剑影，又花前月下；既有杀伐决断，又有机智权谋；既有慷慨悲歌，又有英雄救美……貂蝉是中国古代四大美女之一，她传奇的一生更是家喻户晓，妇孺皆知。若能将其人其事拍摄出来，一定会……邵逸夫非常兴奋。

邵逸夫和邹文怀一致确定：

一、拍《貂蝉》；

二、由李翰祥执导；

三、由李翰祥与高立共同商讨故事架构，高立执笔完成剧本；

四、让林黛饰演貂蝉。

这些意见，既是邵逸夫和邹文怀共同商定的，也是李翰祥赞同并积极参与的。

但有一件事情上，李翰祥却与邵逸夫产生了分歧。

李翰祥认为，《貂蝉》的唱腔不宜用黄梅调，而应该用京剧。他的理由有三：

一、因为和貂蝉有关的剧目如《凤仪亭》《美人计》等都不是黄梅调，且都已经得到了观众的认可，若贸然使用黄梅调恐怕观众不喜欢。

二、黄梅调只是一种地方小调，名气根本无法与京剧相比，黄梅调曲调美则美矣，但毕竟难上大雅之堂，因为它远没有京剧的气势。

三、"长城"公司曾经拍过一部《借亲记》，该片用的唱腔就是黄梅调，但市场反映平平。

邵逸夫则与李翰祥的意见相反。

他以为因为李翰祥是北方人，所以偏爱京剧是有理由的。而香港的外省人以上海人居多，他们对京剧并不太喜欢。

"长城"的《借亲记》反应虽然一般，但"新华"的《天仙配》在香港公演后，却能久盛不衰。因此，成功不成功关键不在是否用黄梅曲调，而在从剧本到后期的态度和质量。

邵逸夫把目光转向邹文怀，想听听他的态度。

邹文怀认为，京腔昆曲固然有气势有名气，但是香港的年轻人对京白京腔京韵，听得懂的人越来越少，而黄梅调与国语相差不远，又具有南方吴语柔软轻曼的风格，没准在香港和台湾的市场上更易为人接受。

最后还是确定，《貂蝉》采用黄梅调。

怕李翰祥有情绪而影响拍摄进程和质量，邵逸夫特别提醒李翰祥，"董卓"、"吕布"固然是朝阁重臣、大将军，但在《貂蝉》中，表现的重点却是"英雄气短、儿女情长"的"私密生活"；貂蝉之所以千百年来一直鲜活在人们的心里，除了她的美貌之外，也正是来自于这些"儿女私情"的"私密生活"。要表现这些，黄梅调比京剧合适。

这番谈话，让李翰祥愉快地接受了黄梅调，全身心地投入了《貂蝉》一片的制作之中。邵逸夫更是不惜金钱，花巨资拍摄。并亲自督阵，只要处理完公司的其他事务后，邵逸夫便日夜守候在拍摄现场。

《貂蝉》一片拍得异常顺利，进度飞快，不多时便告杀青。宣传奇才邹文怀不仅把《貂蝉》当成"邵氏"的创业作来宣传，更把《貂蝉》当成香港有史以来里程碑式的国语片来力捧。

《貂蝉》未映先红。

1957年5月28日《貂蝉》公映，立即在整个香港引起地震。连续公映半个月，场场爆满，叫好声不绝于耳，远远超过邵氏影片在20世纪50年代的票房创下的历史。

《貂蝉》一片不仅使邵逸夫在香港成功地掘得第一桶金，也给李翰祥带来了巨大的荣誉。1958年4月26日，第五届亚洲影展（又名亚洲电影节）在马尼拉隆重开幕，《貂蝉》一片"五子登科"：林黛获得最佳女主角奖、高立获得最佳编剧奖、姜兴隆获得最佳剪辑奖、王纯获得最佳音乐奖。李翰祥当之无愧地获得最佳导演奖。

1959年台湾影展，《貂蝉》获得优等剧情片奖，李翰祥又获得导演金鼎奖。

李翰祥多年后回忆说："其实那是我最脸红的戏，拍得很坏，不过得了五个'棒槌'，有点晕晕乎乎的味道，觉得天将降大任于斯人也"；"但能获那么多奖，出乎我意料。"

李翰祥来香港整整10年，默默地等待着不知何时降临的机会。《貂蝉》一片的走红，李翰祥深得邵逸夫及其"邵氏"的倚重，更成了香港影坛颇有传奇色彩的人物。

于是，大大小小的电影公司如过江之鲫，争相挖李翰祥加盟。但李翰祥稳如泰山，"我自岿然不动"，一如既往地为"邵氏"效力。

李翰祥拒绝过档，除了对"邵氏"、对邵逸夫有感恩之心之外，并不是说他一点儿都不动心，更不能说他跟更加优厚的待遇有仇，有两个原因让他做出了这个决定。

一是，李翰祥在"邵氏"的合约期未到。当年，李翰祥加入由邵邨人执政的邵氏父子公司时，签的合约是为期8年。即便李翰祥有改投他门的想法，也只能在心里活动活动罢了。

李翰祥为什么会签这么一份合约，并且一签就是8年呢？事后他回忆说：

"我当时才30岁，8年一点都不觉得长。老实说，不要说8年，就是80年我都签。那年头，只要有人肯出钱叫我做导演，怎么说怎么行。"

邵邨人时代，由于他精于算计，合同一向都写得细致而不失，其中不乏可以称得上是"霸王条款"的条款。也就是说，主动权都在公司那儿，个人完全是被动的。如果在合同期内跳槽，依当时邵邨人的秉性，不光让这个人名誉上受损，从经济上恐怕也得掉一层皮。而今邵逸夫刚到香港不久，对他的脾性李翰祥还不清楚，加之邵逸夫对他还算不错，因此，这成为李翰祥拒绝众多挖角公司的最大理由。当然，李翰祥人虽然不敢轻举妄动，但没有人管住他的心动；人不敢离开，谁也挡不住他意念中离开；明里不敢公开叫板，但挡不住腹诽。从某种意义上来说，李翰祥后来的离开"邵氏"，并成立新公司，不能不说与此时的委屈有关系。

另一个原因就是李翰祥觉得"邵氏"对他成为取得更大的成绩有更好的条件。"邵氏"资金雄厚，邵逸夫目标远大，"邵氏"有着全亚洲最大的影城，"邵氏"拥有一批最优秀的编剧和演员……这都是李翰祥渴望的。当然，李翰祥对"邵氏"是有感恩之心的。邵邨人是第一次起用他做导演的老板，没有邵邨人的提携，他的导演梦就可能无缘实现，或者不能这么快实现。邵逸夫是第一个把一个大片的执导权交给他的人，正是有了这次机会，他才有了今天的成就。可以说，没有邵逸夫的信任，就没有他的今天。

《貂蝉》的成功让邵逸夫的新公司在竞争激烈的香港影坛站稳了脚跟，也让李翰祥信心十足。借着《貂蝉》的强劲势头，邵逸夫继续着"邵氏"的古装片，李翰祥则是实现这个思路的领军人物。

《江山美人》，获奖专业户

李翰祥的第二部"邵氏"古装片是《江山美人》。

《江山美人》是王月汀编剧的一部大型古装片，影片仍然用黄梅调作音乐，女主角仍然是林黛。

邵逸夫对李翰祥拍摄《江山美人》全力支持，他表示，一定要拍出一部前所未有的影片，在投资上达到了前所未有的高度。有雄厚的资金做后盾，李翰祥有条件对拍片中的每一个环节都精益求精。他对布景的要求极其严格，必须做到逼真。如戏中需要有几根立在大厅的木柱作为道具，为了逼真，李翰祥先让人把原木立在地上，然后喷火器将其表面烧焦，烧到一定程度后，再用砂纸磨亮，这样，柱子的木纹就会更加突出，以此来凸显历史感。诸如此类的细节比比皆是。

由于李翰祥对《江山美人》的精雕细琢和邹文怀的大事宣传，1959年6月29日，《江山美人》公映，又一次掀起了观看热潮。《江山美人》享受到了其他影片从未有过的"最惠片待遇"：不仅在专演国语片的二三线戏院上映，还打进了粤语片戏院，更成功地挤进了专放西片的"西方大世界"的豪华影院。一时间，前来订购拷贝的片商络绎不绝：他们中，不仅有中国的片商，连许多眼高过顶的西片商也来向"邵氏"购买拷贝。

《江山美人》场场告满，经久不衰，再一次刷新了邵氏影片的票房纪录。在短短一个星期内，就突破40万元大关，让邵逸夫又赚了一个盆满钵满。

在1959年第六届亚洲影展上，《江山美人》囊括了所有12个奖项！其中当然包括最难拿、含金量最高的"最佳影片奖"，林黛再次荣获最佳女主角奖，这也是她第三次获得亚洲影展"影后"的称号；李翰祥荣获最佳导演奖。

1960年台湾影展，该片获得优等剧情片奖，李翰祥、林黛、赵雷获得个人金鼎奖。

关于《江山美人》，李翰祥回忆说：

"接着我又拍了《江山美人》。邵逸夫又去把岳枫、陶秦都重金挖角过来。岳枫拍《红娃传》预算16万，他导演费就三万二万的，我才八千港币一个月呢！他们拍一部等于我拍三部。可是《江山美人》在吉隆坡又获得亚洲影展'最佳影片'在内的12面金锣。算算，我替'邵氏'大概赚了3600万元，等于我替它（邵氏兄弟公司）擦亮了招牌。邵逸夫对我是言听计从，后来拍《王昭君》、《杨贵妃》，香港慢慢成为国语片的天下。"

因为《江山美人》，李翰祥慢慢进入了公司核心权力圈，参与公司有关经营方面的事务。曾经的小导演终于飞升，成了大导演。

下面是一段李翰祥接受采访时的话，由此也可以看出李翰祥是多么受"邵氏"的倚重——

"邵氏公司当时没有服装间，没有道具间。《貂蝉》之前全是包给别人，道具包给一个叫林华山的，服装是包给另一个人。譬如他现在有很多道具、桌椅、板凳，如果还需要新的道具，就得再花钱做，做完之后还得还他，服装也如此，这么做的话，容易掌握预算。我那时很受气（生气），拍《江山美人》，我做了很多柜子、椅子，全给了林华山，服装也是。钱是我们出的，可是最后都给了他们。有一天我问邵逸夫，你是独立制片，还是一个拍片的公司？他说：'当然是拍片的公司，我们是大公司！'我说：'你大公司服装间也没有，道具间也没有，都包给别人！'他说：'对！好！此后听李先生，咱们搞服装间、道具间。'所以'邵氏'的服装间、道具间全是由我开始。搞服装的是刘贤辉，搞道具的是马斐，这两个人都为我做事，之后道具愈来愈多，服装也愈来愈多，一直多到现在'邵氏'不拍戏了。前几年一把火烧了不少，我想一半都是我做的。""这之后，我在邵氏公司等于铁三角：邵逸夫、邹文怀、李翰祥，邵氏公司的铁三角。我是导演，一个是宣传主任，一个是老板。我们三个像铁打的江山，稳固得很。'邵氏'的摄影棚，开始的时候我受气，一个棚都没有，到后来我给邵氏公司画个表格分配时间，一棚、二棚、三棚、四棚，到现在为止，这标准表格都是用我画的，到后来拍戏棚全是我排。当然我也做了很多事，而且我排的真是好：搭的、拆的、拍的、打光的，都是一组一组。到后来老板不知道的完全问我。"

（《改变历史的五年》——李翰祥访谈录，1993年焦雄屏记录）。

走下坡路——《倩女幽魂》

1958年，李翰祥为"邵氏"拍了三部电影：由乐蒂主演的《妙手回春》，这是乐蒂转投"邵氏"之后的第一部戏；《给我一个吻》，由钟情与赵雷主演；《安琪儿》，由丁宁和胡金铨主演。这三部影片都是现当代题材，还是喜剧片，面世之后反映平平，远远不如他执导的古装剧，更与他越来越响的名气不相符。

由此，我们可以看出李翰祥的优势与劣势，更可以看出邵逸夫看人的眼光之准。

随后，李翰祥和邵逸夫都在思索，看来，拍古装片才是"邵氏"所长，才能为"邵氏"赢利票房和口碑。那么，下一步该拍出一部怎样的古装戏巨片呢？

面对巨大的成功，面对雪片般飞来的荣誉，邵逸夫并没有被冲昏头脑。他心里非常冷静，眼前的成功只是他最终成功的一个起点，他和"邵氏"要做的恰恰是从零做起，奔向终点。此时，邵逸夫想到的目标更高更远，这目标已不仅仅是在香港、在亚洲有广大的观众，他要在国际大赛中拿奖，要让全世界都知道"邵氏"，知道中国电影。

在邵逸夫接手"邵氏"之前，"邵氏兄弟"对获奖从不以为意，只把赚钱看成唯一的也是最终的目标。正因如此，"邵氏"自成立以来，数十年中，邵氏影片都只在主流电影之外徘徊。然而，《貂蝉》和《江山美人》两大影片的频频获奖，使邵逸夫尝到了获奖的甜头：

获奖不仅仅能够提高公司的信誉，还能提升影片的整体档次，有了信誉和整体档次，就能给公司带来更大的经济效益。

邵逸夫的理想，也是李翰祥的理想，只是，李翰祥存在心里发酵但还不敢说罢了。

1959年，邵逸夫和邹文怀、李翰祥等人多次商量选题。这次选题首先已经有了较为明确的定位，商量的目的就是把这种粗线条的轮廓具体化而已。

最后，李翰祥的一个建议得到了邵逸夫的首肯。

李翰祥提出，可以将《聊斋志异》的名篇《聂小倩》改编成的剧本《倩女幽魂》搬上银幕。李翰祥的理由是充足的：

一、拍摄《倩女幽魂》可以进行多种风格电影的尝试，免得邵氏电影都在一个相对狭窄的范围内。此举可以向人证明，邵氏的电影完全是多元的，上两次的成功都是古装剧；紧接着现在的喜剧则票房平平，而这一次要上马的则是一部文艺性很强的片子，如果成功的话，可以一改外人眼中的"邵氏"只会拍古装片的印象；

二、《倩女幽魂》情节曲折离奇生动，戏剧性极强，既具有魔幻色彩，又具有中国传统文化特色，可以拿此剧参加戛纳电影节。

李翰祥的分析让邵逸夫更有信心了。

得到邵逸夫同意后，李翰祥当即着手拍摄《倩女幽魂》一片。这次他打算在该片的艺术手法上下功夫，力求营造出一个凄美的意境，表现出丰富的主题。李翰祥给该片的定位是：雅俗共赏、老少咸宜。

在女主角的人选上，他没有考虑林黛，根据演员的外形特点和表演风格，李翰祥起用了刚刚加盟不久的乐蒂，由她担纲主演"女鬼聂小倩"。

李翰祥拍得一丝不苟，每一个细小的动作和环节，他都要反复打磨。如果他觉得稍有瑕疵，就一遍一遍地重拍。在气氛的渲染上，李翰祥果然有其非凡的才能，影片中有几场具有恐怖色彩的戏，李翰祥力图在光线、颜色的控制及配乐、配音上把这种恐怖的气氛逼真地营造出来，让人身临其境，给人以较大的戏剧张力。

《倩女幽魂》封镜杀青后，邵逸夫亲自出马，与李翰祥双双飞往法国南部著名的影城戛纳——这一次，他们的胸膛里跳动着的是在这里获奖的愿望。

不知道是西方人对中国文化不了解，以至把来自中国的电影看成异类来排斥；还是外国评委心胸狭隘，对中国电影存有偏见，结果令人泄气，令人气愤——《倩女幽魂》在这届戛纳电影节上名落孙山！邵逸夫与李翰祥乘兴而去，铩羽而归。但不论是因为什么，也不论是否获奖，但有一点却是不争的事实：《倩女幽魂》是中国电影史上第一部参赛戛纳电影节的影片，邵氏公司是第一个敢吃戛纳电影节这个"螃蟹"的中国公司。

直到今天，岁月流逝如斯，一些影评人仍认为《倩女幽魂》"是中国电影史上的不朽名作，改编自《聊斋志异》中的短篇故事。李翰祥尽显大师风范，细节考据，花尽心思，服装华丽，道具精致，重新塑造古典世界。李翰祥画功了得，电影中的布景皆出自他手笔；电影古风飘溢，情韵空灵，有古典美人之称的乐蒂演小倩，造型之美，叫人赞叹"。（网上文章："《邵逸夫电影馆》——《倩女幽魂》"）。

这部影片勾人心魄，散发着醉人的芬芳。岁月无声，余香犹在。因此才诱得徐克30年之后萌生重拍《倩女幽魂》之心。

李翰祥对《倩女幽魂》倾注的心血大多，寄予的期望太高，在希望的浪峰跌下来，心里的落差很容易推知。因此，李翰祥被这个结果打击之下，难受程度也很容易推知。

不唯如此，不仅未能如愿以偿地在国际上获奖，《倩女幽魂》即便在香港上映也不像前两部古装片那么火爆。

邵逸夫看着闷闷不乐的李翰祥，非但没有指责埋怨，反而极力地宽慰他。

"翰祥，是不是为没能拿奖的事儿心里想不开啊？没拿奖并不说明咱的片子拍得不行，有着多方面的原因，比如评委的原因，赛制的原因……《倩女幽魂》票房没能像预计的那样高，也不能说明片子本身有问题，很可能是因为大家对文艺片还不接受……"

邵逸夫轻轻拍拍李翰祥，走了。李翰祥忽然发现，邵逸夫的步履似乎有些沉重。

邵逸夫的潇洒与大度，使心情整天浸泡在失落与痛苦谷底的李翰祥，重新燃起了自信，他决心重新开始，一方面立足古装片，一方面开掘新的电影体裁。

而邵逸夫虽然故作轻松地劝导李翰祥，其实，心里头也不是滋味。《倩女》不单倾注着李翰祥的全部心血，也寄托着他的希望。原本希望靠这部艺术性很强的新片再来个名利双赢的，不料……电影市场真是难以捉摸啊。邵逸夫不由感叹。

剑走偏锋——《后门》

经过仔细研究，李翰祥决定将《后门》搬上银幕，这部电影的编剧是王月汀，原著是著名小说家徐訏。

并且李翰祥决定，这一次更要别出心裁，唯有与众不同，才能有更多的机会。

因此，李翰祥准备拍黑白片。

李翰祥认为，根据《后门》一片的情节、主题和营造的氛围，只有黑白胶片才能把它诠释到最佳的程度，才能最大限度地挖掘它本身的内涵。在彩色大行其道的时期，反其道而行之，使用大家渐已淡忘的单一的黑白色，能给人一种回归自然、反璞归真的感觉，能够唤起人们对美的追求，对曾经拥有的回味和对正在拥有的珍惜。

《后门》，一下子成为李翰祥准备报戛纳国际电影节颗粒无收的"一箭之仇"，又是要在1960年的第七届亚洲影展夺魁的作品。

"拍黑白片？李翰祥是不是疯了？现在是彩色电影时代，谁还看黑白片啊！"

"或许李大导演是真地想让观众返璞归真呢！"

　　"返璞归真？那干脆拍默片！"

　　人们说什么的都有，更多的是怀疑。

　　李翰祥打算拍摄黑白片的举动，无疑在香港的影业界投下了一块不大不小的石块。有人理解，有人不理解；有人钦佩，有人担心；有人静观其变，也有人等着看李翰祥继续出糗。

　　但是李翰祥就是李翰祥，他不因为有人支持就失去冷静，也不因为有人讥讽而停止脚步。我行我素，宠辱不惊，泰山崩于前而不惊，麋鹿兴于左而不瞬。对于《后门》一片，李翰祥抛弃"邵氏"一贯追求速度的作风，宁可多耗时费功，也决不粗制滥造。茹苦含辛，精雕细刻，事事求新，"十年磨剑"。

　　这其中，当然离不开邵逸夫的鼎力支持，没有了邵逸夫的支持，李翰祥的雄心壮志仅仅存在于理念里。

　　《后门》一片，由20世纪30年代的电影皇后、年逾五旬的胡蝶领衔主演，经过三个月的精心雕琢，终于在大家的纷纷议论中、在大家内容复杂的眼光里像胎儿一般啼哭着落幕。

　　《后门》，参加了1960年第七届亚洲影展，出人意料，但在李翰祥意料之中的，一举囊括了该影展的全部12个奖项。

　　李翰祥终雪前耻，意气风发。

　　李翰祥成了一座山，一道梁，难以跨越，甚至难以企及。一个导演，短短三年里，总共获得大奖30多项，在香港，在更大的范围上，放眼观之，也没第二个！于是，李翰祥一时间成了香港各大小报纸争相报道的对象，成了"新闻"的代称。李翰祥，一个大写的"director"！

　　可是，不幸被反对者说中了，这个时代，欣赏黑白片的人不多了。《后门》这部艺术水准很高的黑白片，票房却很让人泄气。

　　究其原因，一个是时代的因素，还有，正是因为这部影片的艺术性过于高雅，导致阳春白雪，输给下里巴人。从演员选角的因素来看，主演胡蝶已风采不再，当年的耀眼光芒已被岁月的尘烟遮盖。

沉浸在获奖喜悦之中的李翰祥却没有时间考虑这些，他的自信满满的，准备向更多的奖项，更高的级别冲击。决心以全新的手法，打造更令人耳目一新的电影。

这时，邵逸夫兜头给他泼了一瓢冷水，把李翰祥浇了个透心凉！

观点与邵逸夫相左

在一次选题讨论会议上，李翰祥充满憧憬地谈自己的艺术理解和新的思路。谈影片的发展方向和前瞻理念。

"翰祥，'邵氏'拍电影不全是为了获奖，还为了赚钱！"

邵逸夫坐不住了，跳了起来。他口气很硬，声音很高，这可是少有的。

"六叔，您不是一直都希望多获奖吗？"

"我希望获奖，也批评过以往'邵氏'不重视参赛不重视获奖造成的危害。但获奖是要体现在赢利上的，光获奖不赚钱，光靠奖杯能生存吗？"

李翰祥说："《貂蝉》和《江山美人》不是既获了奖又赚了钱吗？"

"但是《后门》就没有！"

"那我就再拍出一部既能获奖，又能给'邵氏'赚钱的片子！"李翰祥信心十足。

但邵逸夫拒绝了李翰祥的提议。他在会议上公开指责李翰祥，一方面是已经怒不可遏，另一方面是看不过李翰祥的"翘尾巴"，想煞煞他的"威风"。不然，再这样不冷静下去，如何使得？

1961年，李翰祥基本处于无限"待机"状态，他近期和长远的所有拍片计划都因为被邵逸夫否定而胎死腹中。

接着，邵逸夫的另一个人事安排让李翰祥更加意外且面子上更加挂不住。

曾为李翰祥写过《貂蝉》剧本的编剧高立又写了一个剧本《手枪》，

这是个现代题材的剧本，李翰祥想执导《手枪》，借此换换思路。结果，邵逸夫却安排了由高立导演，让李翰祥做高立的副手。无论导演水平和拥有的名气，高立都是小字辈，是现在的网络语言所说的"菜鸟"。李翰祥的腹诽恐怕更加强烈，只是我们不得而知。

其实，我们设想邵逸夫当时的心情，这样安排也未必全无道理。

李翰祥已经多番尝试，受挫屡屡，但依然"躺在功劳薄"上，以功臣自居，这样怎么能够再更进一境？再说，这个片子，是现代剧，正是李翰祥的弱项，还不如让高立试试，既可以培养新人，又能让李翰祥冷静冷静。

《手枪》一片推出后，市场反应果然一般，收获最大的是导演出身的男主角王引，凭借该片在台湾金马奖角逐中获得最佳男主角奖。

在邵逸夫冷落李翰祥的时候，邹文怀经常与李翰祥沟通，一方面是安慰他，以免他因对公司的不满积聚在一起生变；另一方面是想听听李翰祥对以后拍片的思路。

选美与选美电影

李翰祥见邹文怀态度诚恳，便直言不讳地说起来。他说了很多，其中就谈到了选美电影。

李翰祥认为，"邵氏"没有充分利用选美的题材，没能挖掘出选美题材中真正的"美"。比如《香港小姐》一片只是套用了"香港小姐"的名称，根本就没有选美的内容。

香港的选美活动始于1946年，历届选美中的冠军都被授予"香港小姐"称号。这项活动开始时断断续续，1946年，连续举办了三届"香港小姐"后，1949年便停办了。两年以后，又有不甘寂寞的人再度倡议选美活动，昙花一现之后，又倏没踪迹。1954年，又举办了一届。再以后，便成为被人遗忘的对象。直到1973年，才正常化起来，一年一届。

1959年。

这一年的"港姐"选美活动正在筹备之中，邵逸夫的灵光一闪。

他决定参加该届香港小姐选美的筹办。

这当然是有明确的目的的，邵翁之意不在选美。

10月9日，"港姐"选美活动如期在九龙半岛酒店进行，该届"港姐"评选由星系报业和美国广告公司联合主办，"邵氏"参加了筹办，并拿出了特别的奖品，即邵氏兄弟有限公司的五年演员合同。按照约定，本次选美的前三名均可以成为"邵氏"的签约演员。

选美的结果是：季军是王丽贞，亚军是罗懿如，莫萍贞获冠军，被授予"香港小姐"称号。冠军莫萍贞，以"香港小姐"的身份，还参加了当年11月10日在伦敦举行的"世界小姐"角逐，成为第一位参加"世界小姐"角逐的"香港小姐"。遗憾的是，她只获得了"准决赛"的资格。

季军王丽贞小姐，是我们要着墨描述的。她参加的那届选美是邵逸夫筹办的，因此，她和亚军罗懿如与冠军莫萍贞均可得到一张与"邵氏"签订的为期五年的合约，但另两位因为对电影不感兴趣，就放弃了，同意当演员并加入"邵氏"的只有王丽贞。经过试镜，王丽贞就成为"邵氏"的一名基本演员，并取艺名为"莫愁"。

莫愁成为邵氏公司的基本演员后，参与过13部电影的演出，她的处女作是《狂恋》，另外还有《花团锦簇》、《千娇百媚》、《杨贵妃》等。莫愁擅长扮演风尘女子，她所演的风情戏，大胆火辣，逼真程度无人逾越。

莫愁在"邵氏"的三年当中，都是当配角，颇感不得志。1963年，莫愁脱离"邵氏"转投到国泰影片公司门下。她在"国泰"演过《聊斋志异》、《清宫怨》、《啼笑因缘》等影片，也多是做配角，担纲主角的只有《新婚大血案》一片。

1966年12月27日，莫愁服安眠药自杀。这对于极富个性，又争强好胜的莫愁而言，似乎是命中注定。事业上的不如意，严重影响她的信心；感情上的失败，则完全摧毁了她的意志。

可以说，通过1959年的香港小姐选举，让邵逸夫发现了莫愁，却由于种种原因并没有重用她。

这样，邵逸夫热衷于筹办选美活动的目的就非常清楚了：一是为了发现电影方面的人才，二就是借选美的热潮，拍摄选美题材的电影。

与莫愁签约的当年年底，邵氏公司即拍摄了一部名为《香港小姐》的影片，这部影片是"邵氏"与日本东宝影业公司合作拍摄的一部彩色歌舞喜剧片，这部影片创造了一个第一：香港与日本首次合拍电影。

尽管该影片名为《香港小姐》，但却与选美一点关系都没有。这也就是李翰祥跟邹文怀交谈时指出的，"邵氏"未能充分挖掘选美中的美的那部影片。

尽管如此，但由于该片手法新颖、题材别致，剧情热闹轻松，因而富有特别的吸引力，该片在日本和香港公映后，大受欢迎，票房很好。多少改善了邵氏电影一时沉闷的不利局面。

参与选美活动，让邵逸夫一箭双雕，一举多得。

没多久，"邵氏"做了一部真正以选美为题材的影片——《旅馆鸳鸯》。其原因不知是邵逸夫和邹文怀原本就想做足选美的戏呢，还是听了李翰祥的意见和建议。

《旅馆鸳鸯》还是没有起用李翰祥，而是让罗臻执导，同样的，罗臻的名气仍然无法与李翰祥相比。

影片进述了一个很有现实性的故事：一对年轻夫妇，为了职业上生活上的需要，假称未婚，因而只能到旅馆相聚，做一对旅馆鸳鸯。后来，听说"港姐"选美活动的招贴之后，丈夫便鼓动妻子参加，目的是通过选美的机会，赢得一笔不菲的奖金，然后购买一套楼房，以实现有房一族的梦想。结果，妻子真的被授予"香港小姐"称号。然而，在领奖的时候，儿子在现场发现了她，就跑上去叫她"妈妈"。此时，评委才发现她已婚的身份，由于采取欺骗手段参加选美比赛，她的获奖资格被取消，夫妻俩的美好梦想终成肥皂泡。

该片一定程度上反映了香港社会的现实生活，人们的生存压力大，想求取稳重状态的生活等等，也反映了香港选美的一些侧面，因此被称为"第一部描述香港选美的国语片"。

1962年11月8日，《旅馆鸳鸯》在香港公映后，反响非常强烈。该片情节曲折生动，笑料层出不穷，人情味浓郁，因而大受香港观众的欢迎。当然，该片也为"邵氏"带来了丰厚的回报。

此前的一段时间，邵逸夫一直在"冷落"李翰祥，其实，这只是一种策略。目的绝对不是对李翰祥不再器重，而是要李翰祥"清醒"、沉淀、奋发。邵逸夫是一个重情重义的人，李翰祥打响了邵逸夫接管"邵氏"后的创业第一炮，他执导的《貂蝉》和《江山美人》既叫好，又叫座。这些事实，邵逸夫是不会忘记的。

1962年，邵逸夫终于批准李翰祥筹备已久的《杨贵妃》拍摄计划，李翰祥起用老牌明星李丽华演杨贵妃，希望靠这位魅力犹存的"古典美人"来扭转"邵氏"古装剧票房下滑的态势。

让人始料不及的是，《杨贵妃》虽然获得台湾首届"金马奖"优等剧情片奖，却没能为邵逸夫带来滚滚的财源。

屈指而计，从1958年到1962年，"邵氏"在亚洲影展中获得大小荣誉奖共46项（绝大部分是李翰祥导演的影片获得的），堪称"香港电影获奖之最"。然而，邵逸夫脸上的笑容却越来越少，越来越僵硬。这些影片叫好不叫座：譬如《杨贵妃》，获得了影业人士的如潮好评，观众的脸色却阴晴不定，从他们的神色上，全然看不出当年《貂蝉》和《江山美人》公映时的那种期待。

邵逸夫和他的管理层百思不得其解。

但有一点儿是可以肯定的：

虽然"邵氏"实力雄厚，自非一般影业公司能比，却也经不起这样的折腾。因此，一定要尽快走出低谷，一定尽早摆脱这种尴尬局面！

邵逸夫、邹文怀和李翰祥认真分析了该现象的根源，他们最终达成了共识：决策上的失误！

决策的失误，主要体现在女明星的选择上。

明星一般都是吃"青春饭"，女明星更是吃"青春饭"，相对于男明星来说，女明星的青春饭则更少，少得可怜。电影这个行业最吸引观众的就在于"明星"，观众看电影，大部分人是为了看女明星。而银幕和舞台不同，舞台距离观众较远，而银幕几乎在观众面前。如果一个女明星已经青春不再了，无论你再怎么掩饰，无论你使用多少化妆品遮掩，无论你采用任何技巧处理，彩色的特写镜头，也会让你的所有努力都化为乌有。甚至，女明星老了之后，不打扮还过得去，越用厚厚的化妆品装扮就越显其老和丑。长江后浪推前浪，一代更比一代强。这个规律电影人更应该遵从。

而反观"邵氏"出口的不少"艺术影片"，却是在"逆天而行"——其中的女主角大多由老牌红星李丽华扮演，而此时，李丽华已经将近四十岁了，虽然不能算是老，但在电影这个行当里，应该算是老的了，她的观众缘正在下降，她对观众的吸引力正在减淡。更有甚者，"邵氏"有的电影还起用了胡蝶主演，较之于李丽华，她则更老。

影评人是专家，观众不是专家，专家所看的与普通所盯的角度截然不同。专家称道的，观众未必叫好；专家不屑的，观众却喜欢；专家极力推崇的，观众却连连大呼上当。这样的反差，这样的事实，正是邵氏电影的现状，也是"邵氏"遭遇的瓶颈。

找准了原因，就是找准了方向，找准了方向，以后才不会再走弯路。

《梁祝》走俏台湾

邵逸夫、邹文怀与李翰祥经过多番探讨，"邵氏"确定了新的方向：再一次推出黄梅调电影。

然而，从什么题材做起？

《天仙配》？

不行。虽然这个题材是爱情题材，人们也非常熟悉和喜欢。但在内地，这部黄梅戏已唱到人人皆知的地步了，即便是黄梅戏这个剧种之外的地区也对严凤英的大名知之甚深。

不能选择武侠古装这条路，最起码暂时不能。因为观众对男主角当家的武侠片不感兴趣，女明星又不适宜打打杀杀，即使有女明星的打打杀杀也不好看。

反复权衡，反复比较，去粗存精，去伪存真。忽然，他们眼前一亮：梁祝！

爱情的主题，永恒的题材，观众熟知悉的故事。双蝶翻舞，比翼齐飞，多么凄美的意境！

当时，大家都未曾想到，这个决定，竟然与"电懋"撞车，撞出了一个大新闻！

邵逸夫他们哪里知道，就在他们做出拍摄《梁祝》之前，"电懋"的同题材项目已经上马了！陆运涛亲自出马，先把"邵氏"的导演兼演员严俊挖去——在执导方面，严俊可是李翰祥的师傅啊——专门筹备《梁山伯与祝英台》的拍摄工作。

该片自然严俊执导，由尤敏、严俊、沈芝华、陈又新、李丽华等"电懋"明星演出，组成号称"一王二后"的庞大阵营。

"电懋"所拍的《梁祝》，仿效的是"邵氏"最拿手的黄梅调国语片套路，并且力求精雕细刻。

在"电懋"对《梁祝》精益求精地打造之际，"邵氏"以迅雷不及掩耳的速度推出了《梁山伯与祝英台》，令"电懋"措手不及。这就是人们所说的"双胞胎"事件。

无论是当时，还是几十年后的今日，对于"双胞胎"事件，人们都存在观点，这两种观点是对立的。

一种观点认为，邵逸夫在搞恶性竞争，有剽窃之嫌，应该谴责。另一种观点是，这不过是一种不谋而合的偶然。首先，梁祝的故事众所周知，是大家共同的财富，谁也不能视为自己的私有矿藏，因此，"邵氏"此举并不算违反游戏规则。再说，当邵逸夫决定拍摄《梁祝》的时候，并不知道"电懋"已经上马，编剧也是，并未有抄袭"电懋"剧本的情况存在。至于"邵氏"的后来者居上，则是因为一个是精雕细刻，一个则属于快马加鞭而已。

善于《梁祝》，邵逸夫也有自己的委屈。这表现在他一听说"电懋"要拍这个题材，心里不由得窝火。窝火原因有二：

一、"电懋"的重点和长项原本在时装片，《梁祝》是古装片，而古装片是"邵氏"的"势力范围"，这不是抢"邵氏"的饭碗吗？

二、"电懋"明知黄梅调的影片是"邵氏"的特长，他陆运涛却又拍古装又用黄梅调，这就是摆明了要在他邵逸夫锅里捞食吗？

气愤之下，邵逸夫叫来李翰祥，把这个片子交由他执导，并且给他下了一个死命令——以最快的速度拍出"邵氏"版的《梁山伯与祝英台》！

得到邵逸夫的"器重"，李翰祥从冷板凳——因为《杨贵妃》的票房不理想，邵逸夫让他反思——上兴奋地站起来，铆足了劲，一气呵成，拿出了《梁山伯与祝英台》的剧本。

这里，我们应该再次注意了，"邵氏"的《梁祝》剧本不是照搬照抄"电懋"的，而是李翰祥鼓捣出来的。

然而，有一件上却难住了经验丰富的李翰祥。

在演员的选择上，他却犹豫不决起来。

祝英台这个角色，前期是男装，后期却成女装。李翰祥这下可被难住了。如果祝英台让一位男演员来演，那后面的"女祝英台"他一定演不好，而且观众也无法接受；如果用一位女演员，则前面的"男祝英台"她又应该怎么演才能形神兼备呢？祝英台可是在书院里读了三年书也没穿帮啊。之所以这样，除了那里的人比较单纯、祝英台伪装的巧妙之外，祝英台的外形容易扮作男人也非常非常重要啊。

李翰祥脑海里突然蹦出一个词："反串"。

用女演员反串男角，一定会有很好的效果！

上哪去找这位可以反串的"梁山伯"呢？李翰祥又发起愁来。

仔细筛选"邵氏"的女演员，都没有这样的潜质，李翰祥摇摇头。再想想自己曾经认识的女演员，李翰祥又摇摇头。

这个问题几乎让李翰祥到了茶不思饭不想的地步。因为邵逸夫的死命令压着头哪——尽早拍出《梁祝》！

功夫不负有心人，天送一个人到了李翰祥身边。

1963年的一天，带着这个困扰了他一段时间的李翰祥在无精打采地走路。忽然，他眼前一亮！

有一位女子正在路上走，这位女子一袭红衣，秀发披肩，很是女人味。但看她的面貌，却是浓眉，大眼，走路时的姿态也不像一般女子那样，细小的碎步，而是步子迈得很大，频率很快，很有男人的感觉。

李翰祥心里不由一跳：这不就是"梁山伯"！

踏破铁鞋无觅处，得来全不费功夫。以前怎么没想起她？李翰祥真恨自己的迟钝，搜过枯肠，谁都想了，就是没想起她！

李翰祥叫住这名女子："凌波，你这是赶哪去呀？"

专心走路的女子听到有人喊她的名字，抬起头一看，没想到是大名鼎鼎的李翰祥导演。凌波没想到李大导演竟然叫出她的名字，一下子愣住了。

这位女子就是经李翰祥发掘，后来以反串走红香港的凌波。凌波，1940年出生于广东汕头（一说是生于福建厦门），本名黄裕君。被卖到福建厦门当养女后改名为君海棠。1949年进入香港电影界，以"小娟"的艺名参演闽南话戏剧，1962年进入"邵氏"，并取艺名为凌波。刚到"邵氏"时，她一边在幕后代唱，一边做着当大明星的梦。

"李导演，您认识我？"

李翰祥说："'邵氏'拍《红楼梦》时我在日本，听别人说，为贾宝玉幕后代唱的是个假小子，没看到你的人，都以为是个男的。后来，我也是在照片上看到你的。没想到真是你！"

"我恨自己长得浓眉大眼，嗓子像男孩一样粗，若我像个细妹，说不准还能到李大导演的片子里演个丫环什么的。"凌波羞愧地说。

李翰祥用欣赏的口气说道："你长得太好了，我下一部片子缺一个主角，你愿不愿意演呀？"

"愿意，很愿意，太愿意了，谢谢李叔，不，谢谢李导演！太谢谢了！我都不知说什么好了！"凌波哪有不答应之理，激动得语无伦次，一个劲冲着李翰祥点头，眼泪一下都出来了。

李翰祥起用一个从未亮相过的新人担任大片的主角的消息，在"邵氏"引起了轰动，这个消息既让许多等待机会的名角们失望，也让很多不信任李翰祥的人更加怀疑。

"这个李翰祥，怎么一点章法都没有！"大家议论纷纷。

邹文怀抓住人们的心理，趁机把这事拿出来大大炒作一番。因此，《梁山伯与祝英台》的镜头盖还没有揭开，就已经在香港的舆论界生出种种猜测和评论了，一些唯恐怕天下不乱的人又趁机制造一些花边新闻。

李翰祥充耳不闻，他的心思都扑在《梁祝》的制作上。对于自己，他的自信像鼓满了风的帆；对于凌波，他相信她的潜质。等到《梁祝》上映之后，他要以高额的票房来为自己辩解，来堵住悠悠众人口。

凌波果然不负李翰祥所望。虽说是初上银幕、更是首任主演，她的悟性却出奇的高，极具演戏的天赋。这让李翰祥欣慰不已。

苍天可怜李翰祥，苍天厚待"邵氏"。李翰祥心里充满了感激。

凌波把梁山伯演得惟妙惟肖，令人惊叹又催人泪下。

《梁山伯与祝英台》也终于不负邵逸夫所望，抢在了"电懋"的《梁祝》前面上市。人们戏称这是"梁祝双胞胎"。

还有人戏谑地说，梁山伯与祝英台未及成婚，却死后化蝶，蝶而有孕，生下了双胞胎。李翰祥的这个《梁祝》是先出生的，因此，这个《梁祝》便是老大。

李翰祥的《梁祝》虽然做了老大，但李翰祥心里却不是很有底，他惴惴不安地等待市场的反应。这个原因很简单，因为人们都已经知道了，

"电懋"还有一胞胎未生出来，并且这个后出的孩子正在被父母精心培育，而"邵氏"的《梁山伯与祝英台》之所以出生得早，则纯是催产的结果。李翰祥担心，有不少观众因为等着看"精品"而放弃他的作品。

不料，结果却远远出乎李翰祥的意料，不足月的《梁祝》一路高歌，人气高得邪门。

和李翰祥版的《梁祝》同时放映的，起初还有其他影片能与之抗衡，不久，《梁祝》迅速杀出一条血路把其他影片挤了下去！后来，香港几乎所有的电影院，都在放映凌波反串版的《梁山伯与祝英台》！而较晚上市的"电懋"版的《梁祝》虽然号称精工制作，但远远落在"邵氏"后面，无论是拍摄的水准，还是票房的业绩。

通过"凤凰"的关系，"邵氏"的《梁山伯与祝英台》卖给了中国电影进出口公司，使之得以在内地上映。虽然只换得卖拷贝的钱，但毕竟《梁祝》也有了内地市场。至于"邵氏"通过内地所赚的钱，邵逸夫既没有公布，也未过多计较。

《梁山伯与祝英台》传入台湾之后，立即在台湾掀起了"梁祝"的风暴，声势绝不亚于香港。数以万计的台湾观众，流水似地挤向电影院，争睹《梁祝》，感受其旷世爱情悲剧，一睹凌波小姐的反串风采。

李翰祥终于甩掉了"叫好不叫座"导演的尴尬，"邵氏"也终于开始摆脱"得奖不得钱"的经济危机。除了获得了巨大的收益之外，并且发掘了一位后起之秀——凌波。

当凌波趁着"梁山伯"的热潮，到台湾参加首映式时，其轰动的程度简直不可想象，人们夹道欢迎，大呼其名，甚至热泪盈眶。其追星的热度绝不亚于当年的"四大天王"到大陆办个唱，更不亚于当年美国总统艾森豪威尔访台。

第二届台湾金马奖于1963年10月31日在台北国光戏院举行，"邵氏"满载而归。《梁山伯与祝英台》获得五项大奖：李翰祥获最佳导演奖，乐蒂（祝英台的扮演者）获最佳女主角奖，凌波获"最佳演员特别奖"（由于是以女扮男装饰演梁山伯，不便领取"最佳男主角奖"，于是台湾金马奖评委就专门为她设立了该奖项，时至今日，台湾传媒提到凌波，无不以"梁兄哥"呼之），还有最难获得、含金量最高的"最佳剧情奖"。

据说，当年凌波参加"金马奖"评奖之前，就有很多观众扬言，如果《梁山伯与祝英台》不能获奖，他们就要游行，就要暴动，以抵抗这种天大的不公平。据说，这个消息上了台湾当年的多家报刊，搞得评委们一度不知怎么办才好：如果让这些影迷如愿以偿吧，难免会有评委迫于压力、故意把金马奖违规授予《梁祝》之嫌；如果不给《梁祝》吧，则后果更是难以想象。当然，《梁祝》的获奖是名至实归，并不是这些影迷的压力所至，其实，如果这个"据说"是真实可信的，从某种意义上说，影迷并未给《梁祝》带来什么推力。

在同一届台湾金马奖上，李翰祥执导的另一部古装片《武则天》也获得可喜的成绩，被授予优等剧情片奖。它的票房收益虽不及《梁山伯与祝英台》，但也好于李翰祥低谷时的古装片，这令邵逸夫很是扬眉吐气。

同年，在第十届亚洲影展上，《梁祝》捧走了最佳彩色摄影奖、最佳音乐奖、最佳录音奖和最佳美术奖四座奖杯。同时，该片还荣获美国三藩市国际影片展览的优异奖。

受"邵氏"《梁祝》的影响，一股黄梅调的狂潮在华人影坛掀起。从此以后，港台两地影坛，"无片不黄"。而这种"黄"的发起者就是李翰祥，他在中国电影发展史上，起了不可替代的作用。

《梁祝》让邵氏电影重新赢得了观众的心，《梁祝》给"邵氏"带来了巨大的利润，《梁祝》像一只神奇有力的手，把"邵氏"推出了低谷。凌波的成功也给了邵逸夫很大的启示，只有层出不穷地挖掘新人，培养新人，如此方能让邵氏电影王国青春长驻。

邵逸夫准备下大本钱、花大力气去培养自己旗下的无名小卒，让他们崭露头角，鼓励他们有高远的志向，使他们迅速成为邵氏公司以后的主力军。

这是大势所趋，不容忽视。

　　未雨绸缪，方为智者。1961年，邵逸夫创办了邵氏南国电影训练班，旨在大力培养新人。邵氏训练班设有演剧班、舞蹈班、歌唱组。这个南国电影训练班，培养出一大批香港娱乐界的风云人物、大牌明星，有很多现在也仍是香港娱乐界的中坚力量。

　　如大才子黄霑出身于歌唱组；歌坛长青树罗文也出自训练班，不过是舞蹈组。

　　至于演员，更是人才济济，有名气的有：郑佩佩、王羽、陈萍、罗烈、江青、何莉莉、岳华、李菁等，以及后期的米雪、黄元申、陈观泰、傅声等等，都是"邵氏"出身。

　　导演如刘家良、唐佳、吴思远、胡金铨等，也都有在"邵氏"的经历。

　　邵逸夫培养后来者，这是有目共睹的。说他眼光独到，高瞻远瞩，也非常准确。但若说他在挑选人时也会失手，身边有宝贝却不知珍惜也不为过。另外，邵逸夫事事过于亲力亲为，颇有诸葛孔明的风范，但这样也容易使身边的人失去空间，失去发挥才能和提升自己的机会。

　　邵逸夫也像他二哥邵邨人一样，常用一纸合约对手下的人加以约束和控制，从而使"邵氏"的演员和导演都只能对"邵氏"效命。

　　这些演员和导演中，当然包括名气最大的导演——李翰祥。

　　自《梁山伯与祝英台》成功之后，李翰祥在"邵氏"的地位更是固若金汤，没有人可以撼动他，除了邵逸夫，当然，邵逸夫不会动他，因为他是"邵氏"所倚重的人。

　　除非他自己愿意动。

　　并且，李翰祥自己也已经产生了"动"的心思。

铁打的营盘流水的兵

邵氏公司，除了实力雄厚之外，在体制上还是一个传统的公司。因为他实行的是"老板制"而不是股份制。这里的一草一木一丝一缕都只属于老板邵逸夫一个人所有，公司的其他人，不论是演员还是导演、不论是男人还是女人，不论是光芒万丈还是默默无闻，都是雇员，即给邵逸夫打工的。你的成绩的好坏，薪水的高低，职务的升降，前途的光明或晦暗都由邵逸夫一个说了算。

这样就产生许多弊端：

从邵逸夫这一方面来说，由于诸务缠身，他精力有限，难免有一些事情关照不到，作为一个人，一位老人，尽管邵逸夫的胸襟并不狭窄，但难免会有感情的好恶，爱恨的区别。如果他喜欢的人，可能就会平步青云，相反，如果他厌恶的人，则极可能被扫地出门。而且前提是，是人都会犯错误，邵逸夫也是如此，这样就会让一些人产生不平之心，抱怨之情。从员工这方面来说，既然公司再大再发展也是人家的，那就会使人没有归属感，让觉得公司是否发展与自己关系不大，公司的发展与衰落，影片的好坏和票房的高低，与他们基本上没有什么关系。虽然，有时候公司也在这些有功人员身上花点本钱，捧一捧，推销一下，或发些奖金，送些"红包"之类的，但说到底，这还是为了公司赚钱的需要。并且，这些红包、奖金的数目与这个人给公司所创的利润相比远远不成比例。

这样，员工的心就会游离于公司核心之外。

不光普通的员工如此，高层管理人员如邹文怀、李翰祥也是如此。

邹文怀曾对邵逸夫指出了这种弊端，希望他能"分红制度"之类的办法，让"邵氏"人有更多的收入，更大的奔头。但遗憾的是，邵逸夫没有听从邹文怀的建议，但他承诺提高大牌明星和大牌导演的待遇。普通员工呢？在"邵氏"最底层工作和生活的人呢？

从邵逸夫接掌"邵氏"开始，从一部《貂蝉》走红之后，李翰祥就为邵氏屡屡建功，邵氏的发展，每一步都凝聚着李翰祥的心血和汗水。邵氏公司的每一座奖杯，都无言地叙说着李翰祥为"邵氏"创业所做的贡献。

然而，李翰祥觉得，在"邵氏"这么多年，他只得到了一堆虚名——"红导演"、"头牌导演""神奇导演"等等。但这些虚名不能当饭吃，不能做衣穿，因为他得到的片酬和他所付出的劳动、所创造的价值是极不相称的。

一缕不平漫上李翰祥的心头。他知道，应该做决定了。

眼下，虽然人人都尊敬他，人人都看重他，人人都以他为骄傲，甚至包括老板邵逸夫在内。但还是那句话，尊敬和看重没有颜色，没有斤两，没有棱角，既不能做衣穿，也不能当饭吃。

李翰祥还想起一件事情。因为他和邹文怀是邵逸夫的左臂右膀，邵逸夫就有意无意地搞起了古代的君王平衡术。

他一会儿重视这个，一会儿宠幸另一个。一会儿和这个亲近，一个和那个亲近。这不但让李翰祥和邹文怀人人自危，还暗地里生出了矛盾。

作为一个大企业的掌门人，邵逸夫的做法固然可以理解，但总是让李翰祥心里不舒服。

古人说的好：宁做鸡口，不做牛后。鸡口虽小，但吃的毕竟是食物，是干净的；牛虽强大，牛的肛门虽大，但拉出的却是臭屎。李翰祥觉得，自己应该做鸡口了，自己要告别当牛后的生涯了。或许做了鸡口之后，吃到嘴里的食物差些粗糙些，但总比牛后强。

李翰祥决定，离开"邵氏"，自谋生路，自行创业。

他知道，他跟"邵氏"的合同尚未到期，依"邵氏"的制度，这紧箍咒一般的合同会让他难受至极，但他不打算做孙大圣，他不愿意逆来顺受了，他要跳槽，不顾一切地！

听到李翰祥要走的消息，邵逸夫心里很难受。他是一个爱惜人才的人，李翰祥的确是个不可多得的人才。这个人才，在为"邵氏"做了很大的贡献之后，却要离开了。李翰祥要离开的原因邵逸夫是清楚的，他也清楚"邵氏"的制度自二哥邵邨人起就有弊端，公司的制度、合同的条款都太细太苛刻，但他并未打算对这些进行彻底的改变。一是，他没有这样的精力和时间来做这件事情，二是这些制度和合同条款基本上可以说是成熟了的，也是大家习惯了的。但他并不想李翰祥就此离开，"邵氏"需要他，邵逸夫也需要他。

于是，邵逸夫想做做努力。

他找到了邹文怀，让他劝劝李翰祥，留下来。

邹文怀找到李翰祥，把邵逸夫的意思传达给他。

来之前，邵逸夫对邹文怀说，只要李翰祥答应留在"邵氏"，他可以大幅度地提高他的片酬。

"大幅度？大幅度是多少？"李翰祥表示怀疑。他想得不错，既然未说明具体的数字，就有太多的弹性，就没有诚意。

"这个……"邹文怀无法回答。

"六叔的意思你很明白，他非常想让你留下来。"

"想让我留下来也好办，很简单，只要六叔能给我适当的邵氏股份，我就留下来。至于股份是多少，让六叔定夺。我只是想让自己多收入点儿，有点儿归属感。我没有太大的野心。"

"我觉得六叔不会同意给股份的。"

"那就算了。这在我意料之中。"

"翰祥，我无能为力。"邹文怀抱歉地笑笑。

"我知道。"

邵逸夫见邹文怀没有劝动李翰祥，心里虽然早已预料到，但仍然有些生气。他知道邹文怀与李翰祥面和心不和，他甚至怀疑邹文怀其实并不真心希望李翰祥留在"邵氏"。

邵逸夫的想法也不是全无道理。实际情况是，邹文怀确实知道怎样才能挽留住李翰祥。如果在邵逸夫说可以大幅度提升李翰祥的片酬时，邹文怀能及时劝说邵逸夫一定要给一个具体的数字，哪怕仅仅增加一倍，李翰祥就肯定会改变主意。但邹文怀没有说。因为邵逸夫的君王权衡战术，让邹文怀和李翰祥互相提防，互相眼红，都觉得自己才应该是老板最信任的人，而对方抢了自己的风头。邵逸夫的本意是要两人都对自己忠诚，但他没想到的是正因为如此，两人都盼着对方先离开，这样剩下的一个人就成了老板真正信任的唯一的人了。邹文怀的这种心思，邵逸夫渐渐知晓之后，他对邹文怀的看法似乎也有了一些改变，这为后来邹文怀离开"邵氏"而自创嘉禾埋下了伏笔。

邵逸夫当然知道给一个具体数字可以挽留住李翰祥，他也非常清楚自己想让李翰祥留下来，之所以没有这样做。恐怕至少有两个原因。一是因为邵氏兄弟内心里共有的吝啬通病；二则是由于邵逸夫此时的心理失衡。邵逸夫是一个沉稳而内心高傲的人，如果一个人以离开为要挟而达到涨薪的私人目的，除了让邵逸夫受伤之外，邵逸夫还担心以后还会有更多的人用这招逼他就范。

但邵逸夫还有一招，最后的一招杀手锏。

他亲自出面，约见李翰祥。

两个人见面，还真有些尴尬。多年以来的合作伙伴，虽然一个是老板，一个雇员，但感情并不是没有的。

沉默一会儿，还是邵逸夫先开的口：

"翰祥，真的要走？"

"是的。想换个地方。"李翰祥纵然很有个性，但他此时也觉得，在邵逸夫这样一位老人面前，说话应该注意分寸。他甚至有些不忍，有些歉疚。

不料，邵逸夫说了这样一句话让他很意外："你合同未到期呀！"

"我知道。"李翰祥口气慢慢强硬起来。

"知道你还走？你知道吗？你一走，我可以告你的！"

"那六叔请随意吧。"李翰祥站起来。

此时，他心里的歉疚也被愤怒冲淡了。

对于和邵逸夫和他见面的事，李翰祥这样轻描淡写地说："我想离开

'邵氏'，邵逸夫并不是不知道，我跟'邵氏'说我要离开了，邵逸夫说有合同啊，你一走我就告你。完全是这种方式对付我，我就是吃软不吃硬，你就是打官司，我死也不干。"

邵逸夫见李翰祥难以回头，并未打算以违反合同的名义真的告他。因为这样的官司，且不说旷日持久，劳心劳力，到最后落个两败俱伤，没准还会寒了众人心。

邵逸夫私下同邹文怀说：强扭的瓜不甜，翰祥执意要走，就由他去吧。

看来，邵逸夫仍然是一个不失为大度的长者。

然而，邵逸夫因为一件事情却勃然大怒！

他听说，李翰祥不仅自己要走，并要正在走红的大明星凌波和他一起走，还在"邵氏"煽动一些人"反水"！

李翰祥的确有这样的打算，现在我们想想，他有这样的打算也是正常的。既然李翰祥要出去之后要自己创业，光靠他一个孤家寡人是绝对不行的。若另新的一班人马，由于互不了解，人家也未必听他的。再说，即使招来新人，若都是名不经传者，还需要一段时间来培养，耗时费力，还不一定成功。哪儿如直接带走几个早已磨合得融洽的人呢！

这样，凌波就成了李翰祥最先"发展"的对象。原因很简单，凌波是他一手培养出来的，若不是他，凌波还是一个在幕后配音代唱的可怜角色，最多也只是一个跑龙套的小演员！正是他，让凌波从一个无名的小演员一举成为万众瞩目的大明星！因此，李翰祥对凌波的期望值最高，把握也最大。

事实也是这样。

凌波对李翰祥一向感恩戴德，听了李翰祥的"忽悠"，毫不犹豫地答应同李翰祥一起离开"邵氏"。

凌波刚做完决定，邵逸夫就派邹文怀找到了她。邵逸夫估计得没错，邹文怀内心希望李翰祥走，但不希望"邵氏"的人才流失，他是管宣传又是管制片的，明星都走了他还管干什么？

"凌波啊，听说你要跟李导演走？"

"嗯。"凌波咬着嘴唇，下决心似地点点头。

"去哪儿啊？"

"现在还不知道。我听李导的。"

"不错，义气，有胆识。不愧是靠反串成名的大明星！但你愿意听我一句话吗？"

凌波点点头。

"你怎么知道李导演带你去的公司一定是大公司呢？"

"我不知道。"

"我给你出个主意，你自己就能试出这个公司是不是大公司。" 邹文怀深知凌波的弱点和对方的财力，他出于"关怀"，"好心好意"向凌波提建议。

关于凌波，李翰祥回忆道："凌波这事最好玩了，邵逸夫这人厉害，他要凌波跟我要求：'我要10万现款，有就跟你们签合同。'邵逸夫明知他们拿不出钱，'联邦'也没钱，'国泰'也没钱。那天我跟邹文怀在洗澡，一会儿一个电话找我，一会儿一个电话找他，结果'联邦'就是拿不出10万块。凌波不能来，我也骑虎难下，不能不出来，所以就组织了'国联'。"

李翰祥三十多年后回忆，口气轻松，玩笑一般。其实，当时当他一听说就连凌波也没听他的，咬牙切齿地骂凌波："不够意思，忘恩负义，你不随我就捧别人！"

李翰祥发誓要捧的人，是小演员江青。

江青，1946年出生于上海，1961年随父母迁居香港。江青从小热爱表演，擅长舞蹈，初到香港不懂广东话，十分无聊，便报考了邵氏的南国演员训练班。

又一个双胞胎——《七仙女》

1963年，李翰祥计划拍摄自己写的剧本《七仙女》，由凌波反串男主角董永，方盈演七仙女。因为方盈不会舞蹈，李翰祥决定让江青演。后来，李翰祥未拍成《七仙女》，否则，江青很可能早已走入大家的视线了。

1963年，李翰祥编导的《梁山伯与祝英台》仍在各地的华语市场"肆虐"，"电懋"老板陆运涛对"邵氏"恨之入骨，总想寻机报一箭之仇。

终于，机会来了。李翰祥离开"邵氏"后，很多制片公司都想拉李翰祥加盟，但李翰祥的理想是自做老板，只是苦于没有资金。陆运涛成全了李翰祥自立门户的愿望：他旗下的"联邦"提供资金帮助李翰祥到台湾创办了"国联影业公司"，李翰祥带走了不少"邵氏"的骨干，算是替陆运涛报了仇。

李翰祥到台湾时，把《七仙女》的剧本也带来了。"电懋"台湾公司的老板极力怂恿李翰祥把《七仙女》列为"国联"的第一部影片来拍摄。

到台湾后，李翰祥最大的遗憾，仍然是没能将他一手捧红的凌波带出"邵氏"。拍《七仙女》时，李翰祥决定用钮芳雨演董永，李翰祥仍没忘记他在"邵氏"向江青许下的诺言，让她扮演七仙女。

李翰祥没想到的是，又一个又胞胎事件拉开了序幕。不同的是，这一次针对的是《七仙女》，被人抢拍的却是李翰祥。

邵逸夫已料到李翰祥会将《七仙女》作为"国联"的创业作，命令手下员工把邵氏影城的十个摄影棚全部搭上同一部片子的景，一定要抢在李翰祥之前把《七仙女》拍出来。

李翰祥对江青出演的七仙女十分满意，18岁的江青也由此而成为"国联"的台柱子。此后两年，江青在李翰祥执导的《状元及第》、《几度夕阳红》中接连担任女主角，并荣获1967年第五届金马奖最佳女主角称号，李翰祥兑现了他的承诺——捧红江青。

李翰祥回忆"七仙女双胞胎"事件时说道："'国联'（的）《七仙

女》，我们用了17天半的时间拍完了，邵氏公司打对台用四个导演连夜在赶比我还慢，同一天（在台湾）上片。这戏在台北做了240万（票房收入），邵氏公司的凌波版《七仙女》比我少，只做了220万。然后《七仙女》在香港要演的时候，邵氏公司告我盗用他的歌曲，他把我封杀掉了。都是黄梅调，怎么盗用？邵逸夫做这种事，斗不过他。所以后来《七仙女》在香港再上的时候，生意就坏了。"

　　法院最后裁定，"邵氏"告"国联"盗用邵氏公司《七仙女》的歌曲不成立，"国联"版的《七仙女》可以在香港市场公映。这时，观众的兴趣早已转移，上戏院看"国联"版《七仙女》的观众已经寥寥无几。

　　邵逸夫不费吹灰之力，就扼杀了"国联"当家人李翰祥的上升势头，也算是对李翰祥离开"邵氏"并挖走"邵氏"名角的回答。

2. 空难，擦肩而过

邵逸夫长子被绑架

每一年都有值得记取的大事小情，对于香港影界来说，1964年，值得记住的事情却特别多。这一年，邵逸夫的儿子邵维铭遭到绑架；这一年，"电懋"老板陆运涛遭遇空难；这一年，"邵氏"的当家花旦林黛自杀身亡；这一年，"邵氏"的清水湾影城宣告竣工。

这几件大事，都与邵逸夫有着直接的利害关系。

这年的2月5日，在新加坡的邵逸夫长子邵维铭在下班途中，遭人绑架。绑匪之所以绑架邵维铭，目标非常明确，就是要拿他做人质，以敲诈"邵氏"的钱财。近几年，邵逸夫在电影界风头太劲、锋芒太露，早已吸引了一些黑社会势力觊觎的目光。而绑架他的大儿子，就是为了从邵逸夫身上大赚一笔。

他们首先电话通知在新加坡的邵逸夫的三哥邵山客，要求300万赎金，并凶狠警告，不许报警。邵山客立即拨打香港长途，告诉邵逸夫。

试片室里，邵逸夫正在全神贯注地看早场的电影，听到邵山客的来电，心霎时飞到了南洋。但他知道，遇事张皇失措正是处事的大忌，他极力保持着镇定，在电话里与三哥商量一番后，决定按绑匪要求的数额给他们，儿子性命最重要。

当邵山客及时将300万元送至绑匪约定的地点时，绑匪"信守诺言"，当场放回了邵维铭。破财消灾，300万元换来邵维铭的平安无事，一场天大的劫难化为无形。

邵逸夫一心沉浸在电影事业中，平时很少关心家庭。

纵然梦里也牵魂，两万年前种业根。

问讯谁能潇洒得，儿子连心不由人。

当他接到三哥的电话，说长子已经安然赎回时，不由轻松地嘘了一口气。按照预先排好的日程，召集邹文怀等高管开会，商讨与"电懋"争夺电影市场的事情。

事情还得回溯至1957年秋天，邵逸夫刚来香港接手"邵氏"。

当时，由于邵逸夫二哥邵邨人无意电影行业，使得当时的影坛格局发生了明显变化："邵氏"每况愈下，"电懋"蒸蒸日上。从1958年开始，邵逸夫主政"邵氏"起，即起用小导演李翰祥，不惜成本、不顾风度、想方设法撬挖"电懋"名角，继而推出《貂蝉》、《江山美人》、《梁山伯与祝英台》等名利双收的影片，使"电懋"在电影市场上节节溃败。

1962年，"电懋"的高层及业务明星们流失过半："电懋"的编剧主任、制片主任宋淇离开"电懋"，之后，大牌编剧张爱玲去了北美，继续从事她钟爱的小说创作；接着，"电懋"当家人钟启文因丑闻而辞职，转投"丽的电视台"。"电懋"陷入空前的困境。

不得已之下，"电懋"老板陆运涛自钟启文走后，从幕后走到台前，亲自担任"电懋"行政总裁。他加大投资，拍摄了多部宽银幕彩色电影，开拓了台湾市场。台湾是国语片的主要市场，而"电懋"新拍摄的时装片很受台湾影迷的欢迎。

陆运涛在看到"电懋"已经焕发出生机、出现很大起色的前提下，觉得条件已经成熟，于是同邵逸夫坐下来展开谈判。陆运涛以一种少有的高姿态表明自己的立场：诸多事情继往不咎，从今以后，二家和平共处，避免恶性竞争。

邵逸夫与邹文怀细致地分析了双方的优势和劣势，觉得应该按陆运涛的意思办。邵氏公司刚刚经历一场震荡，头牌导演李翰祥跳槽，并且带走了一班骨干，这件事对"邵氏"阵营的军心有很大的影响。如果不听从陆运涛的和解提议，可能使造成"邵氏"更多的精英"叛逃"。因为谁都知道，李翰祥的幕后资助人是陆运涛，陆运涛可是与邵氏有"血海深仇"。倘若不把他稳住，后果不堪设想。

为避免再发生冲突而两败俱伤，1964年3月5日，"邵氏"与"电懋"签订了"君子协定"，宣称日后"不拉对方编剧、导演、演员或其他重要职员""不再闹双胞胎案，每一月或两月双方制片部门之负责人以茶聚方式会面，交换意见"……

这以后，"电懋"获得了较长时间的喘息机会，一度出现了"中兴"现象。

而"邵氏"，自从李翰祥"独立"后，再也没有出品轰动一时的票房佳作，因此，也需要较长时间的耐心去舔舐伤口……

过去，邵逸夫之所以战胜陆运涛，靠的就是陆运涛曾经谴责过的"卑劣、残忍、恶猛"的手段。比如不择手段的挖角，比如采用"双胞胎"影片给予对方以打击。秘诀就是出招快，打人准，令人防不胜防，这是邵逸夫的特长。

自从签订了君子协定之后，邵逸夫觉得，"君子协定"就像一道樊篱，虽然让人有了一定的安全感，但出手打击对方时也就没有那么方便了——出现了不少掣肘的因素。

如何既不明显违反"君子协定"，而又要压制、挫伤对方呢？如何让对方明明知道吃了亏，却又找不到指责的充足理由呢？邵逸夫在思考着，他不时地找邹文怀商量。

上文提到的，当邵逸夫长子邵维铭被放回来后，邵逸夫召集邹文怀商量的就是这一大事。

就在邵逸夫他们难以制定出合适的计划，从而给"电懋"以沉重打击的时候，形势突变！变化真是太突然了！突然得令邵逸夫完全措手不及，其他人，尤其是"电懋"的人，更是被这突变击懵了！

陆运涛的突然死亡，彻底改变了"邵氏"与"电懋"的往日格局。

空难，陆运涛死亡

1964年6月6日至19日，第十一届亚洲电影节在台北举行，香港两大影业巨头——"电懋"的陆运涛与"邵氏"的邵逸夫都参加了。

通过这些年的努力，"电懋"与"邵氏"各自与台湾的一些电影企业结下了良好的合作伙伴关系——"邵氏"与"中央电影"公司关系友好，而"电懋"则跟台湾的国际公司、台湾省电影制片厂关系较为密切。

影展闭幕后的第二天，即6月20日，台湾有关方面组织与会代表分赴台中与金门参观。组织方事先有此说明，"邵氏"和"电懋"既可以同往一处参观，亦可"单飞"，各自选择自己的行程和目的地。

"电懋"代表团乘飞机去了台中，因为陆运涛想参观一番故宫博物院。而当时的故宫博物院还要台中，尚未迁入台北外双溪。

邵逸夫觉得，既然是参观，就应该轻松愉悦，不能心里有压力，更不应该与不喜欢在一起的人一起参观，否则就不可能真正放松。邵逸夫的心思再明白不过，他不愿与老冤家陆运涛同行，故而"邵氏"的人员便选择去金门参观。

当时谁也不曾料到，这一简单得不能再简单的心思，竟然会造成那么大的差别。

这个选择结果就是生死两重天——邵逸夫幸运地逃过一劫，而陆运涛及他的"电懋"则走向了死亡之路。

6月20日下午5时30分，"中航"C—46型环岛号班机在台中上空失事坠毁，机上乘客52人，机组人员5人，全部罹难。

当地媒体称：

"这是台湾光复（1945年）以来，第一架民航客机在本省失事。然而这第一次，却也带走了当时电影界多位极具影响力的人物，包括国泰机构董事长陆运涛夫妇、国际电影懋业公司制片王植波、台湾电影制片厂厂长龙芳、国际影业董事长夏维堂等人，以及陪同参观的'省新闻处长'吴绍遂、'新闻局'联络室主任庞耀奎等。"

近一年多来，邵逸夫先后经历李翰祥"背叛"、儿子邵维铭遭绑架等令人沮丧的事件。陆运涛的意外死亡，使邵逸夫彻底从阴影中走出来，算得上他"不幸"中的"大幸"吧。

邵逸夫事后解释他未去台中看故宫国宝的原因："金门是禁止参观的军事基地，那里有一些地下工厂和地下戏院，平时是无法进入的，这种机会千载难逢。"

如果这种解释是当时的真实心理的话，我们似乎可以这样说，是邵逸夫对电影事业的热爱救了他的性命，也救了他的员工。

2002年4月8日，香港岭南大学人文科学研究中心与香港电影资料馆联合举办"'电懋'研讨会"。与会者一致肯定陆运涛在香港影业上的开创性作用——他最先引进好莱坞机制，制定全年计划，实行流水线作业，片场按照事先的规划安排拍片。"电懋"对剧本要求很严格，雇用高水平作家编剧把关；拍片精益求精，艺术性是当时香港最高的。

下面摘引几估影评人或者资深导演的话以资佐证——

香港影评人余慕云指出："从1956年至1965年，'电懋'一共出品102部国语片，其中有获得第五届亚洲影展最佳影片奖的《四千金》（1957）、又有得到（台湾）金勋奖的《情场如战场》（1957）、（台湾）金鼎奖的《龙翔凤舞》（1959）、《空中小姐》（1959）等。而'电懋'的女演员尤敏因演《玉女私情》（1959）和《家有喜事》（1959）两度在亚洲影展中封后，导演王天林亦凭《家有喜事》得到最佳导演奖，由此可见'电懋'影片在亚洲影展中获奖无数。""1960年'电懋'出品的《星星、月亮、太阳》，（1961年）在第一届台湾金马奖中得到最佳剧情片，女主角尤敏同时得到第一届金马奖影后，'电懋'影片在金马奖中得到优秀剧情片的还有《小儿女》（1963）、《深宫怨》（1964）、《苏小妹》（1967），其余出色的影片还有《曼波女郎》（1957）、《啼笑因缘》（1964）等等，其中《爱的教育》（1961）更在威尼斯影展中获得好评。"

为什么艺术性更胜一筹的"电懋"时装片，会败在邵氏古装片的脚下？按常理，时装片更适宜国际化大都市的市民。

香港浸会大学吴振邦博士指出：

不少论文都将"国泰"（"电懋"）在港崩亡归咎于陆运涛英年早逝，但观乎陆氏亡故前，"电懋"与"邵氏"之间的"双胞胎事件"，可见"电懋"对市场缺乏足够认知，制作方针早已出现问题。"电懋"最大的问题是将生活情趣等同于电影情趣再等同于观众情趣，其实剧本文学性高并不等于普通大众能接受。香港于1962年时仍是粮食救济地区（注：仍有贫困家庭需要政府赈粮），"电懋"的作品显然脱离社会现实。

吴振邦说的没错，"电懋"影片中的女性，或穿民国流行的旗袍，或穿更贴近时代的时装。这些知识女生，或撑着小洋伞，在海滨雨中漫步；或坐在咖啡屋，一边听着悠扬的西洋古典曲子，一边饮着洋酒对情人报以甜蜜的微笑。她们当然也有大起大落，有生死别离，有凄凄惨惨，但是她们的痛苦，不外乎与白马王子的恋情出现裂痕等无法与草根阶层产生共鸣的话题。

"邵氏"资深导演陶秦说过这样一句话："在思温饱求生存的时代，一个饼比一个吻更容易出戏，也更容易取巧（指讨好观众）。"

钟宝贤博士说："'电懋'和'邵氏'在管理制度上都实行高度的中央集权，陆运涛和和邵逸夫俨如两公司的化身，大权全系于个人身上。因为大权过度集中，'电懋'于1964年陆运涛在台湾遇上空难后，内部便一片混乱。"

陆运涛经营"电懋"，从来没让异母兄弟插手，所以他突然去逝后，没有陆家兄弟或子侄接手香港"电懋"，最后由其胞妹夫朱国良继承。1965年朱国良将"电懋"改组为国泰机构（香港）有限公司。

"国泰"成立后，遇到的最大难题是人才的大量流失，所以当时只好任用新人和以低成本制作。虽然如此，它仍然制作了很多影片，在年产量上更一度超越"电懋"。

从1965年至1970年，"国泰"（香港）出产了97部国语片，总体业绩远不如"电懋"，不过它也出产过一些佳作，如《家有贤妻》（1970）、《路客与刀客》（1970）、《虎山行》（1969）等。

1971年，朱国良宣布结束国泰制片，算是彻底结束陆氏家族影业史。

其实，早在邵逸夫得到陆运涛遭遇空难的消息那一刻，邵逸夫已经不把"电懋"当成竞争对手了，"电懋"改组后的国泰影片没给"邵氏"形成任何有威胁性的冲击。

陆运涛之死，成全了邵逸夫的香港影坛霸主之梦。

3 林黛，不死的神话

巨星之死的猜测

1964年6月20日，随着"电懋"老板陆运涛因飞机失事而罹难，"邵氏"最大的对手"电懋"宣告解体。邵逸夫在对陆运涛的横死表示遗憾的同时，心里也放松不少。然而，仅仅过了27番昼夜轮回之后，1964年7月17日，"邵氏"同样遭遇了巨大的灾难——一代巨星、"邵氏"的当家花旦林黛，自杀身亡！

林黛四度荣获亚洲影展"影后"的殊荣，不唯是"邵氏"的宝贝，也是全香港的头牌女影星，星光熠熠，前途不可限量。可是，她却以如此极端的方式结束了自己的生命，死时年仅30岁！为什么？是害怕长江后浪推前浪，最终被后浪——新秀凌波给拍死在沙滩上，还是她的丈夫龙绳勋移情别恋，经受不住情变的打击？抑或是她根本就不想死，只是想像当年她18岁时那样，再来一次相同的经历？因此才用相同的方法自杀？

人们纷纷猜测，媒体竞相报道，但原因仍然令人莫衷一是。

在女星的光芒远远超过男星的年代，林黛既然给"邵氏"带来了滚滚的财源，邵逸夫自然对她备极宠爱。林黛既在"邵氏"众星中的顶梁柱位置无可撼动，又在香港影迷乃至更大范围的影迷的心中，林黛不仅是他们最崇拜的偶像，她简直就是东方影坛上的女神。

林黛的自杀原因，是偶然中的必然。

过档"邵氏"之后，林黛随即就主演了电影《貂蝉》，面世以后，一炮打响，林黛的头上多了耀眼的光环，成为当时香港影坛上难以望其项背的红星。

事业丰收的同时，林黛也收获了爱情：在《金莲花》一片中与她演对手戏的英俊小生雷震，借戏中人物感情的余韵，成了林黛的男友。

林黛属于"部头演员"，即拍一戏拿一次片酬，并未与"邵氏"签订"卖身契"一样的长期协议，这可是只有极少的大牌明星才能享受的恩宠。因此，在林黛的心里，她应该是充满自信的，应该是轻松愉悦的，因为她受到的约束要比其他演员少得多。

当年"邵氏"重金撬挖林黛，"电懋"也奋起还击，不惜重金想夺回林黛。在双方的你争我夺中，林黛的身价就越来越高。后来，在陆运涛的高片酬的诱惑之下，林黛同时为"电懋"主演了《三星伴月》（1959年）、《云裳艳后》（1959年）、《温柔乡》（1960年）等时装片。

因为拍这几部影片，曾经一度让林黛的生活发生了重大改变。

因为有一个人，雷震，走进了林黛的心里。

雷震，《温柔乡》的男主角，和林黛演对手戏。

1959年，林黛应友人邝荫泉之邀，为金泉公司拍摄了一部时装片《梁上佳人》，该影片由王天林执导，雷震仍演男主角，仍和林黛演对手戏。

多番对戏，多次接触，两个人戏里戏外都在演绎着爱情，不知不觉间，林黛和雷震坠入情网，这是继严俊之后，走进林黛生命里的又一个男人。

半路杀出的"龙绳勋"

1959年，林黛在百忙中抽空去了大洋彼岸的美国，她自己说是去哥伦比亚大学攻读戏剧专业，但外界一般认为她根本没有必要去进修，人们之所以这样认为，一个是她的事业正在高峰期，耽误不得。二是，她即便是进修，短时间内好像学到的知识也是"杯水车薪"之类。还有人怀疑，林黛此行也并非是为了进修，因为进修毕竟不是坏事，不需要让人们一直蒙在鼓里的,更不需要把公司蒙在鼓里。而林黛是突然做出的决定,几乎是抛弃一切,甚至飞蛾扑火般的——若是进修,定然不会如此——这不过是人们的猜测罢了。到底这次美国之行的目的是什么,斯人已逝,阴阳两隔,我们不得而知,亦无从问起。

但让很多人知道的是,林黛的美国之行期间发生了一件事,这件事甚至左右了林黛一生的命运,也为她的人生重重的画上了一笔极富悲剧性的色彩。

在这次美国之旅中,一个叫龙绳勋的年轻人,闯进了林黛的生活。龙绳勋是国民党前云南省主席龙云的五公子,人称"龙五"。1949年,龙绳勋来到美国,在哥伦比亚大学电力系就读。林黛在这段时间,同龙绳勋出双入对,并肩携手,花前柳下,俨然一对甜蜜无比的情侣。

林黛结束了美国的旅行回香港之后,与龙绳勋两人仍旧鱼雁传情,互诉思念之情。于是,被人称为"忧郁小生"的雷震就被冷落到一边,原本忧郁的脸上又平添了几分可怜。

林黛与"邵氏"签约后,先后主演了《嬉春图》(岳枫执导)、《欲网》(陶秦执导)、《千娇百媚》(陶秦执导)、《燕子盗》(岳枫执导)、《白蛇传》(岳枫执导)、《花团锦簇》(陶秦执导)、《王昭君》(李翰祥执导)等片,其中有古装片、打斗片,也有歌舞片。林黛的表演悲喜皆宜,古今皆宜,戏路广谱,才华横溢。

这时候,林黛又传出了绯闻:她又与"邵氏"的当红小生张冲出双入对,形影不离。一时间沸沸扬扬,让人真假莫辨。

一个是忧郁的雷震,一个是当红的张冲,原本已经够乱的了,这时,又来了一个,他就是在林黛在美国认识的龙绳勋。

龙绳勋来香港的原因实在可以说是颇有些喜剧的色彩,尽管这喜剧不是完全出自他的本意,也不全是他的自导自演。然而,开端却再简单不过:有一次,龙绳勋开车,因为违反了当地的交通规则,被警察当场扣住,在接受警察处理的时候,龙绳勋出言不逊,显而易见藐视警察和神圣的法律，并且和警察发生了冲突。于是，他的命运便发生了戏剧性的变化——一张薄薄的法庭传票，便结束了他在美国的求学生涯。

美国法庭给了他两个选择：

一、接受205天的监禁，在监狱里"静坐当思自己过"；

二、缴纳2750美元的保证金，然后卷铺盖回到自己的国度去。

事实再明白不过：你藐视我们的法律一阵子，我们的法律就会排斥你一辈子。

当地媒体《每日新闻》曾对此事做了报道，在这些报道里，龙绳勋成了一个被指责和嘲笑的对象。

美国的媒体真是慷慨，他们一直把龙绳勋炒作成了新闻人物。如果这事放在现在，放在一些削尖脑袋想炒作的人身上，他们自然是求之不得。

龙绳勋当然不愿意接受铁窗之苦，这时，一张明艳的面庞浮上脑际。他交了保释金后，便飞到香港来看林黛，然后再上北京找父亲。

龙绳勋与林黛短暂相聚后，就要启程回内地了。千言万语道不尽，执手相看沉默时。林黛亲自到九龙车站送行。在车上，龙绳勋把一枚戒指郑重地送给林黛，以此作为他们之间的定情信物。林黛接受了这一信物，这意味着她愿意与龙绳勋结为连理。一送一接，意味着双方各自把自己的心、自己的命运和幸福交付。

不知这时的林黛的脑海里是否亮起了雷震盛满哀怨的眸子？不知此时的林黛是否想到了正在焦急等待她送客归来的张冲？

雷震或许开始时只认为他与林黛只是一时的冷淡，这属于青年男女恋情发展过程中的正常现象，直到张冲的出现；张冲或许也只认为林黛到车站的送别，不过是出于对远道而来的客人的尊重，然而，他们哪里知道，林黛已经做出了令他们都颇感意外更觉痛苦的决定？

龙绳勋的家世与背景是一杯高度数的烈酒，林黛已经被它深深地麻醉。

同样的酒，也在麻醉着雷震和张冲。

世间事的无常，实在令人难以捉摸。

1961年，第八届亚洲影展在马尼拉举行，林黛凭《千娇百媚》、《不了情》两部影片中的精湛表演，再次当选为亚洲"影后"。这已然是林黛第四次获此殊荣了。而此时，龙绳勋因父亲龙云被打成"右派"，便放弃了在国家计委的工作，从北京回到了香港，投奔林黛而来。

1961年2月12日，四次当选亚洲"影后"的巨星林黛结婚了！香港电影界爆出了这一轰动一时的大新闻；香港各家媒体争相报道这件事。当日，在九龙太子道的圣德勒撒教堂，林黛与龙绳勋结为伉俪。婚礼是按照西方人的仪式举行的，热烈而又不失隆重，放松而又不失虔诚。人们默默地祈祷，真诚的祝福，祝愿他们的爱情永恒。

下午4时，林黛和龙绳勋来到九龙半岛酒店的一套豪华房间里，这是他们的洞房——自然是临时的。在这里，新郎和新娘在这里同饮了象征着二人永结同心、白头偕老的交杯酒，并接受亲友诚挚的道贺和祝福。三天之后，二人便辞别香港，双双飞往日本，共度蜜月去了。

婚后的生活是幸福而甜蜜的，中国传统的说法是，爱情是女人全部的事业。然而林黛并没有因为爱情而停止对事业的热爱与追求。结婚不久，她又重返影坛，为"邵氏"拍了一部新片《花团锦簇》，合演者为陈厚，这是一部歌舞片。接着又拍了《血痕镜》，合演者是关山，这是一部故事片，故事发生于民国初年。

又一个消息被媒体炒得热浪翻滚：林黛就要做母亲了！又拍新片，又添新丁，林黛真是个了不起的女人！

1963年的3月1日，林黛飞往纽约待产。不久，她平安生下了一个儿子，取名为宗瀚。之所以挺着大肚子，不辞辛苦到美国去生产，原因很简单，让想儿子一生下来就拥有美国国籍。因为当时人们的崇美思想严重，认为美国什么都好。

爱情有了结晶，按常理来推的话，林黛和龙绳勋的感情应该是越来越深，越来越牢。

但事实并非如此。

女明星的鸡毛蒜皮

他们的感情慢慢出现了裂痕，这种裂痕最先表现为经常为一些鸡毛蒜皮的事情吵架，越吵越凶，吵出了惯性。

二人争吵的原因其实也不难理解，原因不外这样的角度。

从林黛这方面来说，她是大明星，万众瞩目，光环耀眼，粉丝很多，而林黛却沉浸于这种有人围着、有人捧着、有人送花、约会的快感里，这会使她某种程度上由于分神而减淡了对孩子、对丈夫、对家庭的爱。

从龙绳勋这方面而言，他娶了一个大明星，妻子的光芒完全遮住了他的光芒，这种遮盖甚至伤害了他的自尊。如果龙绳勋是一个普通人家的孩子，他可能会尽力调节自己的心态，继而就会为妻子感到骄傲，然而，龙绳勋的父亲却是龙云，这是无法选择也无法改变的。

林黛不顾龙绳勋的反对，仍旧没有退出影坛的打算，她还在不停地拍片，与"邵氏"的合约，又续签到了1966年底。而龙绳勋却希望林黛告别电影，在家中过舒逸的生活，照顾孩子，享受幸福。

林黛的心里曾经出现过一丝的波动，她也不想让丈夫老是生气，一个女人，不管她多有名，总是需要家庭的。

但因为一件事情的出现，又让林黛回到了原点。

此时，《梁山伯与祝英台》惊艳问世，乐蒂获最佳女主角奖，凌波获专门为她设立的"最佳演员特别奖"。凌波由名不见经传到一夜成名，迅速成为"邵氏"的骄傲。还有乐蒂，名气和地位直逼林黛。"邵氏"的不少大导演，如岳枫、陶秦等表示要为凌波、乐蒂量身打造影片。

林黛觉得，她们对她这顶"邵氏头号明星"的冠冕已经造成了猛烈的冲击。如果她再答应丈夫的要求，回家相夫教子，后果……林黛不敢往下想了。

1964年2月1日，乐蒂义无反顾地改投"电懋"（因为乐蒂丈夫陈厚和哥哥雷震早在此前已效力于此），林黛不由松了一口气。

但随即，邵逸夫的一句话又让林黛紧张起来。

有一次，邵逸夫对邹文怀等人说："你们给我看好了。"

邵逸夫这句话有两层意思：首先是告诫邹文怀，密切防备凌波别被人撬走；二是继续捧红凌波，不惜余力，以防她生变。

于是，凌波越来越受宠，越来越红。

于是，林黛更不敢放弃自己的电影事业了。

为了保住头牌花旦的地位，一向不甘人后的林黛，只能一个选择：全力以赴。

主演了岳枫导演的邵氏古装片《妲己》之后，林黛又分身有术地同时兼任《蓝与黑》和《宝莲灯》两片的女主角。

需要特别提出的是林黛主演的《宝莲灯》。

林黛除了饰演"三圣母"一角外，还反串"沉香"一角。"邵氏"原本就有反串高手凌波，为什么还会让林黛身兼两角呢？更何况此时她还在为《蓝与黑》做着主演？

事实是，邵逸夫原本就是想让凌波反串"沉香"，但林黛觉得，这个片子很可能走红，这样，反串沉香的凌波就会分走她的荣誉，甚至，因为人们长期以来对反串看得相对较高，因为难度毕竟最大嘛。这样，或许凌波得到的荣誉比她还要多。这样，林黛就多次向邵逸夫要求，由自己兼饰"三圣母"和"沉香"两角，还说此举不光是对自己，对邵氏电影都是一次挑战和尝试。邵逸夫只得答应。

争强好胜原本无可厚非，一个人成功的基石恐怕就是这个，但从这件事上，我们又能看出林黛怕输于别人，怕被别人超过的心理，这种心理是狭隘的，这种心理也让她时刻提着心。

林黛的弦的确是绷得太紧了，它会因为超出了承受范围而断裂的。

1964年6月，第十一届亚洲影展在台北举行，凌波以《花木兰》中"花木兰"一角，登上了"亚洲影后"宝座，从而打破了"邵氏"女星中林黛一枝独秀的局面—此前，只有林黛一身独居"双后"（亚洲影后与金马影后）。可见，规律是无可阻挡的，包括一代新人胜旧人的规律。

其实，如果林黛心平气和一些，她随即就会发现，自己是"天生丽质"、"绝代佳丽"，最擅长扮演"古典美女"。这点凌波是不具备的。凌波呢，是一个大大咧咧的女子，颇像男人，不论是作派还是外形，凌波最适宜演花木兰、穆桂英式的巾帼，还可以反串男角。从这点上看，两个人的戏路是不会冲突的，就像篮球队里的后卫和中锋一样，井水不犯河水的。相反，如果后卫和中锋配合得好了，只会更利于二人的发展。

如果林黛真的想到了这些，就既不会影响家庭，也不会影响事业，但不会让她最终走向自杀的道路。

可惜啊！

林黛、凌波优势互补，于是，"邵氏"进入林黛、凌波齐头并进的女星时期，林黛的担忧还是不幸变成了现实。

林黛又急又气，她不允许身边多了凌波这么一个强有力的竞争对手，于是，她更加勤勉努力，以维护已有的名誉和声望。

这种性格和努力，使林黛像一棵艺术的常青树一样，屹立不倒。对于一个演员而言，塑造越来越多的艺术形象，是他们的追求，而林黛的成就，已经成了许多人一生追求却不得的高标。

水满则溢，月满则亏。

应该是林黛以前太张扬了吧，以致有意无意地得罪了一些人，一个春风得意的人，在别人心里原本已经是两难了：如果这个人继续保持谦和的做派，别人会以为她虚伪；如果她偶露锋芒，别人就更莫名惊诧，大骂她张狂了。而林黛，现在有了凌波与她抗衡之后，已经有人开始想看她的笑话了。

终于有一天，发生了这样的事情：

一位导演，指着林黛骂道："林黛，你别像过去那样神气了好不好？过去只有你自己，你还可以为所欲为，可以想怎么耍大牌彼耍大牌，现在不一样了！包括你自己，你还以为你和以前一样吗？看看你的脸，想想你的年龄吧！"

这位导演就是因为过去林黛曾经让他面子上过不去，一直怀恨在心。现在，他终于等到了发泄的机会！

果然，林黛因为受不了这奇耻大辱，当众大哭起来！

可怕的是，林黛意识到，这样的事情，以后可能还会发生。

所幸，一个女人还有家庭。家庭是她的避风港湾呢。

然后，生活却未按林黛的设想安排情节。

带着满腹的委屈和满眼泡的泪水回到家，林黛渴望的是丈夫龙绳勋能给她一些安慰，一个轻轻的拥抱，一句温暖的话语，一个鼓励的眼神，一场香艳的温存，一杯散发着袅袅青烟的茶酪……都可以拂去她心里的惆怅。然而，没有。有的只是一场争吵，激烈的争吵，前所未有的激烈。

原因还是鸡毛蒜皮的小事，提不起来的小事。

或许是以前无数小事的积聚。

定格的悲痛

在外刚受过委屈，在家里紧接着受委屈。受外人的委屈是相对容易接受的，造成的创伤也是容易治愈的；而在家里，在亲人面前受的委屈却实在难以接受，亲人亲手造成的心灵创作是难以治愈的。这需要花费好多精力，还要有时间老人的配合。

林黛忽然觉得，她的生活已经没有了意义！什么名气，什么家庭，什么……林黛似乎绝望了。

生活太累，累得人喘不过气，在外面与别人争，在家里与丈夫争，在心里与自己争，林黛觉得，自己太累了，太蠢了，这样的日子何时是个尽头啊！

一个人，眼前没有了光明，心底就只剩下黑暗。满心黑暗的人，就把温情全部屏蔽出去，只剩下冷硬的心的躯壳。

林黛虽然是一个名女人，但她的心，仍是一个普通女人的心。

盛怒之下，林黛将丈夫龙绳勋推出了门外。

她关上大门，把龙绳云关在了门外，也把生的意义，活着的渴望关在了门外！

多少年前的一个场景又涌上了心头。如今，命运惊人的相似，岁月轮回之后，林黛又疯了一般地追逐着那个情景相似的记忆。

她吞下了大量的安眠药！

幻像又出现了，和那次一样……那个人是谁呢？是龙绳勋？不像，不是。是……噢，是严俊……那个温暖的人，比自己大，对自己像父亲关心女儿一般的人，像男人关怀情人一般的人……他到哪儿去了呢？他怎么不在自己身边呢？噢，想起来了，他走了，到很远的地方去了，自己再也追不上他了……不，他没有走远，他就在离自己很近的地方，他成了李丽华的丈夫！是李丽华把自己的男友严俊抢走了！不，是严俊抛弃了自己，他跟与他年龄相差不大的那个女人去了……

药力越来越重，林黛的脑子却开始清醒了。

不，我不能死！

是的，她不能死，她不想死，她也不该死。她只是一时气愤一时糊涂才做错了事，她拿错了药……她的孩子还小，还离不开她；由她主演的两部电影也离不开她……她才30岁，对于一个女人来说，30岁虽然已经不再年轻，但对于一个人的生命历程来说，来日方长。很多很多的事情都在等待着她。

眼皮越来越沉重，快睁不开了，勉强睁开，眼睛也似乎看不清了。林黛艰难地写下了一行字："别把我送到公家医院……找一位私人医生。"她此时多么希望丈夫龙绳勋会破门而入，把她抱去，为她"找一位私人医生"。但是，没有。一切都不曾发生，除了林黛写的那一行字，还有，一个非凡的生命以一种非凡的方式结束的事实。

这一行字，是一代巨星林黛留给这个世界的遗言。

严俊已经成为过去，龙绳勋也并未破门而入，把林黛送进一家私人医院。当晚，他在书房里呆坐到凌晨三点，尔后他想起妻子，就去推了推他们卧室的门。没有人开门，也没有人说话。他以为林黛还余怒未消，于是便干脆外出散心去了。

第二天中午，龙绳勋回到家里，他忽然感到气氛不对。于是，他奔向卧室门口，门依然紧闭着，就在此时，一阵惶恐洪水般漫上心来。情急之下，龙绳勋暂时放下风度，破窗而入。他放心了——妻子在屋里，她还在床上安睡。

龙绳勋推了推林黛："别睡了，都什么时候了！"手指触及林黛身体的刹那，他觉得更加不对头，不仅是林黛毫无反应，而且，手指的感觉是冷的，硬的。

以后的事情，不管龙绳勋如何努力，对林黛而言都毫无意义。一切都为时已晚，一切都如过眼云烟。

林黛，这颗影坛上耀眼的巨星，收去了她璀璨的光芒。

1964年7月17日下午3时，一个消息，像一声晴天霹雳一般，把无数的香港市民从午睡的好梦中震惊，霎时，整个香港的影迷都崩溃了——一代巨星林黛香消玉殒！

这个日子，距她为避开一个富商的纠缠，第一次吞服安眠药自杀，还不足13年，那时，林黛年仅18岁，而这次，她也才是正值30岁的盛年。短短12年多的时间里，林黛凭借自己非凡的艺术天赋，一步步走向了电影事业的峰巅，被人惊呼为玛丽莲·梦露和伊丽莎白·泰勒的混合体，也被邵逸夫初次见她之时曾一度以为她像奥黛丽·赫本。她创造了四次获得亚洲影展"最佳女主角"的辉煌，塑造了"貂蝉"、"王昭君"等一系列长留人间的银幕形象。她以精湛的演技和超群的艺术魅力，倾倒了成千上万的影迷。

林黛死后第三天，龙绳勋通过香港媒体公布了她的两封遗书，遗书原文：

Shing:
把我火化了，骨灰丢到海里去，我在胡博士处立了遗书，本来约好明天去Sign的，但我已无法等了。在我死后，我把我所有一切的财产，给我的儿子龙宗瀚，并托龙绳勋为龙宗瀚的保护人。在宗瀚21岁以前，他父亲有权为他管理财产。宗瀚21岁成年后，请把财产交还给他。
LindaChingYuetYue林黛程月如，立字

Shing:
万一你真的想救我的话，请千万不要送我到公家医院去，因为那样全香港的报纸，都会当笑话一样的登了！只能找一个私人医生，谢谢你！
LindaP. S.
请每个月给我母亲$1500，儿子你一定会对他很好的，我很放心。

仔细地分析林黛的两封遗书，我们感觉到，她当时似乎并没有必死之心，她还是希望丈夫会及时地救她。

林黛的自杀震撼了香港社会，更让影迷们愤怒了！

许多影迷把心中的积怨都发泄到龙绳勋的身上，甚至，他们把龙绳勋看作是凶手，正是他，摧毁了他们心里的偶像。于是，无数个讨伐的电话、成千上万封愤怒的信，像霰弹一样射向龙绳勋。有的在信封里装上安眠药甚至子弹，叫龙绳勋去选择。

龙绳勋成了"人民公敌"。

林黛的灵柩在香港下葬时，瞻仰遗容的影迷摩肩接踵，致使交通堵塞五六个小时之久。警方不得已出动了400多名警察来维持秩序。

下葬数日之后，影迷似乎不忍心让林黛一个人孤零零地睡在这荒草丛中，还有许多人在墓地怅望低徊，久久，久久。年年清明节，无数男

女不约而同地到林黛的坟头，插上一束花，添上一掬土，以寄托对林黛的哀思。

林黛的墓碑上有以下的文字："因家庭细故，戏走极端，弄假成真，遗恨千古。"这些文字是龙绳勋用悲哀、用心写出来的。痛失爱妻，龙绳勋的心长年浸泡在悔恨里。而对于林黛的儿子龙宗瀚，则只能通过电影、图片、文字和人们的讲述，来慢慢构划母亲的形象了。

林黛的死，对"邵氏"的震动极大。邵逸夫一听到这个噩耗，静静地呆坐在那里，似乎已经进入无悲无喜的入定境界。这种状态，连听说他长子被绑架之时也没有发生过。足见邵逸夫对林黛之死的惊愕与震撼。

六叔臂缠黑纱，手捧白花，不仅在林黛停葬的日子里去亲自吊唁，还参加了林黛的葬礼。哀痛之情，难以言表。

对于林黛生前未完成的《蓝与黑》和《宝莲灯》，邵逸夫费尽周折，找到了一个与林黛外形酷似的少女做替身，完成了这两部影片的拍摄，虽然这位叫杜蝶的少女在演技上与名气上均与林黛无法相较，但总算能够封镜并公映了，这也算是对林黛的一个交待吧。

林黛死后30多年，有位影评人这样说：

"如果是龙绳勋自杀而死，人们会不会愤怒地谴责林黛呢？人们只会同情林黛的丧夫不幸，给她言语安慰。自杀的是林黛，于是人们老是愤怒地指责龙绳勋关心妻子不够，而作为妻子的林黛，是否也关心过丈夫？她关心的只是她的电影以及电影带来的荣誉。"

对于林黛之死，她的父亲程思远先生也有一段评价：

"林黛在银坛的地位愈高，其意识形态就愈感独立，其心理发展就越与现实脱节。她这些年来汲汲于财富的追求，汲汲于荣誉的保持，内心透不过气来，大大影响了她的家庭生活，即是说，她的脾气大了，不易侍候。"

这段话分析林黛的死因，颇为中肯，林黛的死，既是一时冲动的偶然，但就她的性格而言，却是必然。

身为父亲，程思远先生的这段话，感情颇为复杂。我们是否可以这样理解，这段话既为英年早逝的爱女感到惋惜，也算是为龙绳勋正名了吧。

第六章　影坛风云起　群雄逐麋鹿

1952年的一天夜晚，这一天原本也没有什么特别之处，但因为接下来发生的事情便使这一天的这个夜晚变得非同寻常。

　　原来这么有缘分。自己刚到这夜总会一次就碰上喜欢的歌星。

　　这个东西叫缘分。

　　那一晚，两个人言谈甚欢。

　　那一晚，时间飞一样过去。

　　那一晚，两个人都觉得，他们之间有着什么也多了什么。

　　那一晚之后，两个人又都觉得，心里好像少了好多，好多……

1 半世情缘

1945年，日本宣布无条件投降后，内地、香港、南洋的人们渐渐从战乱挣脱出来，人们的目光里才有了对光明的渴盼，表情里才少了惊恐。邵逸夫也是如此，战争期间，南洋的几乎所有院线都毁于战火，急需恢复。因为人们的欲求里又有了对电影院需求的成分，而"邵氏"，有责任帮助他们实现这样的愿望。于是，邵逸夫的肩就有了一种沉甸甸的责任感和紧迫感，正当盛年的他精力充沛地投入到了"邵氏"的电影事业之中，联系院线、重建影楼、坚持每天观摩至少一部电影……邵逸夫忙得不亦乐乎。

1952年的一天夜晚，这一天原本也没有什么特别之处，但因为接下来发生的事情便使这一天的这个夜晚变得非同寻常。

可能是累了吧，需要放松；也可能是下属劝告，让他进入一个可以让人身心放松的地方；当然，也可能是因为冥冥之中，天命使然，邵逸夫来到"邵氏"戏院楼上的夜总会听歌。因为这样的活动他以前几乎没有。刚开始的几场表演，他毫无兴趣，以致昏昏欲睡。

劝他来这里的人心里正打着鼓，生怕邵逸夫责怪。

"走吧。"邵逸夫站起来，他并没有责怪把他劝到这里的随从。

就在这时，报幕人宣布："下面由红遍南洋的女歌星方逸华小姐演唱歌曲——《花月佳期》！"

方逸华？怎么这样耳熟？

邵逸夫停下了脚步，他又坐了下来。

随从看到邵逸夫情绪上的变化，便招来侍者到邵逸夫面前。

侍者告诉邵逸夫："邵老板，您真好眼力，这位方小姐可是最近红遍咱南洋的歌手啊！不说其他，单她的那支《花月佳期》就迷倒了不知多少客人呐！"

《花月佳期》？

邵逸夫恍然大悟。

原来，他曾听过方逸华的唱片。

原来这么有缘分。自己刚到这夜总会一次就碰上喜欢的歌星。邵逸夫异常高兴，一天的劳累也一扫而光。

于是，邵逸夫就让侍者给方逸华送上一束鲜花。

既然是自己喜欢的歌星，就"表示"一下呗。

业已45岁的邵逸夫，忙得不可开交的邵逸夫，身边也不乏美人的邵逸夫，直到此时，尚无除一个歌迷对歌手之外的任何想法。

然而，接下去的情节就有点出乎邵逸夫意外了。

演唱结束后，邵逸夫刚想离开夜总会，忽然，他眼前不由一亮！

方逸华站在他面前！

此时的方逸华，已经脱掉了表演时的衣服，换上了一件旗袍，素而不灰暗，雅而不张扬。一袭旗袍裹身，更显出她身段的轮廓。

"邵先生，我是专程向您道谢的。"

"谢我什么？就因为一束花？"邵逸夫有些纳闷。

"我也不知道。以往我收到花的时候多了，遇到的老板也多了。心里却没有任何感觉，更没有想见送花人的愿望，今天不知道是怎么啦，鬼使神差一样。"方逸华一口气说这么多话，有些脸红。

莫非，这就是缘分？

随后，两个人离开夜总会，来到一间酒楼，边吃夜宵边聊天。夜渐深，人渐少，酒楼的环境清静，很是适合两人此时的心境。

经过一番交谈，邵逸夫觉得，两个人的心似乎又近了一层。

原来，邵逸夫出生在上海，在上海长大，对上海有很深的感情；而方逸华也是上海人，对上海的感情自不必说。

方逸华的母亲是老上海滩的"舞国红星"方文霞。因为家道中落，方逸华从17岁开始就以演出来维持生活。幸运的是,方逸华由于遗传了母亲的窈窕身姿和美妙歌喉,她的表演一直都非常受欢迎。在香港,方逸华主要在高级俱乐部表演,由于她非常聪明,唱歌时腔圆字正,饱满感情,加上俏丽的外表,使她的名气越发大起来。

交谈之后,邵逸夫和方逸华都不由得相信一个看不见摸不着的东西了!

这个东西叫缘分。

方逸华这次来南洋,是由于新加坡的一个演出商的邀请,并且已经表演了几个晚上,而今晚是最后一晚,明天就要回香港了。

而邵逸夫,以前从不到夜总会来听歌,即便来也是因为工作。但不知为何,他来到了这里,不知为何,他接受了下属的劝说……

生活的链条如果换掉一节还会是这样吗?这不是缘分是什么?

那一晚,两个人言谈甚欢。

那一晚,时间飞一样过去。

那一晚,两个人都觉得,他们之间有着什么也多了什么。

那一晚之后,两个人又都觉得,心里好像少了好多,好多……

其实,由于工作的关系,邵逸夫时常进出香港。但从那一晚以后,每次来港,只要时间充裕,邵逸夫就一定会到方逸华的工作夜总会去。

演出之后,方逸华总是出来和邵逸夫见面,然后两个人到那个给两人留下深切记忆的酒楼去,度过一段轻松的时光。

两个人无话不谈——

方逸华对邵逸夫谈起童年趣事,谈起她心目中的上海,谈起南洋演出时的种种见闻,谈起她对邵逸夫的感觉。

邵逸夫全神贯注地听着,不时发出一阵爽朗的笑声,不时蹦出一句睿智的话语。邵逸夫也给方逸华讲起自己的经历,讲"邵氏"的远大目标,讲自己事业中的苦与乐……由于年龄关系,邵逸夫的口气相对较平静,没有抑扬顿挫,但方逸华还是听得痴迷。

方逸华觉得,此刻,坐在她面前的不是一个的电影大亨,而是一位亲切的兄长、一位和蔼的老师和一位知心的朋友。

邵逸夫的心里也像石块入水，溅起层层涟漪。这种感觉多长时间没有了？他不由得想起与黄美珍初识时的感觉了。

随着交往的深入，邵逸夫惊喜地发现方逸华真的是一个非常难得的女孩子：她不仅人长得美，歌唱得好，而且颇有见地，完全没有俗气。

邵逸夫心里，已经将方逸华看作自己的红颜知己了。

有了方逸华，邵逸夫便觉得工作的每一天都不再那么劳累，他的精神更足了。

1957年的金秋时节，邵逸夫接受了二哥邵邨人的求救，离开南洋来到香港，主持"邵氏"在香港的电影业务。这一次，他的妻子黄美珍和儿女都留在了南洋，没有跟来。或许，这一选择本身就已经说明了很多。对于方逸华而言，它是一种机会；对于邵逸夫而言，它是一种态度；对于"邵氏"而言，它又意味着什么？当时，没有人思考这样的问题，这个问题只有时间才有资格回答。

这一年，邵逸夫刚好50岁，儒家所说的"知天命"之年。邵逸夫心里的"天命"就是振兴"邵氏"，打造亚洲最大的影业公司。

但这天命之中，是否包括另一个层面呢？这个层面相对于事业的万丈雄心来说，那样温婉，那样令人怦然心动……

拉手邵氏香港公司的业务之后，邵逸夫做了一件对他和"邵氏"来说都意义非凡的事情：他向方逸华发出了邀请，请她来邵氏兄弟公司工作。

这恐怕是邵逸夫对"天命"内涵的另一种回答吧。

而此时，方逸华的歌唱事业正蓬勃如春天的紫荆花，她不单在各大夜总会献唱，即便在电视台也拥有自己的歌唱节目。她的名气正越来越大，但邵逸夫的"天命"对她发出了召唤。

她该怎么办呢？

方逸华面对着许多劝诫她不要离开的人，这些人不是她的同事，就是她的亲朋好友。他们的理由非常充分，对她的关怀也无庸置疑。方逸华早已熟悉了唱歌表演的生活，哪儿会做生意呀，再说，把一个美人霸到身边的有钱人多了，到头来还不是最终被弃？当美人迟暮，谁又能保证等待她的不是相同的悲惨命运？

但方逸华还是退出了歌坛，不顾一切地淡出了人们的视线，飞蛾扑火一般来到这个发现她的男人。她觉得，这个人值得相守、值得托付一生。

方逸华没有让邵逸夫失望。自从以文员身份进入邵氏公司之后，她便全身心投入到工作中。她从邵氏企业采购部小职员做起，逐渐做遍公司的每个工作，始终与邵逸夫并肩携手，成为邵逸夫的左膀右臂。邵逸夫工作勤勉，方逸华和他同样勤勉；邵逸夫不愿出面或者抹不开面子解决的事，方逸华出面；邵逸夫为人顺和，口不出恶声，方逸华就以严厉的形象出现……

方逸华帮邵逸夫建立电影帝国，方逸华劝邵逸夫进军电视行业，方逸华和邵逸夫一起为"邵氏"共同奋斗五十多年。然而，两个人却一直分开居住，两个人各有各的居室，只在周日相聚一下。身体的有距离，心灵的完全契合完美无瑕地结合在一起。

风风雨雨走过，方逸华的身份简单而又复杂：说简单其实也真的简单不过，人们称邵逸夫为六叔，亲切地称呼方逸华为六婶；说复杂其实也真是一言难尽：她已不仅是邵逸夫的妾室，还是邵逸夫的知己，不仅是邵逸夫的妻子，还是邵逸夫的助手，不仅是邵逸夫的拍档，更是与邵逸夫心灵契合的那个不可分割的部分……

邵氏影城正在兴建的时候，为了快速振兴邵氏影业，尽快让市场上有"邵氏"的最新影片，在方逸华的极力推荐下，邵逸夫大胆起用了年仅30岁的年轻导演李翰祥执导《江山美人》，这部耗资100万（另有一说是50万）的最新大片，凝聚着邵逸夫的几乎全部心血。李翰祥果然未辜负邵逸夫的期望，《江山美人》创下当时香港电影票房的最高纪录，并且囊括了第五届亚洲电影节五项大奖。

之后，邵逸夫又频频重拳出击，把《杨贵妃》、《梁山伯与祝英台》搬上了银幕，这两部新片上映之后，在香港、台湾以及东南亚一带刮起了中国片的旋风。最终，邵逸夫实现了他的理想：邵氏电影公司二十多年间所摄制的影片达1000多余部，旗下的电影院达200家，每天观众约达100万人之多。邵氏影城全盛时期，员工逾1300人，被外国传媒誉为"东方的好莱坞"。

这些，都和方逸华的努力和支持息息相关。

方逸华是一个奇女人，外貌柔弱，似不禁风；但内心强大，她认定的路子，就会坚决走下去，难渝难移。

有一次，方逸华代表邵逸夫参加一场名画拍卖会。会上，一幅由旅美画家陈逸飞所画的《夜宴》吸引了所有竞拍者的目光。该画由港币400万开始喊价，共有6位人士角逐，方逸华也在其中。最后只剩方逸华和一名台湾商人竞标，对方喊出港币160万，这时方逸华正准备继续喊价时，同行的人劝她放弃，认为老板邵逸夫对于这样一幅画花费重金恐怕会不高兴。但方逸华还是果断地叫价180万港币并最终成交。

当邵逸夫见到那幅《夜宴》时异常高兴，他衷心地夸奖方逸华眼光独到、有大气魄，接着就把画挂在办公室最引人注目的地方。

正当邵氏影业鼎盛之时，电视事业蓬勃涌起冲击着传统的电影来，电影业受到前所未有的挑战和威胁。这时候，方逸华看到了电视的远大前景，就及时建议邵逸夫去竞投无线电视的经营权，把"邵氏"的事业又一次推向新的高峰。先人一步，既摆脱了由于电视冲击可能到来的灾难，又开拓了新的经营领域。

1987年，邵逸夫的妻子黄美珍在美国病逝，享年85岁。1937到1987，他们的这段婚姻维持了整整50年。关于邵逸夫和黄美珍，那富有传奇色彩的相恋，那出人意料的结婚，那上帝之手般的"让爱"之举，都成历史的定格。

黄美珍病逝后，在不少人眼里，邵逸夫和方逸华真正意义上的结婚应该提上日程了，两个人的感情事实上早已超过婚姻的层面。心灵契合几十年的一对男女，在感人至深的情感背后，究竟有着多少令人想知道却难以知道的秘密？就为"邵氏"竭尽心智的方逸华而言，都在心灵的最深处。就邵逸夫而言，重情重意的他，是否还像以前一样，任由一个痴心女子苦苦等待，等待跟他真正成为夫妻的那一时刻？尽管这位女子从来不曾向他要过名分？

1997年，是黄美珍逝世10周年。

这一年，邵逸夫终于做出了一个决定：再婚！

方逸华，这位将自己40多年的宝贵青春都献给邵逸夫的奇女子，这位为"邵氏"呕心沥血地工作，以自己柔弱的双肩将"邵氏"这辆列车扛上快跑轨道的美丽天使，终于要结婚了，她终于等到了这一天！

之所以特意选择黄美珍去世10周年的时候和方逸华结婚，是有原因的。就邵逸夫而言，虽然在黄美珍在世的多年里，已经有了这个叫方逸华的女人，但一直因为他对黄美珍的感情、面子等因素而维持着不让黄美珍尴尬却让方逸华尴尬的状态。就黄美珍而言，如果她泉下有知，她也定然会理解邵逸夫的苦心，既不在她在世时给她尴尬，也不在她刚过世时就匆忙结婚，他已经做到最好。对于方逸华而言，虽然她从来没有要求过和邵逸夫结婚，但邵逸夫知道，和他结婚，一直是方逸华一生最大的心愿。因此，邵逸夫一直对方逸华心存歉疚。

1997年5月6日，邵逸夫和方逸华终于来到美国拉斯韦加斯登记并举行婚礼。这一年，新郎邵逸夫已经90岁，饱经风霜的脸上仍然闪烁着幸福的光辉；而他美丽的新娘方逸华也已经62岁，虽然岁月在她的额头无情地刻上了道道深深浅浅的印痕，但这印痕里无不充满着他们从相识到相知，到相依相偎的幸福与甜蜜。

历经40多年的爱情长跑之后，六叔邵逸夫和六婶方逸华总算有了新的心灵的起跑点。

1937年，邵逸夫与黄美珍在新加坡举行了热烈而隆重的婚礼。如今，60年弹指已过，黄美珍美丽的容颜已经归于岁月的风烟之中，留存于邵逸夫的记忆；原来风华正茂的青年，也已经满面岁月的馈赠。令人欣慰的是，邵逸夫身边，不唯站着一个黄美珍，还有一个方逸华；邵逸夫的心里，除了关于"邵氏"的雄心壮志之外，还被两位美丽、多情而又富有灵气的女子充满。

② 错失李小龙

1970年，邵逸夫的左膀右臂邹文怀离开"邵氏"，自己组建了"嘉禾"，这给邵逸夫以巨大的打击。自1958年邹文怀加盟"邵氏"以来，一直做宣传部经理，后来虽然职务一升再升，但仍然一直主管宣传，被人誉为"宣传奇才"。邵逸夫对邹文怀言听计从，上世纪60年代时"邵氏"在宣传上的一系列大动作，包括携《杨贵妃》参加戛纳电影节，都是邹文怀在宣传上的杰作。

邹文怀的离开给邵逸夫以异常沉重的打击，因为邹文怀不止是一个大牌明星或者一个大牌导演，比如李翰祥，他虽然于几年前走了，但"邵氏"可以在导演人才重新扶植新人，演员也是这样。但邹文怀不同，他是"邵氏"宣传上的台柱子，是邵逸夫的左膀右臂，且不说他外面自立门户，且不说他拉走了"邵氏"的大批编导人才，单说他自己就少不得。邹文怀走了以后，邵氏除陷入尴尬之外，更陷入了危机，尤其是宣传上的危机：一时间，邵氏宣传处于瘫痪的境地。

邹文怀离开"邵氏"的原因有二：一是邵逸夫的红颜知己方逸华女士加盟"邵氏"之后，邹文怀大权旁落，甚至位置都已经受到来自方逸华的威胁——他已经是"邵氏"的三号人物了；二是利益问题，由于"邵氏"的机制是"老板制"而不是股份制，邹文怀的收入就永远是老板给的微不足道的那么一点，大笔的财富还是邵逸夫的。心理的失衡，固然有"邵氏"的问题，但如何让一个立上汗马功劳的臣子避免心理失衡，却是一个企业的所有者应该和必须考虑的。

与李翰祥不同的是，邹文怀没有奔赴台湾，而是直接创立新公司，和

"邵氏"真刀真枪地对垒起来！

于是，邹文怀的"嘉禾"成立。

"嘉禾"成立后第一件事就是拍摄一部叫《独臂刀大战盲侠》。

这个消息传到邵逸夫耳朵时之后，邵逸夫大怒！

随即，邵逸夫采取了行动。他向法院起诉，理由是嘉禾公司侵权。

"邵氏"的理由是，武侠名片《独臂刀》一片的版权归"邵氏"所有，邹文怀无权借题发挥地拍摄新片。

但邹文怀也向法院陈述自己的理由：他拥有著作权，因为当年他和主演王羽都曾参与了《独臂刀》的制作。

一审结束，法院判嘉禾公司胜诉。就在邹文怀脸上刚刚露出笑容之时，邵逸夫已经表示，"邵氏"准备上诉！

嘉禾创立之初，先期推出的《天龙八将》、《刀不留人》两部武打片尽管都有近百万的票房（当时香港电影如果收入百万左右便是卖座，张彻"百万导演"之誉就是从这里得到的），但依然难以敌得过实力雄厚的邵氏出品。尤为甚者，是两家公司继纠缠不清的《独臂刀》版权案后，都感到心里不平衡，竟然各自再次对该片进行翻拍，以期再次较量。"邵氏"的《新独臂刀》仍由原作导演张彻执导，男主角则换上了新人姜大卫；嘉禾的《独臂拳王》则由以演《独臂刀》成名的王羽自导自演，故事大同小异，只是由刀变拳，又加上了为数不多的新元素。1971年，两部影片先后上映，结果仍然是"邵氏"占优——《新独臂刀》的票房为150万，《独臂拳王》只收回了100万。相比之下，嘉禾自然输得口服心服。而在当时，业内人士多半不看好邹文怀，以为嘉禾能维持下去已是万幸，若想抗衡"邵氏"根本是痴人说梦。事实上，即便是邹文怀本人也没敢这么想，最起码现在没敢这么想。

其实，邵逸夫起诉嘉禾侵权的原因非常简单，在内心深处，官司赢不赢不是最重要的，重要的是一定要打这个官司。因为只有打官司才能拖住刚刚处在童年期的嘉禾，迫使他们与"邵氏"周旋，迫使他们花时间花金钱来应对这漫长的诉讼，这样，他们就极可能没有更多的时间、精力和金钱去做该做的事了。事实果然如邵逸夫预料的那样，邹文怀坐不住了，高昂的诉讼费嘉禾已经吃不消了，更不用说要赔上谁也说不准的诉讼期！

邵逸夫真是高明！邹文怀不由感叹。

如果不是李小龙，嘉禾的历史乃至电影的历史就要重写。

就在邹文怀焦头烂额之际，原本在美国发展的功夫明星李小龙期待回港发展。他最初的想法就是要找一个实力最雄厚的公司。当时的香港，实力最强的公司当然非"邵氏"莫属！

于是，李小龙决定，到"邵氏"去！

然而，正像许多财大势雄的人难免会傲慢一样，邵逸夫也出现了不该有的失误。当李小龙在美国通过越洋电话提出和"邵氏"接洽时，邵逸夫的答复让李小龙觉得大受伤害！

邵逸夫似乎对李小龙加盟的事并不太上心，因为他已经感觉出来，李小龙是因为在好莱坞发展得不好才不得已退而求其次回到香港的。败军之将，偏来言勇，邵逸夫可不是一个好糊弄的人。邵逸夫不冷不热地说："等你回到香港后再说吧！"当李小龙提出让邵逸夫开出自己拍片的价码时，邵逸夫也顾左右而言他，不予答复；而李小龙无奈之下提出自己的价码时，邵逸夫干脆断然拒绝了！

邵逸夫的怠慢让李小龙气愤难平，他觉得自己不唯是受到了冷遇，更是受到了污辱！于是，他有了改变初衷的念头。

这时候，一向在宣传上信息上都极为重视的邹文怀知道了这个消息，他立即意识到这是一个上天赐予的绝好机会，于是，邹文怀主动派人，这里的主动派人，实际情况是这样的，本来邹文怀已派罗维之妻刘亮华作为嘉禾的特使去美国拉已婚的前邵氏"武侠皇后"郑佩佩加盟的，然而虽然此次游说没能成功，不料却有了意外之喜——正好乘机当面拜访李小龙，只好是专程来美国邀请他回香港加盟嘉禾的。面对首位越洋过海的香港制片商的热情相邀，李小龙怎能不觉得满心温暖？加之嘉禾给他的片酬是每部7500元美金，并尽量满足他提出的其他要求，李小龙终于口头答应为嘉禾开拍两部电影。

李小龙像初恋的人刚刚失恋一样，感情正处于低谷期，一个微笑的眼神没准就能把他俘获。于是，李小龙立即答应，加入嘉禾！

生活啊，就是这样的神奇。一个小小的细节，往往可以让生活的大河为此转变流向。

让邵逸夫不曾想到的是，李小龙在动作电影上竟然有那么惊人的爆发力和票房号召力！他主演的每一部影片都能够打破以往的票房纪录，从而无可怀疑地晋身为香港的动作巨星。

1971年，李小龙主演的《唐山大兄》，在香港上映后迅即取得320万港元的惊人票房，不仅刷新了香港票房纪录，还超过"邵氏"当年第一卖座影片《新独臂刀》一倍！《唐山大兄》的成功，其重要意义还不止于此。由于《唐山大兄》的制片方"四维"是一个独立制片公司，因此邹文怀倡导的独立制片人制度，也渐渐被人们熟知并认可。

第二年，由李小龙主演的另外两部功夫片《精武门》和《猛龙过江》势头更为强劲，分别在香港取得443万和530万港元的票房佳绩，连续刷新了香港的单片票房纪录。在为嘉禾赢得丰厚回报的同时，李小龙主演的功夫片也随着李小龙尖利的啸叫杀到了海外，行销到全球140多个国家和地区，这也为多年以后成龙进军美国及日本市场打下了坚实的基础。

遗憾的是，1973年7月20日，李小龙英年早逝，比林黛自杀身亡时仅仅大上两岁！

李小龙的逝去，固然给嘉禾带来了致命的打击，但"嘉禾"和"邵氏"两强并立的局面已经形成。

邹文怀与邵逸夫在公司的机制上有着本质的不同，那就是，邹文怀愿意去搞股份制，肯舍去一部分利益，和那些大牌演员和大牌导演一起进行票房分成。这样，不少人的收入相对于在"邵氏"就提高了多倍。这都有利于嘉禾在最短的时间里，由逆境中，在夹缝里得到生存并壮大。

第六章 影坛风云起群雄逐麋鹿

虽然嘉禾的发展之势有目共睹，但但还不足以超过"邵氏"，毕竟，嘉禾仅靠区区几个明星支撑大局还是不够，还需要有更广泛的市场，更完善的人员配备，只有具备了这样的条件，才能与"邵氏"真正地平起平坐。

就在邹文怀和他的嘉禾想方设法想与"邵氏"一竞高低的时候，邵逸夫却在酝酿着一个新的大的行动。

上世纪70年代以后，邵逸夫目光敏锐地观察到电视领域的巨大商机，也看到电视业将会给电影工业带来难以回避的冲击，这种冲击在美国已经成了现实，电视业即将兴旺的香港自然也会难以避免。于是，在方逸华的提醒下，邵逸夫决定把工作重心转到电视行业中来，尽快入主无线电视行业，以求长远的发展。

3. 嘉禾，异军突起

"电懋"解体之后，在香港，仍有两个实力雄厚的电影公司对香港电影乃至整个华语电影的发展、崛起、壮大起着举足轻重的作用，这两个大公司是"邵氏"与"嘉禾"。如果说，是邵逸夫的邵氏公司使香港电影"起飞"的话，那么，真正让香港电影在世界影坛赢得尊重与地位的，则是邹文怀创立的"嘉禾"。

"邵氏"著名新武侠片导演张彻曾这样评说邵、邹二人："无邵逸夫的勤奋，香港电影不能如此'高速起飞'，形成继好莱坞之后世界最大的'梦工厂'；无邹文怀的善于放权，香港电影亦不能从'工厂制'解脱而迅速建立独立制片人制度。两人先后相承，维持了香港电影二十余年的繁荣局面，不得不说是'气运'"。

的确，邹文怀不愧是中国电影的功臣，这个原为"邵氏"的发展壮大立下不朽功勋的电影人，自从创立自己的嘉禾公司之后，竟然在最短的时间里，取得了令人瞠目结舌的成绩。正像冯骥才先生笔下的傻二那样，换招之后，还是高手！因此，我们今天说邹文怀是带着中国电影真正走向世界的功臣，是有据可稽的：是他在香港最先实行独立制片人制度，从而开辟了香港电影业空前繁荣的时代；是他造就了李小龙、许冠文、成龙、洪金宝这些华语影坛的巨星，开创了动作、喜剧电影等多元片种；是他让地道广东话电影登上大雅之堂；是他将港产片带进好莱坞；是他一手创办的嘉禾在全盛时期几乎成了香港电影的代名词。

邹文怀一直对中国电影充满信心："中国人口众多，中国电影相比其他国家更有潜力与好莱坞一争高下。"

"我深信再过20年，中国电影发展纵使不能超越好莱坞，也一定可以做到与其并驾齐驱！"

1927年5月17日，邹文怀出生于香港，他比邵逸夫整整小20岁。

邹文怀进入电影界纯属机缘巧合。1957年的金秋，邵逸夫从新加坡来到香港执掌邵氏影业公司。初来乍到的邵逸夫，要做的头等大事就是确定一个人选——为公司从事宣传上的人选。

要确定这个人选非常难，因为他或她应该"既要担起公司的形象策划、影片的包装设计，还要懂业务，熟悉市场行情，有良好的社交才能，善于运用传媒，把握宣传分寸"，要找到这样的一个人谈何容易？

其实，邵逸夫心里已经有了一个人选，他就是邵逸夫的好友吴嘉棠，邵逸夫觉得，从能力来看，吴嘉棠是个老报人，职业的敏感使他具备了任宣传部主任的先决条件，更重要的是，吴嘉棠一定会和自己配合得非常默契，而不会"内耗"。

就是他！

邵逸夫对请吴嘉棠出山充满自信。

但让邵逸夫意外的是，老朋友却拒绝了。

请人不成，邵逸夫便给老友下了一道"命令"："你必须给我推荐一个人！"

吴嘉棠于是便推荐了邹文怀。此时，邹文怀已经做到了香港"美国之音"电台台长的位置。

爱才心切的邵逸夫迫不及待地与邹文怀见了面。这次见面，就让邵逸夫觉得，他苦苦寻找的宣传部主作已经找到了，他非邹文怀莫属！

交谈当中，邹文怀给邵逸夫留下了一个极好的印象，他过人的语言天赋和超人的机智，都是"邵氏"的不二人选。

但好事多磨，邹文怀和吴嘉棠一样，拒绝了邵逸夫。

毕竟，他已经有了很高的职位。

但最后，邹文怀还是因为耐不过邵逸夫的"三顾茅庐"和吴嘉棠的软磨硬泡，终于答应出山，任邵氏公司宣传主任。同时，他还将他的好友、时任《香港时报》采访主任的何冠昌给带到了"邵氏"。

这以后，邵逸夫对邹文怀无比信任、言听计从。虽然邹文怀只是个宣传主任，但由于邵逸夫对他的信任，实际上他相当于邵氏公司的"二号人物"。一人之下，万人之上。

当然，这除了反映出"邵氏"管理上的随意性之外，更多地可以看出邵逸夫对自己认为有能力的人的信任。

《三国演义》上说："天下大势，分久必合，合久必分。"用在邵逸夫和邹文怀身上也非常恰当。虽然他们的配合最初是非常默契，相得益彰，但他们实际上却是性格完全不同的人。邵逸夫勤勉过人，魄力非凡，而邹文怀善于用人、善于放权，足智多谋，深谙管理艺术。然而，"邵氏"终究是一个典型的家族企业，管理属于家长制，很多制度不完善，难免老板搞一言堂。管理上，邵逸夫一直事无巨细，必亲力亲为，这都让邹文怀觉得自己的才能难以施展，自己的志向难以实现。

在电影的发展理念上，邹文怀与邵逸夫也渐渐出现了龃龉。邹文怀已经看出来像好莱坞似的大制片厂制度已经面临结束的尴尬，未来取而代之的必然是独立制片人制度。邵逸夫还是一如既往地坚持走大规模大厂房大制作之路，这与邹文怀的观念相距甚远，况且，此时，邵逸夫也不再像以往那样对邹文怀言听计从了，二人似乎已经出现了嫌隙。

让矛盾激化的是一封联名函。

有一次，邹文怀和总经理周杜文联名致函邵逸夫，要求在邵氏公司内部首推分红制度，以替代原来的薪水制度，以此增加同仁的积极性，增强同仁的责任感，在收入上也可以多一些，人员也可以稳定一些。但这封信被邵逸夫严辞拒绝。因为邵逸夫一生遵循的经营之道却是"独资干事业，赚蚀都自负"。况且邵逸夫非常清楚，如果按邹文怀和周杜文的提议做了，势必会使"邵氏"受到很大损失。

其实，未必如此。这只是邵逸夫矛盾的性格罢了。一方面他是一个仗义疏财的慈善家，对外捐款，他挥金如土，不吝重金；另一方面，对内部员工却做得又近乎吝啬。可能是邵家其他人的影响吧。

尴尬与失望之下，周杜文于1969年辞职离开"邵氏"。总经理的离职让邵逸夫感到了深深的危机感。他迅速做了人事调动，先聘任凌思聪继任"邵氏"总经理，继而又自己的"红颜知己"方逸华进入"邵氏"高层。这就意味着，邹文怀的权力开始向方逸华偏移，更让邹文怀寒心的是，邵逸夫已经不再信任他了。一年之后，邹文怀终于觉得应该离开"邵氏"了，尽管他已经为"邵氏"工作了12载之久，尽管他已经为邵氏立下了数不清的功劳。随邹文怀离开"邵氏"的，还有他的两位好友兼助手何冠昌、蔡永昌。

随即，邹文怀在"邵氏"的对手——国泰公司的支持下，以40万港币作为启动资金创立了嘉禾公司。邹文怀先是获得了牛池湾斧山道永华片厂的管理权，并通过和国泰的合作关系拥有了海外发行渠道。和"邵氏"对着干的格局已然形成。

邹文怀又以重金挖来"邵氏"的当家小生王羽，聘请来日本影片《盲侠座头市》的主演胜新太郎，按照当年邵氏名片《独臂刀》的结构模式，再加以适当变化，拍出了嘉禾的开山之作——《独臂刀大战盲侠》。"邵氏"知道之后，立即状告嘉禾侵权，官司打了几年，最后虽以"嘉禾"的胜诉而告终，但无论从时间上还是从金钱上，两家实际上两败俱伤。

嘉禾成立之初，邹文怀就开始推行自己理想中的制度——分红制度与独立制片人制度，这是他在"邵氏"一直想实现但都宣告流产的。此举既减轻了公司的财务负担，又给了独立制片人相对大广阔的创作空间。作为嘉禾旗下的演员，也因为邹文怀的制度受益。

在演员方面，最先受益的是一代功夫之王李小龙。当然，有了李小龙，嘉禾也"受益匪浅"。

因为在好莱坞的发展不尽如人意，李小龙于1970年萌生了回香港拍片的想法。开始时，李小龙首先想到的是到"邵氏"拍片，因为"邵氏"在香港影业界实力最为雄厚，在"邵氏"拍片会更有发展前途。在电话里，李小龙提出了自己的条件："片酬1万美元、拍摄时间不得超过60天、剧本必须经我本人同意。"邵逸夫未加思考就一口回绝。坦率地讲，李小龙提出的条件在当时真是比天价还要天价。在薪水制度还十分陈旧的前提下，在"邵氏"，一个当红的女明星的薪水才只有600块港币。难怪邵逸夫会莫名惊诧并严辞拒绝。邵逸夫的拒绝让李小龙彻底改变了对"邵氏"的看法。同时，邵逸夫的拒绝也给了"嘉禾"以机会，给了邹文怀以机会。因为此时，邹文怀正因为侵权官司问题急得不知如何办才好呢。

靠宣传起家的邹文怀不久也得到李小龙要回香港拍戏的消息，职业的敏感让他觉得，这是个让嘉禾翻身的好机会。于是，邹文怀立即委托导演罗维的太太刘亮华赴美与李小龙接洽，刘亮华凭自己的舌间功夫最终以7500美元的片酬邀来了李小龙加盟嘉禾。

李小龙的加盟，有力地揭了"嘉禾"与"邵氏"对垒的序幕。从此，香港电影史上进入"嘉禾"与"邵氏"平分秋色的新阶段。

那个时期，此消彼长，此长彼消。"嘉禾"这面，气氛如虹，咄咄逼人；而"邵氏"，在方逸华的掌控下却谨慎地走着另一条路子："花小钱，拍小片。"

邹文怀则豪情万丈，一发而不可收。他的独立制片人制度渐渐深入人心，大明星、大导演纷至沓来；大投资、大制作而得的新片也不断问世。从邵氏公司，"嘉禾"又挖来颇具实力的许冠文、许冠杰兄弟，接连拍摄了几部卖座影片，如《鬼马双星》、《天才与白痴》、《半斤八两》等。为嘉禾赢得了更多的利润。

李小龙像流星一样地逝去了，但邹文怀又发现了另一个功夫明星——成龙……

上世纪80年代初，嘉禾进入了全盛时期。表现在明星云集，新片层出不穷，影片品种多种多样，新的创意不断涌现……如成龙的谐趣功夫片，许冠文的讽刺喜剧，洪金宝的将动作、喜剧、鬼怪等元素共冶一炉的混合片种……新类型新理念的影片百花齐放，各呈异彩。而"邵氏"，由于还坚持家族式的管理模式，明星水土流失严重，渐呈下降之势。

和邵逸夫相较，邹文怀同样是一个有着国际眼光的制片人。他盯着的从来也不仅仅是香港，而是范围更大，水平更高，挑战更激烈的美国、日本市场。

现摘引几段嘉禾的大动作：

1980年，嘉禾独资开拍英语影片《炮弹飞车》，并以破香港演员片酬纪录的500万美元，邀请好莱坞影星伯特•雷诺兹与罗杰•摩尔主演。这部首部香港公司独资拍摄的好莱坞影片于北美上映后，即打入卖座电影前3位，同时也打破了北美独立制作电影的票房纪录。

1990年，嘉禾斥资1200万美元，根据美国漫画《忍者神龟》拍成的同名真人电影在北美2000多家影院上映，连创佳绩：美国影史非假期上映影片票房第一，美国影史上映三天票房第二，北美地区票房1.6亿美元，录影带及电视版权收益过亿美元。翌年，嘉禾投拍的《忍者神龟续集》亦再获成功，上映17天，票房突破1亿美元。

在1990年代，嘉禾在美国独资投拍了18部电影，其中4部十分卖座。此外，嘉禾还成立了子公司——泛亚影业有限公司，并取得美国联合国际影片公司（UIP）的影片港澳发行权，发行派拉蒙、米高梅、环球等公司制作的影片。不过，即便嘉禾在北美发展得顺风顺水，邹文怀还是不相信好莱坞是振兴港产片的"仙丹"，更不相信将好莱坞的制片经验带到中国后，会提高内地电影业的水平。"对中国市场虎视眈眈的好莱坞，就算和香港或内地合作，目的也是要赚钱，而非帮助我们，来做救星。"邹文怀对中国电影的未来充满了理性思考，"一旦好莱坞'侵入'，中国电影业势必将受到巨大冲击，意大利、法国就是最显著的例子。"

1994年，邹文怀投身香港地产业。同年年底，嘉禾娱乐于香港上市。但好景不长，1997年底的亚洲金融风暴爆发，香港电影产业受到了严重冲击。此后，香港政府收回了嘉禾片厂的用地，邹文怀只好调整发展方向，进军电视制作、在内地开办影院，但对制片的投资已逐渐淡出。1998年，邹文怀受到的打击接踵而至，嘉禾娱乐亏本近亿元、自己在香港地产亏本3亿元，多年好友兼得力助手何冠昌也撒手人寰……

2007年底，邹文怀将所持有的嘉禾股权转手于内地的橙天娱乐，这意味着他实际上已退出香港电影业。日前，在香港上市的嘉禾更名为"橙天嘉禾"，除将加大拓展内地业务，还会开发电影制作及投资。从1970年嘉禾成立算起，这家"梦工厂"独资拍摄影片高达453部，连同合资制作，影片数目超过600部。2003年，嘉禾推出了最后一部独资电影作品——谷德昭执导、梁朝伟主演的《行运超人》。

……

经过近20年的争斗，邵逸夫和邹文怀两人都已经厌倦了这样尔虞我诈的商场竞争，终于在80年代中期取得和解，并且一起合作拍摄了很多脍炙人口的电影，如《A计划》、《七小福》等。

4 李翰祥回归

到了1972年，李小龙与邹文怀合股创办了"协和"影业。公司随即推出了首部作品（也是唯一作品），就是李小龙自导自演的《猛龙过江》。该片中，李小龙全面展示了自创的"截拳道"格斗技艺，同时在前半段融入了喜剧的风格，以求拉近与观众的距离，结尾打死对手时，又有惺惺相惜的英雄武德，该片与前两部相比，更显其成熟气度，也更有观众缘。《猛龙过江》于1972年12月30日上映时，香港观众对它的兴趣甚至超过了欢度元旦佳节，争相涌入影院一睹李小龙风采，影片票房最终达到令人吃惊的530万，真令邹文怀觉得解气，扬眉吐气。看来，《猛龙过江》冒险选在这个日子放映，没想到竟然收到了奇效！

月儿弯弯照九州，几家欢乐几家愁。邹文怀的狂喜，是建立在邵逸夫的愁苦之上的。之所以生气，不是因为"邵氏"已经败在了"嘉禾"之下，而是因为李小龙。邵逸夫当初真没想到，一时不慎失去的，竟然是这样一个具有生钱神力的巨星。失去了也就罢了，得到李小龙的不是别家，却是邹文怀，这不能不让邵逸夫气愤难平。

邵逸夫不得不寻求应对之策。临时找一个功夫巨星战胜李小龙，眼下是不可能的了。这条路走不通。

该如何胜过嘉禾、掩过李小龙的光芒呢？

只有另寻他途。

这时，邵逸夫听到了一个消息，于是，他计上心来。这件事也可以佐证有益的信息的重要性。

邵逸夫听说，李翰祥因为在台湾经营公司失败，无处可去，只得又回香港另谋生路。虽然李翰祥是悄悄地回港，似乎有无颜见江东父老的那种羞怯，但邵逸夫还是知晓了。

既然找一个演员战胜李小龙的路途走不通，何不从导演上下手呢？

李翰祥虽然投资失败，这只能证明他不善于经营，但并不意味着他其他方面没有才能。他在导演方面拍摄出好片子，战胜嘉禾的本事肯定还不输给眼下香港的任何一位导演！邵逸夫相信自己的判断。

邵逸夫大度地重新接纳李翰祥进入"邵氏"，继续当他的大导演。走投无路的李翰祥自然非常感激。

李翰祥果然不负邵逸夫厚望，很快就拍出新片《大军阀》。公映以后，其票房虽不及李小龙的《精武门》，却和《精武门》一样受到观众的追捧。《大军阀》本是李翰祥的尝试之作，不料，无心插柳，李翰祥竟然凭借《大军阀》一片成了一种新片的创始人——人们把这种影片称为风月笑片。一时间，人们争相观看这部影片，乐此不疲。见有钱可赚，李翰祥便加快了拍摄风月笑片的速度。仅1972、1973两年，李翰祥便拍了五部风月笑片——《风月奇谭》、《北地胭脂》、《风流韵事》、《一乐也》。五部影片在香港的票房合计近1500万。而李小龙的那三部电影总收入近1300万，"邵氏"这次是以量多胜人一筹。

1973年7月20日，正值壮年、星途无限的李小龙在女明星丁佩家中离奇猝死，死亡原因历来众说纷纭，见仁见智，数十年来亦未能定论。当时李小龙正为嘉禾拍摄《死亡游戏》一片，仅完成了几场打斗部分便撒手人寰，余下的部分难以完成。李小龙生前为美国华纳影业公司拍摄的《龙争虎斗》年底在香港上映，由于李小龙的离奇去世留下的种种对他不利的猜测，票房也被"邵氏"导演楚原的拍摄的《七十二家房客》轻易超过。

没了李小龙以后，嘉禾影业一度陷入深深的绝境之中，而"邵氏"则可以因为竞争对手的窘状而暗暗松了一口气，邵逸夫以为，短时期内，嘉禾应该不会再对他们构成什么大的威胁。

可惜事与愿违。李小龙辞世仅仅一年，嘉禾便再次东山再起，卷土重来！

这一次，是因为另一个人——许冠文！

许冠文初时是"邵氏"的明星，后来转投到"嘉禾"名下，继李小龙之后，在"嘉禾"最关键的时候把它拉出危险的沼泽地带。

可以说，又是邵逸夫矛盾的性格，又将一位"生钱机器"拱手让给了邹文怀！

许冠文在"邵氏"效力的时候，被人誉为"冷面笑匠"，承蒙重回"邵氏"的大导演李翰祥的发掘，由电视节目主持人转行到了电影业，并在新片《大军阀》中饰演主角。没想到，这无心插柳的一演竟使许冠文一夜成名！接下来，李翰祥又让许冠文在新片《一乐也》、《声色犬马》中饰演男主角，李翰祥执导、许冠文主演，票房、口碑都很好，自引，许冠文便被人誉为"香江第一谐星"。

1973年，许冠文交给邵逸夫一个剧本——《鬼马双星》，这个剧本是他亲自写的，原来他早有意向身兼编、导、演的创作型电影人发展。邵逸夫一看，觉得剧本还不错，就有意进行下一步的运作。但此时许冠文却提出了一个条件，希望将这个剧本拍成电影，由他和"邵氏"合资拍摄，公映后平分票房利润。邵逸夫既意外又气愤。意外的是许冠文竟然有写出如此好的剧本的才能，自己以前竟然没有发觉；气愤的是，许冠文原来不过是一个主持人，现在在"邵氏"的培养下成了一个明星，如今你却拿明星的架子来和"邵氏"谈条件。这轻了说是"非分之想"，重了说是忘恩负义！于是，邵逸夫便扔下剧本，以剧本质量太差为理由拒绝了许冠文。

许冠文见邵逸夫这样的反应，知道再谈下去也不过是不欢而散，就想把剧本交给另一家公司来运作。

但这个剧本给哪家公司呢？许冠文当即就想到了一个公司——嘉禾。

之所以当即想到了嘉禾，原因有二：一，"嘉禾"的实力已和"邵氏"相差无几，虽然李小龙之死给嘉禾以巨大冲击，但"嘉禾"、"邵氏"两强相争的局面并未彻底改变；二，也是最关键的一点，许冠文的弟弟许冠杰就是"嘉禾"的签约演员，他对"嘉禾"有了解，又能给哥哥介绍晋身的门路。邹文怀求之若渴，不单答应立即投拍《鬼马双星》，还爽快答应愿意资助许氏兄弟创办自己的电影公司，邹文怀此举怎能不令许氏兄弟感激涕零？

1974年10月17日，许冠文为嘉禾拍摄的《鬼马双星》隆重上映。该片针对香港市民的好赌心理，笑料百出，且以本土的粤语俚言作为对白，语言诙谐幽默，又富有讽刺意识，一下子挑逗起观众的热情。《鬼马双星》在香港的票房最终竟高到625万，远远超过李小龙的影片及"邵氏"的《七十二家房客》！

1981年，许冠文又为"嘉禾"制作了五部作品——《天才与白痴》、《摩登保镖》、《卖身契》、《半斤八两》，全部夺得当年的票房冠军。其中的《鬼马双星》、《摩登保镖》和《半斤八两》三部影片，还先后创下三次香港开埠以来最卖座电影纪录，同时打入加拿大、日本等国电影市场，风头之凶猛强劲，无人能出其右。

许氏喜剧在以往"邵氏"以黄梅调为基本方面的电影市场上，开出了一条新路，成功地把粤语片从死胡同里拉了出来，使之焕发了第二春。得许氏兄弟之助，嘉禾迅速走出窘境，走到阳光下。这又是邵逸夫始料未及的。

当然，凡事都应一分为二看，"邵氏"人才的频频流失，邵氏电影的屡屡下滑，既和"邵氏"下大力气经营电视业有关，又为"邵氏"更好的从事电视行业腾出了手脚。

5. 香港电影的"战国时代"

综合看来，从李翰祥和邹文怀的离开，到李小龙、许冠文等明星的痛失，直到"邵氏"因为这些人遇到一次次的麻烦，与其说是邵逸夫缺乏眼光和魄力，还不如说是由于邵逸夫缺乏先进理念。

一直以来，邵逸夫遵循大片场制度，不仅对所属员工的薪水有严格的限制，而且还把拍摄什么影片，如何拍摄，选角等权力收归自己名下，编导人员几乎没有决策的权力，只有执行权，更不利于"邵氏"留住大牌导演和明星的是，"邵氏"要求公司里的员工必须签订时限不等的协议，即便是大牌的导演和演员，在合同期限内不准在外面接戏，更不准单方撕毁合同离开。这实际上，合同无异于"包身约"。这样的制度，既让小字辈的导演和演员失去了发展和提升的机会，也让"邵氏"的大牌明星伺机离开。

邹文怀则与邵逸夫相反。首先，他施行的独立制片人制度；其次，嘉禾还建立了卫星公司承包制。这样，嘉禾与演员的关系就由雇佣关系"进化"为合作关系，电影主创人员的归属感有了，就容易激发出无尽的能量。另外，电影获得的利润也让导演与演职员参与分红。"卫星公司制"则是嘉禾资助有票房保证的电影人、电影公司拍片，既给了这些电影人或电影公司机会，又使嘉禾在未投入太多人力物力财力的前提下参与分成，获得利益。李小龙的"协和"、许冠文的"许氏"，以及以后洪金宝的"宝禾"、成龙的"威禾"，皆是嘉禾的卫星公司。首先，它们是公司的子公司，但母公司会给他们决策权，让他们享受相对大的创作自由和发挥空间，但在剧本、财政预算及拍摄进度上仍须接受母公司的监督。

邹文怀此举有几下的好处：

一、发展了自己的子公司，形成了一种多层次的公司经营模式，灵活多样。

二、吸引了大批优秀电影制作人和当红演员加入嘉禾，扩大了嘉禾的影响，壮大的嘉禾的声势。

三、各子公司为了自身的发展，势必会争先恐后地拍摄新片，加上母公司对其质量进行监督，不仅大大增加了嘉禾的电影数量，还增加了嘉禾的利润。

四、子母公司之间、子公司之间容易形成竞争态势，促进公司的整体发展。

果然，邹文怀的先进理念很快大见成效：离开"邵氏"转投嘉禾的吴宇森导演在《少林门》、《铁汉柔情》等功夫片票房不顺后，转攻鬼马喜剧，和许氏兄弟一道拍出了《大煞星与小妹头》、《发钱寒》、《钱作怪》等影片，取得非常好的票房成绩，并荣登当年度香港十大卖座影片榜。

说起许氏鬼马喜剧的喜人成绩，不得不提其他题材的电影。其实在嘉禾刚刚创立的那几年，嘉禾除了许氏电影"闪烁光彩"之外，其他题材和形式的影片却是老和尚的帽子——平平。而邵氏公司里，人才济济，佳作迭出。如李翰祥的风月笑片，张彻、刘家良的南派功夫片，楚原、唐佳的古龙武侠片，桂治洪的偏诡邪杀片，真是花样翻新，令人目不暇接。从演艺明星上，姜大卫、傅声、陈观泰、狄龙等明星都有不俗的票房业绩，实力自然远远超过嘉禾。而嘉禾那时候只有许冠文一个票房明星，势单力孤，但在苦苦支撑。

如果说许氏兄弟的鬼马喜剧令嘉禾走出困境的话，而真正让嘉禾以后来者的姿态迅速跻身国际知名电影公司的，却是成龙与洪金宝。

成龙，1954年4月7日生于香港太平山，又名陈港生、房仕龙。是大中华地区的影坛巨星，也是国际功夫电影巨星，在大陆和香港等华人地区具有很高声望与影响。

成龙的父母亲最初在法国领事馆工作,父亲是厨师,也是京剧票友。成龙小时候很喜欢打架,除了喜欢打架之外,还喜欢看武侠片。那时候,武侠片大行其道,曹达华,于素秋是当时最红的明星,成龙崇拜他们,一心想上山学艺。一天,他的父亲带着成龙来到尖沙咀的美丽都大厦,拜访京剧武生于占元师傅,他正是成龙崇拜的武侠女星于素秋的父亲。成龙看到这边的学生在旁勤奋地练功,觉得非常羡慕,便要求父亲让他在这练武。于是,成龙便成为这里的一员。与洪金宝(元龙)、元奎、元华、成龙(元楼)、元彬、元德、元彪一块学艺,合称为七小福。

1976年,成龙在吴宇森的《少林门》一片中饰演,可惜表现还不够火候,未受公司重视。

同年,成龙转投到名导演罗维的公司,拍了《少林木人巷》、《风雨双流星》等功夫武侠片,依旧没有什么反响。

1978年,是成龙真正成"龙"的一年。吴思远向罗维借成龙拍袁和平导演执导的《蛇形刁手》和《醉拳》两部影片,由于该片中充满了灵活巧妙的杂耍,形象谐趣生动,简直就是为成龙量身订做,受到观众的热烈欢迎,于是,成龙便被誉为继李小龙之后的又一功夫巨星!邹文怀已知成龙前途绚烂,立即重新邀他加盟,不仅承诺成龙的创作享有自主权,还以赠送公司股份为条件,从此,成龙便成为嘉禾最强有力的台柱子之一。

洪金宝,1952年1月7日出生于香港,十岁时便拜入于占元门下学习京剧,是"七小福"中的大师兄,艺名为"元龙"。洪金宝早在12岁时已开始涉足电影,当时是以艺名"朱元龙"的名义当童星,出演的电影有《爱的教育》、《大小黄天霸》、《岳飞出世》等等。洪金宝早在18岁时已出任龙虎武师。

1971年,洪金宝加入嘉禾,第一部任龙虎武师的是《夺命双剑》,曾获台湾第一届金龙奖最佳武术指导奖。而由他设计动作场面的影片包括《迎春阁之风波》(1973)、《忠烈图》(1975)、《鬼马双星》(1974)、《半斤八两》(1976)、《臭头小子》(1978)。

1977年洪金宝开始当主角，第一部是《三德和尚与舂米六》（此片也是他导演的第一部影片），其后又导演了《肥龙过江》(1978)、《赞先生与找钱华》(1978)、《杂家小子》(1979)等片。

1982年，他因主演《提防小手》，荣获第二届香港电影金像奖最佳男主角奖。

其实，早在李小龙掀动票房高潮的时期，洪金宝便开始为嘉禾打工，只不过那时候的洪金宝还只是替身武师。相对于成龙，洪金宝较早一些成名，既是圈内小有名气的武术指导，同时又有幕前演出的机会。

有了成龙、许冠文、洪金宝这些巨星支撑票房，嘉禾公司不仅在香港本土已经可与"邵氏"分庭抗礼，而且在向世界进军的路上，似乎也有后来者居上的势头。

说到向世界进军，远在50年代末期，"邵氏"便已经走过这样的路子。邵逸夫与日本开始合作拍片，制作的影片销往亚洲的大部分地区。

我们现在列举几件与"邵氏"有关的事情：

1973年，罗烈主演的《天下第一拳》在美国电影市场上杀出了一条血路，其票房跻身当年全球十大卖座影片第九位！有这样良好的开端，邵逸夫才真正激荡起一颗向世界影坛迈进的雄心壮志。

同年，新片《七金尸》问世，这是"邵氏"与英国咸马公司合拍的作品，是一部恐怖片；

1976年，邵逸夫投资6000万港币拍摄由詹姆斯·克莱尔的畅销小说《大班》改编的电影；

1978年，"邵氏"拿出1600万美元参与投资肖恩·康纳利主演的好莱坞巨片《地球浩劫》；

1982年，邵逸夫还投资了由哈里森·福特主演的科幻片《银翼杀手》。

可以说，在较早的时期，邵逸夫及其"邵氏"不可谓不"与世界接轨"，其理念之新，步履之大，委实令人钦佩。

邵逸夫之所以不惜血本这样做，目的只有一个：开拓国际电影市场。

然而，实际情况是怎样的呢？

1976年的巨资影片《大班》如泥牛入海，几乎没有声音；

1978年花重金打造的《地球浩劫》一片，票房大不尽如人意；

1983年拍摄的《银翼杀手》一片，虽20年之后颇被推崇，然而当年却是既不叫好更不叫座……

于是，邵逸夫便冷了向国际影坛进军的心。

再看嘉禾，则喜忧参半，喜略占上风。

喜的是，三部大片《唐山大兄》、《精武门》、《猛龙过江》，凭借功夫巨星李小龙的铁拳顺利打开了国际市场，为嘉禾创下了惊人的外汇。

李小龙英年早逝，嘉禾倍受打击，但嘉禾成功地续拍完成了李小龙未完成的遗作《死亡游戏》、并成功制作了纪录片《李小龙的传奇》，在欧美电影市场上又捞了一把。

1981年，嘉禾拍摄了赛车动作片《炮弹飞车》，极热闹搞笑之能事，影片中既有成龙与许冠文这对嘉禾红星，还云集了大批欧美明星，于是在全球范围内票房过亿。

多次失利之后，邹文怀并未像邵逸夫那样放弃对国际电影市场的开掘，反而屡败屡战。1990年，嘉禾成功拍摄了《忍者龟》这部影片，该片由元奎执导，由四名武师饰演龟这一角，充满幻想，充满奇趣。终于，邹文怀守得云开见月明，《忍者龟》成为当年度美国最受欢迎的电影，票房超过10亿。

忧的是，1980年，嘉禾觉得自己羽翼已丰，便开始有计划地将影片推向国际市场，于是，为成龙量身订做了一部动作片《杀手壕》，但西方观众并不买账，反映平平，嘉禾想靠成龙进军国际影坛的设想也初告失败。《炮弹飞车》大获成功之后，嘉禾乘胜追击，用同一招数实现目的，于是飞快拍成《炮弹飞车续集》企图抢占市场，可惜欲速则不达。

成龙已经是嘉禾最具票房的红星，然而，希望越大失望越大，欧美影迷并未认可成龙。因此，力推成龙的计划也宣告失败。

6. 新三足鼎立——徐克

1981年，香港影坛出了一个划时代的大事：

"新艺城"影业公司一举打破了形成近十年的"邵氏"、"嘉禾"双雄对峙的局面！

"新艺城"由麦嘉、石天、黄百鸣联合组成，初成立时寂寂无名，在夹缝中求生存，先是，"新艺城"创业的几部作品《疯狂大老千》、《咸鱼番生》、《滑稽时代》、《欢乐神仙窝》已有不俗表现，随后，"新艺城"终于取得了大财团"金公主"的支持，实力大增，终于剖开了原有的旧局面，开辟了一片新天地。

1981年，"新浪潮导演"徐克加盟新艺城，一出手便是民国初年的摩登豪华喜剧——《鬼马智多星》，该片票房力压"邵氏"、"嘉禾"的同期所有大小影片，震动了整个香港影界。

1982年春节，谐趣间谍动作片《最佳拍档》推出，同样受到观众疯狂追捧，实现了2600万的惊天票房！

之后，新艺城又拍摄了两部《智多星》续集，蝉联了1983、1984两年的票房冠军，新艺城迅速崛起——香港影坛由此前的双雄并峙变为三国分晋。

徐克，1951年2月15日出生于越南，祖籍广东省海丰县。十岁那年，徐克已经对电影发生兴趣，曾与朋友租了摄录机来拍摄魔术表演，并在校内播放。徐克也喜爱漫画，这对他的电影风格有很大影响。13岁起即开始制作八厘米实验电影。1966年移居香港，入读中学。后来到了美国德州，先后在美国南卫理工会大学及德州大学奥斯分校修读电影。1977年回港后，在佳艺电视从事编导工作。佳视倒闭后加盟无线电视。后转入电影圈发展，凭借《蝶变》一片崭露头角。在现今香港电影界的幕前幕后人物中，徐克是最有影响的人物之一。

谁也没想到的是，徐克曾被人称为"票房毒药"，曾经一度无人问津。后来，徐克凭借《鬼马智多星》一片一举成功，一雪前耻，成为三大公司争相撬挖的"摇钱树"。

1982年底，徐克同时做了两大公司的导演：为新艺城导演了《我爱夜来香》，为嘉禾执导了《新蜀山剑侠》。

随后，徐克又回新艺城公司，执导拍摄了新片《最佳拍档之女皇密令》，不久，又因创作理念与公司发生龃龉离开了新艺城。

1984年，徐克与妻子施南生组建了电影工作室，开拍《上海之夜》。凭借《英雄本色》、《倩女幽魂》(1987年)、《黄飞鸿》(1991年)等片，蜚声海内外，为香港电影开创了新的时代。

进入80年代以后，"邵氏出品"几个金字似乎渐趋褪色。而嘉禾则手笔越来越大，步履越迈越快。二者形成了强烈反差。

"邵氏"的管理理念缺乏新意，片场制度陈旧，已远远不能适应时代的要求。在拍摄上，嘉禾力求完美，为此而不惜成本，而"邵氏"，则将成本一降再降，这样势必会为影片注入不少水分。主创人员收入不高，造成了人们的兴趣降低，思想保守，因此拍出的新片缺乏吸引力。

在这个时期，"邵氏"内部，能够与嘉禾和新艺城作品进行对抗的只有王晶的如《花心大少》、《青娃王子》这样的摩登笑片和张坚庭的如《表错七日情》、《城市之光》这样的生活喜剧，除此以外，其他多成功"蜕变"为庸碌无为之辈，这些人之中甚至包括张彻、楚原、刘家良等昔日风光无限的大腕。

邵逸夫眼瞅着邵氏电影日渐失去朝气，审时度势之后，便断然采取壮士断腕之举，将主要精力转到发展"无线"电视事业上。

1985年以后，"邵氏"基本停止了新影片的拍摄，其旗下院线则出租给潘迪生（德宝的创立人是洪金宝和岑建勋）创立的德宝电影公司。

1986年，"邵氏"的清水湾片场已经成功转型，变成了无线摄制电视剧的主要景地。

1987年，邵氏兄弟电影公司正式宣布停产。

邵氏电影宣布停产之后，80年代的香港影坛依然是老格局：三足鼎立。三足之中，不同的是，"邵氏"变成了"德宝"。收购了洪金宝和岑建勋创立的"德宝"后，潘迪生名下的新德宝凭借三类影片（三个系列）迅速崛起，很快替代了"邵氏"的空位，成为"嘉禾"、"新艺城"之后的第三足。"德宝"的三类影片是：女性动作片，代表作是《皇家师姐》系列；市民喜剧片，代表作是《富贵逼人》系列；白领喜剧片，代表作是《三人世界》系列。

时光到了20世纪90年代，香港影业变幻无穷，令人眼花缭乱。

原本是三足鼎立的局势，由于新艺城和德宝的成为"新鬼"，便剩下了嘉禾一枝独秀。正当邹文怀心里窃喜之时，不料，多家新兴的电影公司却如雨后春笋般起来，让邹文怀始料不及。而这些"新生事物"中，实力最强的当属"大都会"！

"大都会"，是一个令邹文怀最为惧怕的新兴公司，说它新兴，其实也不太准确，因为，它是邵逸夫名下的新电影公司！

早在1988年，即邵氏兄弟电影公司宣布停产后的第二年，"大都会"便合组产生，重装行世了。只不过，这个新电影公司由方逸华负责，并推出了其开山之作《撞邪先生》，该影片由王晶执导。由于邵逸夫经营的无线电视兴旺发达得令人羡慕，早已稳坐香港电视业龙头老大的宝座。所以新电影公司成立初期并没有大的动作，拍摄影片不多，每年只有两三部，成本不大，票房一般，明星阵容并不豪华，宣传上也不太计较。

或许是觉得力量积蓄得足够了吧，90年代之后，"大都会"开始高调亮相：

电影数量猛然增加——

单单1992年，就推出了大有影响的《赌城大亨Ⅰ之新哥传奇》、《赌城大亨Ⅱ之至尊无敌》、《审死官》等大片。

演职员阵容力求奢华——

《赌城大亨Ⅰ》

导演：王晶

主演：刘德华、刘兆铭、万梓良、林俊贤、关海山、王祖贤、邱淑贞、秦沛、黄一飞

《赌城大亨Ⅱ》

导演：王晶

编剧：王晶

主演：陈国新、程东、刘德华、刘兆铭、万梓良、王祖贤、邱淑贞、陈德容、苑琼丹、吴君如

《审死官》

导演：杜琪峰

编剧：Sandy Shaw

主演：周星驰、梅艳芳、吴家丽、陈妙瑛、黄光亮

这一时期，周星驰、杜琪峰又为"大都会"拍了《济公》、《回魂夜》、《赤脚小子》、《十万火急》等片。

需要特别提出的是，《审死官》创下近5000万的香港最高票房纪录，超过同期嘉禾影片《超级警察》足足1600万！

进入90年代中后期，当香港电影陷入低谷，多家电影公司寿终正寝之时，邵逸夫却做了一个大动作，这个大动作又是那样的出人意料！

1997年，邵逸夫重新打起"邵氏兄弟电影公司"的旗号，翻拍昔日张彻的经典影片《马永贞》，希望能在淡市中杀出一条血路，最终惨淡收场。

邹文怀的嘉禾也未能幸免。人才凋零、事业惨淡的现状令邹文怀忧心忡忡——

导演演员兼而优之的洪金宝正每况愈下；

"冷面笑匠"许冠文无心恋战，已成演艺协会领导；

麦当雄再无凌厉之风；

新人陈德森、马楚成、陈木胜的动作枪战片直追好莱坞，却票房平平……

若不是成龙《醉拳2》、《红番区》、《简单任务》、《一个好人》等片在国际市场大受欢迎，恐怕嘉禾的现状会更令人泄气。

但是，仅靠一个成龙也不能力挽嘉禾的颓势，于是，嘉禾便连走背运：

1997年，二当家何冠昌撒手人寰，公司又债台高筑；

1998年，竞投将军澳影城用地，嘉禾失败，邵逸夫获胜；随后，嘉禾斧山道片场被政府收回；

1999年嘉禾娱乐上市公司被指违反规则予以停牌，嘉禾电影公司亦因亏损达亿元主动清盘，重整架构。

唉，嘉禾，嘉禾，真的是"屋漏偏逢连夜雨，船破又遭顶头风"！

此消彼长。"嘉禾"气势衰颓，"邵氏"雄心万丈——

2001年，邵逸夫与方逸华夫妇成立"电影动力有限公司"和"星艺映画电影公司"，接连推出《绝色神偷》、《漫画风云》、《惊天大逃亡》、《醉猴》等片，信心满怀。

斥资11亿港元，"香港电影城"的工程在将军澳启动；

"邵氏"正式宣布，影城建成后，将陆续开拍新戏，以刺激电影市道。

"电影动力有限公司"的新影片《新扎师兄之青年干探》正在热映；

重拍"邵氏"经典旧作的计划也正在酝酿……

下面摘引影评人魏君子对香港电影、对"邵氏"与"嘉禾"对峙的评价——

香港影界有如武林江湖，电影公司亦似不同帮派，一样少不了龙争虎斗、恩怨情仇。当年"邵氏"与"嘉禾"银海争霸，两大掌门人邵逸夫和邹文怀渊源极深，却又势同水火，卅五载机关算尽下来，输赢成败只是一时气数。旁观者自以为清，十几年前眼见"邵氏"停产，便认定邹文怀打败了邵逸夫。孰料风水轮流、时过境迁，如今竟轮到嘉禾辉煌不再，屡遭打击之余，甚至一度停止制片业务。反观一直待机而动的"邵氏"却雄心又起，意图重霸江湖，不仅正修建超大规模影视城，并且预定大量拍片计划。如此看来，到底谁负谁胜出，至今仍是未知之数⋯⋯

第七章　六叔辟蹊径　商场再出击

1965年，香港政府公开招标，竞投无线电视广播经营权，邵逸夫立即付诸了行动。他联合了几位志同道合的朋友——利孝和、余经纬等一起参加竞标，加上美英资金的介入，最终投得香港的免费电视牌照，合资创办了"电视广播有限公司"，即无线电视台（TVB），公司由最大股东利孝和出任董事局主席，邵逸夫为常务董事。

　　1967年11月19日——这一天是邵逸夫的生日，无线电视台正式开播。当时的人们并不知道，从此，一个庞大的电视集团已迈开了坚实的第一步。

1 盛宴不再，淡出电影业

中国有句古语："常在河边走，哪能不湿鞋。"邵逸夫也不是完人，更不是仙人，他也有失策的地方。

在"邵氏"如日中天之时，吸引了一代功夫巨星李小龙。当然，彼时的李小龙还远非后来所能比。

李小龙仅3个月大就在旧金山当地拍摄的粤语片《金门女》（1941年）中亮相。跟随父母返回香港后，1949年，李小龙在香港入读德信学校，再转读喇沙书院及圣芳济书院。1948年，李小龙以李鑫的艺名，客串参演了俞亮导演的《富贵浮云》，而该片广告亦标明"新李海泉"（李海泉是李小龙之父，"粤剧四大名丑"之一。本名李满船，原籍广东顺德均安镇上村乡，后来李海泉拜师小生奕门下，与半日安、廖侠怀、叶弗弱合称"粤剧四大名丑"）客串演出。1966年，李小龙出演了电视剧《青锋侠》。1967年，李小龙在洛杉矶客串出演了《无敌铁探长》中的角色。1968年，李小龙在由米高美电影制片公司出品的电影《马洛》（又名《丑闻喋血》）中出演亚裔杀手。同年，李小龙在《可爱的女人》中客串。李小龙首次以男主角身份演出的电影是1950年公映的《细路祥》，片中饰演一个从好变坏、从坏变好的孤儿，获得一致好评。1959年5月，由于喜常与人争斗以致学习成绩不佳，家人将他送往出生地美国。1960年上映的《人海孤鸿》是其赴美求学的最后一部粤语片。

李小龙虽不能算是赫赫有名，但毕竟在美国混生活，有了一些知名度，对国外的拍片之道和电影的先进之处有了一些了解，加上李小龙还在美国开了武术馆，颇有弟子缘。但当李小龙通过电话向邵逸夫提出一部影片的片酬是一万美金的时候，惹怒了邵逸夫。起初，邵逸夫对李小龙是喜欢的，既对他的过去有所了解，更对他的慕名而来有意接纳。但可能受美国思维方式的影响吧，李小龙不曾想到中国根深蒂固的"交浅言深"和"谦虚"哲学，刚谈几句就提到片酬，还"狮子大开口"。邵逸夫霎时间改变了对李小龙的看法——你是谁？我是谁？只有我给你开价的份，哪由得你定价，还定出这样荒唐的价码？

邵逸夫果断回话说，一口价，每部片子2500美金！

这个价码伤害了李小龙的自尊，李小龙"潇洒"地离开，直奔邹文怀的"嘉禾"而去，他愤怒的背影永远留在中国电影乃至世界电影的历史中。

1971年，"嘉禾"后来者居上，凭李小龙主演的第一部电影《唐山大兄》获得票房350万！将邵逸夫影片所创的纪录甩到了太平洋。

1972年，李小龙的《精武门》又在香港创下了400万的票房。

同一年，李小龙创立了自己的公司——协和电影公司，并拍摄了电影《猛龙过江》，创下500万票房。

1973年，李小龙拍摄完成了影片《龙争虎斗》，仅在美国的票房就达300万美元。

当李小龙在银幕上大放异彩的时候，正是"邵氏"的电影票房日益缩水的尴尬时候。

痛失李小龙，"邵氏"上下对邵逸夫的"腹诽"不断。

在许冠文的身上，邵逸夫也湿了一把鞋。

硬生生将一个票房号召力极强的明星拱手让给了他人。因为这一部分内容本书第六章已经提及，故此处从略。

邵逸夫手下的笑星许冠文曾经以《大军阀》一片为邵逸夫带来400万的可观票房，以后不免有些居功自傲。

从许冠文的角度来说，以功臣自居，固然是他年轻气盛所致，但对于邵逸夫而言，既不忍年轻人的偶尔放浪，又任票房明星流失，则既有失"大家风度"，又自瘪钱袋了。

到了20世纪80年代中期，电影制作只是邵逸夫庞大的商业活动中的一个分支，不再占有主力军的地位。这时，邵逸夫的时间、精力与财力已另有他属。

终于，在1987年，即邵逸夫与妻子黄美珍结婚50年之后，在这一年黄美珍去世之后，邵逸夫干脆宣布停止电影的制作。

2. 接管TVB

竞得TVB

李杜诗篇万口传，至今已觉不新鲜。

江山代有才人出，各领风骚数百年。

——（清）赵翼《论诗》

李杜的诗如此，天下事莫不如此。

在电影独领风骚数十年之后，可以说，到了20世纪六七十年代，在日本、美国，电影已经成为"夕阳产业"。这时，又有一个新兴的产业涌现出来。

"旧时王谢堂前燕，飞入寻常百姓家"，在香港，电视插着翅膀向着千家万户飞去，越来越多的人在享受着坐在家里甚至坐在炕头上就能看节目的乐趣，去电影院的热情不再高涨。电影的受众群越来越小，电影的市场在日益缩小，电影业开始走下坡路，逐步失去了昔日鼎盛时期的耀眼风华。

精明的邵逸夫凭着职业的敏感，敏锐地意识到必须走出电影业的唯一门径，将业务向多元化发展。于是，他悄然把经营的触角转向电视业——这个刚刚涌现的电影的姊妹艺术上去。在邵逸夫看来，电视这个新兴的行业必然会向当年的电影一样，裹挟着强劲的风头，占据人们的心灵，占据广阔的市场。

机会从天而降！

1965年，香港政府公开招标，竞投无线电视广播经营权，邵逸夫立即付诸了行动。他联合了几位志同道合的朋友——利孝和、余经纬等一起参加竞标，加上美英资金的介入，最终投得香港的免费电视牌照，合资创办了"电视广播有限公司"，即无线电视台（TVB），公司由最大股东利孝和出任董事局主席，邵逸夫为常务董事。

1967年11月19日——这一天是邵逸夫的生日，无线电视台正式开播。当时的人们并不知道，从此，一个庞大的电视集团已迈开了坚实的第一步。

"港星的摇篮"

20世纪70年代初，即TVB刚刚接手不久，在邵逸夫的建议和推动下，"无线电视"和"邵氏兄弟"公司联合创办了"无线艺员训练班"。因为邵逸夫看到了名角被人挖走的种种"惨状"，感受到了公司缺乏名角的"痛苦"，于是才有了这样的"创意"。

1971年，"无线艺员训练班"首次开班授徒。此后，这个培训班每年举办一期，学制为一年。这是一条成熟的"造星"流水线，艺员前期学习基础知识，如表演、台词、舞蹈、武功、编剧理论、摄影概论、电视工程等；后期则是表演实习；中间经过多次严格的考试，优胜劣汰。毕业者即成为"无线电视"和"邵氏兄弟"的签约演员。那个时候，香港尚没有这一类的学校或者训练班，因此，很快就门庭若市，成为年轻的人们"明星梦"起飞的地方。

此后，一批又一批的华语影视界的著名人物从这里昂首走出，以他们的精绝才艺长久地驻扎于人们的仰慕里。他们之中，有人成了演员，光芒四射，享受众星捧月一般的待遇；有人成了大导演、著名制作人，拥有极高的声誉。周润发、陈玉莲、汤镇业、黄日华都曾是这个训练班中的一员；苗侨伟、刘德华、周星驰、梁朝伟曾经在这里接受教育；刘嘉玲、杜琪峰、关锦鹏曾沐浴这里的智慧之光……

这个训练班被人称誉为"港星的摇篮"。

高产剧集

像当年精益求精地拍摄邵氏电影一样，邵逸夫大胆启用各有所长的人才，拍摄制作了大量的电视剧，这些电视剧风格迥异，水平高、质量优。不仅在逼仄的香港首屈一指，即便在中国内地和澳门、台湾，也享有很高的声誉。《霍元甲》、《上海滩》、《射雕英雄传》、《京华春梦》、《万水千山总是情》、《火凤凰》等鸿篇巨制先是在美丽的香港掀起收视狂潮，接着便以飓风狂吹之势在全球华人电视圈里激起海啸。

正当TVB正蓬勃发展之时，1980年，内部发生了人事变动。

这次突发事件对邵逸夫来说，既是挑战，又是机遇。

这一年，"无线电视"董事局主席利孝和因心脏病突发逝世，利氏家族和美英资金不愿派人接管，于是，邵逸夫以最大的私人股东身份接任了董事局主席一职，成为TVB新的领航人。

一直与TVB为赢得收视率而争斗不断的亚洲电视的前身——"丽的电视"，借着TVB易帅之机，乘人之危，步步紧逼，掀起了一轮又一轮收视大战，欲彻底将立足未稳的邵逸夫和他的TVB"生擒活捉"。邵逸夫集中力量，大刀阔斧地重新排兵布阵，将"邵氏影城"的明星和香港艺术界的精英集中到一起，力阻"丽的"的强大攻势，同时，在电视业务发展方面锐意革新，最终击败了"丽的"，为无线挽回了颓势。

哀兵必胜，邵逸夫胜人一招之后便势不可挡。

此后，TVB节目制作始终先人一步，昂首阔步地走在华人电视业的前列。推出了更多优秀剧种——武侠剧、家族剧、商战剧、警匪剧、生活剧、爱情剧、喜剧等各类型剧集一应俱全，且均有精彩表现。

1987年，"邵氏"宣布，停止所有电影的制作，把全部精力倾注于电视中来。

曾在电影业界支撑着一方天空的"邵氏"影业，曾在电影王国中煊赫一时的邵逸夫，在人们惊诧的目光中淡出影坛。华丽的转身之后，面前是蓬勃发展、一日千里的电视业。领导着TVB一往无前的，还是当年充满自信，任何困难也压不垮的邵逸夫。

如今，TVB是全球股票市值最大的华语传媒，也是目前亚洲最大的中文节目内容的供货商，并拥有世界上最大的粤语内容资料库。每10个香港人就有8人在黄金时段收看TVB翡翠台的节目；至今，香港相当一部分观众只看翡翠台一家的节目。

造星与选美

当年的林黛、乐蒂、凌波，人们还念念不忘，如今，邵逸夫和他的TVB又打造了更多的明星——

汪明荃、赵雅芝、郑裕玲，每一位都是大姐大似的人物，但邵逸夫培养人才的成绩却远不止此。继她们之后，TVB还捧出了刘嘉玲、周海媚、戚美珍、陈玉莲、曾华倩、黎美娴、蓝洁瑛等楚楚动人、惹人好梦的"万紫千红"。

当年的周润发，谁也不会想到他会成为最耀眼的一代明星，但事实证明了明星是需要人挖掘的。在他之后，"无线五虎将"横空出世，夺人眼球，占尽天时地利人和。黄日华、刘德华、梁朝伟、苗侨伟、汤镇业，每一个名字都响当当的，每一个人都拥有大批的fans。如今，刘德华已星光无限，梁朝伟早已成万人迷恋的忧郁巨星，黄日华的乔峰、郭靖的形象也已深入人心，苗侨伟、汤镇业当年也曾经吸引了千万人崇拜的目光……

长期以来，邵逸夫一直重视选美活动，后来更是如此。由他推动的TVB的选美盛事，一年一度，公开、公正、公平地选出"香港小姐"，此举也将众多的佳丽推到人们的视线之中。镁光灯下，人们的艳羡之中，多少美丽而动人的故事在一年一年地上演。选美活动不仅为邵逸夫带来了重要的商机，不仅为TVB带来了极高的收视率，而且还为TVB提供了艺员后备力量。如李嘉欣、张曼玉、袁咏仪的异军突起，便是邵逸夫扶植人才，重视人才培养的明证。

紧跟潮流，制造潮流是TVB始终立于不败之一的诀窍。

邵逸夫是幽默而睿智的，他自己有一个比喻，来说明自己的经商之道。

他认为，上佳的经营之道就好比女士选择自己的高跟鞋，鞋无所谓美丑，只不过鞋跟的高低和粗细不同而已。不能说跟高的就是美的，低的就是丑的，也不能说跟粗的就是好的，跟细的就是孬的。关键是要根据自己的条件和场合来进行选取。身子重的，如果选择鞋跟过细的必将容易折断，身体不好的若选择鞋跟过高的必容易疲累，道路崎岖的地方若选择鞋跟既粗且低的鞋子将会更有利于走路且不易跌倒等等。

真是深入浅出，言简意赅。

数十年来，邵逸夫苦心经营下的影视王国，不仅为他积聚了巨额财富，不仅为社会创造了巨大的慈善资金，还造就了一大批观众深深喜爱的影视作品，更打造了一大批影响了几代人的大明星、大导演和大编剧，更为难以计数的虔诚观众带来了无限欢乐。

"老牛更知光阴贵，不须扬鞭自奋蹄。"邵逸夫既有不服老的一面，更有珍惜时日的一面；既有锱铢必较的吝啬的一面，更有挥金如土的慈善的一面。传统的中国人的优良品性在他身上体现得淋漓尽致，恪尽职守、讲究职业道德的中国老一辈商人的典型形象更由他演绎得精彩无限。

"四大天王"

20世纪90年代初，TVB创办了"劲歌金曲"栏目，没想到这一栏目不但成为了经典，而且造就了一直到现在还让人津津乐道的乐坛"四大天王"！黎明、郭富城、张学友、刘德华，每一个名字都能裹挟起风暴，每一个人背后也都有精彩的故事。是邵逸夫独具慧眼，发现了他们，是TVB为他们搭建了一个绝好的平台，让他们去展示自己的歌唱才华，去演绎自己的天赋，去书写自己不凡的人生。

　　邵逸夫可以称得上是中国最精通业务的电影企业家。他少年入行，甘愿从最卑微的职位做起，一步步学习各种业务技能，剪辑、摄影、化妆、剧本、导演等，电影制作的每一个方面和环节他几乎样样内行，而在影片推广、发行、剧院管理方面他更是行家里手。

　　作为目前拥有世界上最大的粤语内容资料库、全球股票市值最大的华语传媒、亚洲最大中文节目内容的供货商，邵逸夫所执掌的TVB王国在香港地区占据着近乎垄断的地位，"邵氏出品"的影响力，是无法用语言来估量的。可以说，作为无线及邵氏两大媒体娱乐王国的掌门人，香港乃至全球最高龄的在任上市公司主席，邵逸夫缔造了香港影视的黄金时代。已过期颐之年的他，在香港的电影电视史上，绝对是一个即使再过100年都不能被忽略的标杆性人物；在中国乃至世界的文化史上，邵逸夫和他的"邵氏"、和他的TVB绝对是一个再过100年也定然富有生命力的美丽传奇！

3. "无线" PK "亚视"

"千王之王"

公子重耳回到晋国之初，原本应该是只争朝夕地整顿朝廷内务，疏浚国内关系，发展各项事业，实现平稳过渡的时候，不料，却发生了一系列的外事争端甚至战争。

如果历史真的是这样，恐怕会让新得神器的国君措手不及的。

邵逸夫就是初入主晋国的那位晋文公。

邵逸夫接任TVB董事局主席之后，丽的电视（亚洲电视前身）就乘邵逸夫无暇他顾而发动了第一次收视率大战。当时丽的播出的火热电视剧《大地恩情》和《骤雨中的阳光》在黄金时段掀起收视狂潮，把两台的收视比例从原来三七开追到四六开甚至五五开！不甘寂寞的各大小媒体推波助澜，坊间也热议观众热捧丽的电视，而渐弃TVB。TVB面临着开台以来的首次收视危机和信任危机。

《大地恩情》是丽的电视台拍摄的经典剧集，共分三部：《家在珠江》、《古都惊雷》、《金山梦》，共36集。该剧讲述了一段平凡农家悲欢离合的生存故事。浓厚的乡土气息，扣人心弦的剧情，七尺男儿勇挑千斤重担，万般坎坷在生活的磨砺中成长。

面对丽的的步步紧逼，邵逸夫从容应对，迅速出击，以《千王之王》这部电视剧来对抗《大地恩情》，该剧由被称为TVB镇台之宝的汪明荃与红极一时的电影小生谢贤合作演出，在剧中纠缠不断的情感加上新鲜且神秘的赌术，阻挡了《大地恩情》的强大攻势，终于挽留了渐渐远离的观众的心，使收视率节节攀升，并最终完胜丽的。

《千王之王》（英文名The Shell Game），香港无线电视翡翠台剧集，于1980年9月15日首播，由谢贤、汪明荃、杨群、任达华、曾庆瑜、郭锋和雪梨主演，共25集。故事发生在30年代的南粤城广州。土豪洪彪、洪豹父子野心吞并赌场。有"南神眼"之称的千王罗四海（谢贤饰）镇压捣乱。洪彪父子怀恨在心。著名花旦谭小棠（汪明荃饰）之弟谭升（任达华饰）出千被四海所擒。小棠为救弟与四海谈判，其后更发展了一段感人的爱情故事，洪彪陷害四海不遂，聘有"北千手"之称的北方千王卓一夫（杨群饰）与四海斗法，两人打成平手。洪彪唯有另立阴谋，改以收买南北千王于旗下。在一次运鸦片中，南北千王被洪彪利用，幸得小棠相救。惜两人最终逃不过洪彪的种种阴谋，四海被害至双目失明，卓一夫则被挑断手筋，为报血海深仇，两人决定将千术之精华授予谭升……

《千王之王》也被人誉为香港电视史上公认的经典剧集。

压力就是动力，危难就是机会。在与丽的的这段收视率大战期间，TVB在邵逸夫领导下可谓是好戏连台，佳作频出。《上海滩》、《万水千山总是情》、《京华春梦》、《火凤凰》等新剧不唯风靡香江，而且倾倒了中国内地大江南北的亿万观众；不仅让观众有眼前一亮之感，且使观众深受感动。

1982年，邱德根接手"丽的"，将"丽的"改名叫"亚洲电视"，也正式宣告TVB在首次电视战中赢得全胜。

邱德根，江苏江都人，1925年生于上海。1950年到香港荃湾经营戏院。1962年买入荔园游乐场。1958年开设远东银行，任董事长。1982年收购亚洲电视有限公司任主席。并先后兼任远东酒店实业有限公司、远东投资实业有限公司、远东发展有限公司董事长。是第六届全国政协委员。

邵逸夫能成就今天辉煌的电视事业，除了他自己非凡的经营之道和过人的意志品质外，还得感谢40年来一直竭力追赶自己、不断给TVB制造"麻烦"的对手——亚视。所以在回顾邵逸夫的成就和TVB崛起的时候，亚视是一个不可忽视的角色。有对手是幸福的，独孤求败是一种英雄的寂寞。在这一点上，邵逸夫是幸运的。

1967年，邵逸夫与利孝和等人联手创建了"无线"，当时亚视作为香港第一家电视台，已经成立了整整十年。无线以"后来者"姿态挑战"霸主"亚视，居然轻易取胜。原因很简单，亚视早期以收费有线广播形式经营，而无线是全部免费、完全向观众敞开大门的，自然会获得观众的青睐。

这是由于邵逸夫的卓见远识，归功于邵逸夫想他人所未想，为他人所未为的商业品质。

然而，亚视毕竟是一个创立最早的电视台，他的实力无庸置疑。事实上，作为后来者，TVB一直抱着追赶的态度来对话"亚视"的，但"追赶者"并不是一直在追赶，而是超越；当"亚视"成了追赶者之后，也当然不肯轻易认输，而是时刻出奇招新招，在与TVB争雄。

这时候，邵逸夫的主要精力还放在电影业上，想着靠"邵氏"的金字招牌再拍摄出更多叫好叫座的新片来。直到70年代末，邵氏影业受到嘉禾影业的威胁，邵逸夫才得以审视自己，审视目前已然变化了的局势。他敏锐的商业眼光发现了电视业的无穷潜力，于是渐渐把主力转到电视，期并购入大量无线电视台的股份，成为TVB的第一大股东。

在利孝和匆促辞世之后，邵逸夫的事业进入了转型期，就在这节骨眼上，亚视送上了一份见面礼———颗"炸弹"。

这个"炸弹"就是《天蚕变》。

《天蚕变》是香港电视史上首部由剧本改篇为小说的长篇武侠电视剧，全剧共60集，由丽的电视于1979年7月晚上8时黄金时段首播。编剧黄鹰，监制为萧笙与麦当雄，此剧亦成为了日后亚洲电视的武侠经典及重播次数最多的剧集之一。《天蚕变》续集有《天龙诀》（小说名为《天蚕再变》）及后来亚洲电视1993年重新拍摄的《天蚕变之再与天比高》，再次找来徐少强饰演云飞扬一角，而该剧曾经于1990年，1993年及2004年重播。1983年改编成电影。它创造了香港电视史上自创武侠剧的先例，一度红遍香江。就连邵逸夫也趁着热潮买下该剧的电影改编权，并火速搬上银幕。

1980年9月1日，无线亚视的第一次大战正式揭幕。这次大战，虽在人们的意料之中，但惨烈程度却出乎人的意料之外。

这首先表现在亚视在本月推出的《大地恩情》和《骤雨中的阳光》两部电视剧集在黄金时段掀起收视热潮。

"逸夫" "林伯" 大比拼

80年代的两台大战后，处于颓势的亚视迎来了林百欣时代，而邵逸夫的对手也由邱德根换成了林百欣。林百欣绰号"林伯"，正好和"逸夫"接近对仗，像当年的"剑云"对阵"醉翁"一样。恰恰预示着两人一触即发的竞争关系。

林百欣，广东潮阳出生。香港制衣业及地产商人，创办丽新集团，亦曾为亚洲电视主席及亚洲电视永远荣誉主席，被尊称"林伯"。在林百欣及儿子的领导下，"亚视"业绩日趋好转，1996年"亚视"终转亏为盈，有1200万元的纯利。因1998年惹官非，并在金融风暴下再现财困，无奈之下，1998年林百欣分别向封小平为首的财团及黄保欣和吴征的财团，出售46%及5%的亚视股权，2001年以2.25亿元代价将私人持有16.08%的亚洲电视股份注入"丽展"。2002年11月13日，林百欣再将亚洲电视部分股权出售亚视行政总裁陈永棋，2003年完全退出。

"林伯"一上台，第一波行动就是撬挖TVB的墙角，这个墙角自然是无线的墙角。借助"银弹"攻势，亚视以高出无线三倍的酬金将沈殿霞、曾志伟、何守信、卢海鹏、林建明、李香琴、韦家辉、戚其义、黄日华、郑少秋、吴启华、任达华、曾华倩、陈玉莲等纳入旗下，这些人全部都是无线的顶梁玉柱、架桥金梁。

林伯此举，让无线元气大伤。

邵逸夫从来没有坐以待毙的习惯。他审时度势，做了三件事：

一、率领TVB所有的干将展开了两大救亡运动——"欢乐今宵救亡运动"与"剧集救亡运动"，以拯救处境困难且日益困难的公司。

所谓欢乐今宵救亡运动，是指TVB推出《欢乐今宵》这个综艺节目。

《欢乐今宵》（英文名称Enjoy Yourself Tonigh七），简称EYT），是香港无线电视的长寿综艺节目，由无线电视1967年正式开播后第二天（即11月20日）开始播出，一直至1994年播映第6613次为止，27年内一星期五晚现场直播，1980年代一段时期更是一星期六晚直播，制作集数之多被列入世界纪录。

很快，TVB便制作出不少脍炙人口的经典节目和剧集，如《今生无悔》、《我本善良》、《人在边缘》、《大时代》、《灰网》、《边城浪子》、《壹号皇庭》、《火玫瑰》、《巨人》等剧集。这些剧集皆以敏锐的触角、清亮的眼睛，感到和看到了社会的黑暗，具有发人深省的巨大作用。主演如黎明、温兆伦等更是风靡香江。

二、反挖角大战

在"救亡运动"之后，1994年，邵逸夫"以其人之道，还治其人之身"，效法林伯，开始对亚视进行反挖角行动，把"亚视"不少台前幕后的人才挖到了"无线"，这次"战役"最辉煌的胜利是将"亚视"的一线小生花旦网罗至TVB。

三、推出高质量的电视剧，以提高收视率

1996年，无线推出了《西游记》；

1997年，推出《苗翠花》、《大闹广昌隆》、《全院满座》；

1998年推出《天地豪情》、《妙手仁心》。

1998年，"亚视"发生人事动荡，封小平执掌亚视。

第二年，"亚视"率先引进了已然风靡台湾和大陆内地的电视剧《还珠格格》，霎时，"小燕子"一下子就俘获了香港观众的心，收视率一下子高达六成，给了邵逸夫以沉重的打击。

为了抵抗"小燕子"的魔力，无线搬出屡创收视高峰的王牌游戏节目

《惊天动地奖门人》来对抗。

同时，TVB在舆论上开始争取民众支持，着力宣传知名电视台应力求自己拍摄剧集的观念，若只靠引进外来的剧集，既非长久之计，也会阻碍电视业的发展，还容易引进不必要的恶性竞争。

《还珠格格》，让邵逸夫和他的TVB尝到了失败的滋味。

2001年，"亚视"又一次对TVB进行了强有力的冲击——购自英国的游戏节目《百万富翁》大放异彩，收视一路攀升，人们纷纷追捧，若过江之鲫，大有言必称"百万富翁"的执着势头。

邵逸夫见招拆招，在"亚视"之后，TVB也花巨资购买了同类的游戏节目——《一笔out消》的版权，派出金牌主持郑裕玲来主持这个游戏节目，最终彻底战胜了《百万富翁》。在《还珠格格》面前失败之后，TVB终于扳回了一城。

2003年，是TVB的乔迁之年：邵逸夫把无线搬到了将军澳电视城，更加牢牢巩固了TVB在香港电视帝国的绝对霸主地位。

2006年到2007年，百岁的邵逸夫宣布将在"无线"的40周年台庆后正式退休，将无线交由他的第二任妻子方逸华掌管。

2007年，邵逸夫的"无线"和对手"亚视"同时遭遇"大地震"！

使两大电视台遭遇大地震的主角是费道宜。

以前无线人的身份管理亚视，费道宜也崇尚"以前无线人打无线人"的策略，所以开始了一轮轮的挖角行动。

费道宜，曾任无线董事总经理，有"六叔干儿子"之称。2007年4月，费道宜加入"亚视"，担任行政总裁一职，并反攻"无线"，频频撬挖"无线"的名角，以期打败"无线"。

费道宜在任短短一年半之后，于2008年10月20日以发展私人业务为理由向"亚视"提出请辞，获董事局批准，其职位由营运总裁何定钧担任。

费道宜"粉墨登场"后，第一把火烧的就是挖角——当然主要是挖"无线"的角。"无线"前高层汪岐、何家联，"无线"前总经理助理陈辉光及前艺员科总裁陈灌明都是费道宜瞄准的目标且极有可能转投"亚视"。至于"无线"综艺节目大哥何丽全，去留则仍在考虑当中。

在"亚视"的第二批挖角名单中，甚至包括了已经退休的香港化妆大师，曾在"无线"担任30年"造型总监"的陈文辉、目前仍在职的"无线"外事部经理曾醒明等等，这帮曾经力助"无线"崛起并且创造了无数收视神话的高手，一旦全部过档"亚视"，非常有可能在"亚视"重现这些辉煌。

除了狂挖幕后人员，"亚视"当然更不会放过"无线"的当家小生和当红花旦，其中包括了罗嘉良、欧阳震华、宣萱等人。就目前来说，他们都是有收视保证，但身份比较自由的艺人，基本上和无线签订的只是"部头约"，而不是有牢固的约束作用的合同。假如"亚视"肯出超高价码的话，这些明星帮"无线"拍完剩下的剧集之后，改换门庭加盟到"亚视"旗下也不是没有可能。

情况万分紧急！

面对气势汹汹的对手，"无线"果然坐不住了！

针对目前的严峻形势，根据自身情况，"无线"做了以下三件事——

一、力捧旗下的年轻艺人，使之迅速成为无线的中坚力量，巩固他们为"无线"效力的精神防线。

这就是"无线"的"捧小花"决策。

邵逸夫认为，与其花重金苦苦挽留随时都会被挖走的"部头约"艺人，不如多认几个"亲生女"，把她们捧上当家花旦位置。针对"亚视"蠢蠢欲动的挖角行动，"无线"高层乐易玲早前透露，他们早有准备，挑选了十个有潜质的青春小花进行力捧，找专人为她们设计造型，力推她们上位，抗衡近日的挖角潮。

例如有机会客串《溏心风暴》的小花唐诗咏，TVB已安排她在新剧《最美丽的第七天》中担任重要角色，计划在戏剧方面力捧；参加过"华裔小姐"选美大赛的杨秀惠，则被点名做蔡少芬的接班人，TVB将为她多接海外主持方面的工作；至于近来年轻艺人中势头越来越强劲的徐淑敏，"无线"就为她接一些剪彩或者代表公司的活动，让她多露面，以争取更高的人气；鉴于近年来"韩流"在香港大行其道的情况，会说韩语的前"港姐"宋芝龄，大受公司重视，有意培养她为新一代主持。

二、高薪请回过往的实力派演员拍新剧，以期最快推出足以稳定收视率的新作品。这就是无线应对亚视的"邀旧将回巢"战术。

为了应对"亚视"的打击，TVB积极留住在电视圈打滚几十年的实力派老将。比如，对合约期限还有几个月才满的"无线"的阿姐级主持郑裕玲，"无线"就采取了提前跟她高薪续约的政策，以稳定军心。关于这一点，郑裕玲坦言："我以往是一年签，但这次就签了几年，是近年少见。薪酬也加了少许啦。"

近年主力在内地拍剧的资深演员郑则士就出现在新剧《金石良缘》的阵容中，他直言不讳地说是被无线高层曾励珍人情攻势加上高薪所打动。

同样高调复出拍剧的还有吕方，目前他正在与无线接洽拍摄一部时装剧《当狗爱上猫》，如果顺利开拍会和曾华倩扮演夫妻，并和胡杏儿、罗嘉良一群"戏精"飙戏。在这众多久未露面的老将中，最令人瞩目的当属"小龙女"陈玉莲，在"无线"举行的慈善表演节目中，"无线"特意安排她与陈百祥载歌载舞。除此之外，陈玉莲还透露，无线确实已经邀请她去拍戏，目前正在洽谈中。这些老将虽然年近中年，但个个经验丰富，各自有着自己的代表作，并且拥有一大群固定Fans。

尤其是他们中的一些人，早已远离了一线，远离观众，但观众还不曾忘记他们，甚至想再次看到他们的新戏，如果他们参与演出，肯定会吸引不少人的目光，并且进一步地带动新一轮的热点话题。

三、首次举行《TVB最佳广告颁奖典礼》，以期与"亚视"王牌节目《十大电视广告》一争高下。

4. "港姐"，欢喜冤家

"港姐"，美乎？丑乎？

香港一位资深的传媒工作者曾经说过：最能代表香港的，不是尖沙咀钟楼，不是太平山老衬亭，不是海洋公园，不是大富豪夜总会，不是香港脚，而是香港小姐。

但事实上呢？仿佛突然间，"美女"便成为这个都市最不紧俏的资源。在香港无线电视的品牌节目"香港小姐"竞选和亚洲电视推出的"百万富翁"特别节目之间，人们义无反顾地选择了后者。

为了争夺收视率，今年香港无线台甚至找来了受伤的曾志伟。为保险起见，无线台还采取分段式淘汰赛制，以刺激收视率。在常识问答环节后，首先淘汰12位候选佳丽中得分最低的3位，然后分两轮陆续淘汰5位佳丽，余下4位佳丽竞逐冠、亚、季军。然而，种种的努力都不能力挽狂澜。事实证明，2000年香港小姐竞选的最后辉煌只是回光返照。十年前，当袁咏仪捧走最后一个没有争议的"港姐"桂冠时，"香港小姐"在人们的心目中便已经"寿终正寝"了。

2001年，当22岁的清秀女孩杨思琦没有任何悬念地戴上冠军后冠的时候，香港小姐这项传统的选美活动就度过了她平淡的29岁生日。今年的平淡，势必给下一届增添更多的艰难，"鸡肋"的滋味更加淡薄；但每届选举前后起码半年形成的大规模广告行为、巨额的利润，仍然会驱使主办单位为它绞尽脑汁，勉为其难地让"港姐"的桂冠和权杖一年一年传下去。

"港姐"评选不仅仅是一种理念，更是一种习惯。而现在，则似乎成了一种"面子"问题了。

1973年6月24日，在"美貌与智慧并重"的口号下，TVB选出了第一届香港小姐孙咏恩，这项轰动全城的美丽竞赛才固定由无线举办，每年一届。

1973年到1983年的10年间，"港姐"评选坚持以"德"行先，"容"居其后的标准，没有多大的改变。首届的"港姐"选举，娇艳的空中小姐赵雅芝参选了。她的美貌在今天看来也是出类拔萃的，但她只得到第五。而成熟稳重的孙咏恩则有幸成为开山"港姐"。

之后的几届"港姐"中，较为著名的有张玛莉、朱玲玲、郑文雅，她们都不属于艳光四射的美女，选美时也没有显露出娇嗲的少女味，好像天生就具有"母仪天下"的风范。

因此，"香港小姐"的高贵之名，可以说是这些佳丽齐心协力打造出来的。

10年间只有一个异数，就是1976年的林良蕙。

林良蕙是在沉闷的三届选美之后，评判对"高贵端庄"的一种小小逆反。

林良蕙身材不高，肤色黝黑，外型很一般，但丝毫不做作，尽显天真个性。她戴上后冠的时候笑得犹如发疯，至今仍让人印象深刻。

1983年，参选的佳丽里出现了张曼玉。这个笑起来像猫的少女也曾是大热门，有着一流的身材；但她还是输给了看上去文静的杨雪仪。

张曼玉，中国香港著名演员，1964年9月20日出生于香港，以"香港小姐"亚军及"最上镜小姐"奖身份开始出道，后出演多部影视剧，因其出色的演技而囊括多个电影奖项。截至2010年，她是获得香港电影金像奖和台湾电影金马奖最佳女主角奖最多的人：其中金像奖最佳女主角奖5次，金马奖最佳女主角奖4次。另外她凭借《阮玲玉》获得柏林国际电影节最佳女主角奖，2004年她凭借影片《错过又如何》获得第57届戛纳国际电影节最佳女演员奖。张曼玉多次获得国际电影节的最佳女主角奖，因此在国际上具有一定的知名度。

杨雪仪，1983年获香港小姐选美冠军后签约"无线"，参与了《香港早晨》节目的主持工作。一年后告别"无线"，开始专心自己的电影事业，银幕处女作是新艺城影业公司1984年出品的《歌舞升平》，后主演了《流氓公仆》、《鬼咁有缘》、《亡命天涯》等多部影片。

　　这届选举之后，杨雪仪发展平平，投身演艺界的张曼玉却如鱼得水。

　　两人形成鲜明反差的际遇，更印证了民间对"港姐"选举标准的总结：冠军是选老婆，亚军是选女朋友，季军是选小妹妹。老婆不用太漂亮，最要紧的是贤淑大方；女朋友当然是最招人疼的，要俏丽可爱，不妨风情万种；小妹妹天真单纯，是年轻、文化不高的参选佳丽最适合的位置。

　　冠军佳丽还要接受一个任务，这个任务对于这些佳丽来说是非常吃力的：在一年内代表香港出席各种宣传和亲善活动。这就是说，不单她们的高贵、拘谨起码还要维持一年，更重要的是，她们要付出非常多的时间精力去应付各种各样的活动——不管她们喜欢或不喜欢。而获奖佳丽如无意外都跟"无线"自动签演艺合同，开始时她们是在一个起跑线上，或许冠军还要靠前一个身位，但一年之后，在各类活动中耗尽了时间和精力的冠军则极可能远远落后于可以专职发挥自己潜力的亚军和季军。这样分析来，冠军的发展通常不如亚军和季军，并非完全因为选美不准，而是另有原因了。

　　1984年到1991年，是"港姐"竞选的最辉煌的时代。"香港小姐"选举不仅是电视台的王牌收视节目，更是吸纳大量广告的王牌创利节目。选出来的美女不再有必要做女性的表率，她们的首要任务，已经变成了让观众赏心悦目，把更多的眼球吸引住，让更多的赞助商掏钱的力度更大，动作更潇洒。

　　在这样的前提下，选美的标准就会发生或多或少的"扭曲"——

　　1984年的冠军高丽虹，中西混血，顾盼之间，倾国倾城。以她的背景，是不符合往届选美要求冠军对香港历史和文化有较多了解这一条的。

但既然她的美是如此炫目，评判总找得出让她赢的理由——"中西合璧，散发香港魅力"。

1985年的冠军谢宁，也不是香港本土"出产"的美女，她幼年曾经在广东的小城市生活，被一些没有见识的香港人讥笑为"乡下妹"，但正是这个背景成全了她。在大陆受到的扎实的基础教育，让她在众多佳丽中闪现出独一无二的智慧光芒。谢宁的东方古典美同样令人倾心，她后来成为无线的当家花旦之一，古装扮相在同时期的艺员中是最出色的。

接下来的5年，"港姐"选美获得大面积丰收，享有很高知名度的美女从未如此集中过。如果从演艺的星空中摘下这些名字，香港的影坛要黯淡一半。可以说，众多耀眼明星的诞生，TVB助推的"港姐"选美功不可没。

1987年，"港姐"选美的评委陷入了极度的困惑当中，燕瘦环肥的"无线四美"让他们不知如何排座次。杨宝玲、李美凤、林颖娴、邱淑贞，个个都是一等一的冠军人马。但最终，风度翩翩的杨宝玲胜出。

由杨宝玲加冕的下一届（1988年）冠军是李嘉欣；

1989年的冠军是陈法蓉；

1990年，袁咏仪；

1991年，郭蔼明。

在选美时她们艳压群芳，赢得天经地义；但后来她们的美迅速褪色，令人唏嘘。

好在，她们有足以支撑她们光环的演技，命运对她们还是厚待有加的。

这两年既过，曾经耀眼的"港姐"大赛走完了辉煌时代的最后两步。

1993年的冠军是莫可欣，从此以后，人们开始怀疑"港姐"不是最美的，而是丑的。

莫可欣，生于1969年10月8日，在1993年的香港小姐选美中获得冠军头衔，参选前任职生物研究助理。

在1993年"港姐"选举中，在香港娱乐圈极具影响力的成龙是当时的评委之一，据说他对相貌不算十分出色，但相对而言知识层次较高的莫可欣十分欣赏。成龙的欣赏可以说是促成她当选的最主要的原因之一。莫可欣的最终当选，引发了香港传媒关于选美标准的很大争议，就连"无线"的大老板邵逸夫都对她的当选表示不满，在一次大型活动中，邵逸夫一改往常由应届"港姐"冠军陪伴的惯例，而改由女艺员曹众陪同出场，明显对莫可欣当选"港姐"冠军不以为然。

选美·选演员

在人们对"港姐"选美的标准深表怀疑的情况下，"无线"做出了回应。

"无线"彻底颠覆以前的选美理念，干脆把选"港姐"变成为自己的艺员队伍补充新鲜血液。1992年起，"港姐"在"最上镜小姐"之外，还增设"最具演艺潜质奖"，获奖的佳丽都在司仪或者表演上有些天分。

1994年的冠军谭小环、季军李绮虹，最上镜小姐黄莹，最具演艺潜质奖张可颐；

1995年冠军杨婉仪；

1996年的三甲李珊珊、潘芝莉、袁彩云；

1997年的季军佘诗曼；

1998年三甲向海岚、赵翠仪、吴文忻；

1999年三甲郭羡妮、原子、胡杏儿……

上镜漂亮、有观众缘，就是她们当选的最大资本，她们的位置基本上按美貌排列，智慧无可比；再没有莫可欣式的意外。

既渐渐改变了人们认为"选美"就是"选丑"的看法，也为无线输送了大量的艺员。

这几年"港姐"的素质被批评每况愈下，与选美相关的收视率更是跌到谷底，这让38年的老牌选美盛事非常尴尬，更有激进的网友大喊"港姐"要停办了！于是，2010年年初，"港姐"主办方——香港无线(TVB)的掌门人、"六婶"方逸华下令要让今年的"港姐"重振旗鼓，果然今年候选佳丽的整体素质有很大的回升。比如11号李文煊被称为"翻版汤唯"，而获得亚军的15号张秀文则是有"学生版王祖贤"之称，至于8号彭慧中也是样貌身材俱佳，还不断被香港媒体挖出"艳照"，非常吸引眼球。此外，本届"港姐"原本是要被移出多年的举办地红磡体育馆，搬到一个较小的场地。为了让"港姐"留在红馆，方逸华更是亲自出动斡旋，要求自己人、TVB小生林峰开的演唱会减少场次，把前晚档期让给"港姐"，据悉林峰为此损失过百万。不仅如此，林峰还被要求在演唱会上放他和"港姐"合唱的MV，MV上还要逐一介绍"港姐"，这个举动让林峰被买票的现场观众"嘘"。总决赛上，TVB安排热爆香港的模仿节目《荃加福禄寿》当中的成员王祖蓝、阮兆祥和李思捷配合曾志伟、陈百祥"搞笑"主持。

在2010年香港小姐总决赛上，在"六婶"方逸华的"指令"下，本届"港姐"评选一直都被香港媒体称为整体素质回升的一年，有望让"港姐"选举甩掉近几年被网友授予的"猪扒选美"的绰号。和往年一样，102岁的TVB老板邵逸夫亮相"港姐"决赛，在夫人方逸华陪同下精神奕奕地现身红馆。结果，赛前并不突出、任职人事顾问的13号陈庭欣成为"黑马"获三料冠军。

5. 好戏连台

创造经典

邵逸夫深知，要提高收视率，保证无线的观众缘，节目质量才是关键。他从不因一台独大而放松对节目质量的要求。他大胆启用了不少幕后的制作与管理人才，其结果是促使TVB节目制作始终走在华人电视业的前列，不少剧集都在整个华语区产生不俗影响。

无线制作的节目，最具影响力的有两大类——

一类是改编自金庸小说的经典武侠剧。

如翁美玲与黄日华的《射雕英雄传》、刘德华与陈玉莲的《神雕侠侣》、梁朝伟与刘德华的《鹿鼎记》等，都是一代人心中不可替代的电视经典。

一类是家族剧。

1986年万梓良、郑裕玲、刘嘉玲主演的《流氓大亨》轰动一时，成功掀起家族剧热潮，更将家族恩怨演变成港剧一个独具特色的重要品牌。

此后的《义不容情》、《大时代》、《创世纪》等都是此剧种中的经典。

1997年、1998年，TVB可谓是高歌猛进，几乎稍好点的剧集平均收视都在30点以上，《天地豪情》、《陀枪师姐》、《妙手仁心》、《鉴证实录》等，这些家族剧和职业剧都是到现在为止内地各大电视台还在频频重播的剧集。

"无线"因为《还珠格格》受挫后，一直在想法争取胜算的机会。因此，《还珠》在"亚视"一下档，TVB立即采取了行动。

抢先与赵薇签下歌手合约，同时买下她的《表妹吉祥》和《康熙微服私访》以及尚未开拍的《情深深雨蒙蒙》等剧。

除此之外，"无线"更加紧制作并推出了家庭剧巨作——《创世纪》，该片集合了罗嘉良、陈锦鸿、古天乐、吴奇隆、蔡少芬、邵美琪和郭可盈、陈慧珊等100多位知名艺员参演，群星的力量是无穷的，《创世纪》如邵逸夫所愿地彻底瓦解了"亚视"的攻势。

现在想来，当年的《创世纪》在香港的收视率谈不上超高，但影响却颇为深远：无论是演员阵容的庞大豪华，还是剧集制作的精益求精，都堪称香港电视剧创作上的一个高峰。

在硬件的投资上，为配合未来发展，1999年邵逸夫耗资22亿港元于将军澳工业兴建一座全新的电视广播城，新址总建筑面积逾11万平方米，较原有的清水湾电视城大了三成，并于2003年10月正式全面投入使用。

进军内地

进入21世纪之后，TVB剧集渐成流水线作业，影响力大不入前。 TVB也意识到了这一点，在剧集方面不断做出尝试，同时开始大举进军内地。生产的电视剧也越来越多的亮相内地电视台，如《金枝欲孽》、《东方之珠》、《我的野蛮奶奶》等。

2007年，TVB与中央电视台合拍了迎回归十周年的大制作电视剧《岁月风云》，旗下的大牌明星自《创世纪》之后又一次倾巢出动，出任了剧中的大小主角、配角，并在内地和香港两地播放，开创了合拍剧新模式。

《岁月风云》是TVB首次和央视的合作，在内地和香港两地播放。

TVB安排旗下艺人频频亮相内地的剧集和电视节目，与湖南卫视联手推出了《舞动奇迹》，为一些二三线的艺人打响了在内地的知名度。

一年一度的颁奖礼也首度与内地门户网站腾讯合作，并通过腾讯网选出了最受内地观众欢迎的小生花旦。

旗下当家小生花旦的博客也纷纷在腾讯落户，其实也是一个良好的网络宣传。

当然，近年邵逸夫已经淡出了TVB的日常管理，大小事项实际是他的第二任妻子方逸华操作。但他依然是TVB绝对的精神领袖，只要有他出现的场合，台前幕后的人员便起身鼓掌不断，而历届"港姐"冠军，都以搀扶他出席过活动为荣。

邵逸夫，是香港电影电视史上的传奇，这个传奇不可复制，不可替代。

6. TVB大事记

2011年1月26日，香港TVB发布股权变动公告，称拥有其26%股份及其他重要资产的邵氏(兄弟)有限公司已与陈国强为首的投资集团达成协议，该投资集团将全数购入邵氏(兄弟)有限公司的股权。投资集团的另外两名成员分别是王雪红和Providence Equity Partners。而这次收购行动也意味着一直由邵氏王国操盘的TVB将正式易主。

2007年，TVB将在11月19日迎来它的40岁寿辰，希望等到它50、60……寿辰的时候，依旧拥有广大的收看群，依旧为大众所热爱。

2006年，7月11日，娱乐新闻台正式启播；8月29日，TVB和香港演艺人协会发起"隐私，尊严，香港人的事"大会，为钟欣桐被偷拍事件声讨某周刊。演艺界包括成龙、刘德华等上百位艺人出席。

2005年，TVB出售51%银河卫星广播有限公司（银河）股权给瑞力控股有限公司全资有的Enjoy Profits Limited（49%）及陈国强博士（2%），并于8月12日获广播管理局批准股权变动；同年，创办第一届香港先生选举。

2004年，银河卫星广播有限公司提供的exTV是电视广播有限公司及Intelsat的合资企业；于2004年2月18日正式宣布，开始在香港提供多频道数码电视服务；银河卫星广播有限公司成为电视共拨有限公司全资拥有附属公司，其后于2005年5月改名以新电视品派收费电视服务。

2003年，耗资22亿元兴建的将军澳电视广播城正式落成，新的电视城除了数码化设施外，位于广播城的卫星地面站是全亚洲唯一由电视台拥有的地面站；于2003年10月12日举行开幕典礼暨36周年台庆亮灯仪式。

2002年8月，将军澳新电视城虽然未正式开幕，但无线电视已开始陆续迁入电视广播城，同时戏剧录影厂大楼的5间戏剧录影厂正式运作。

2001年，香港电视广播公司(TVB)向媒体宣布，上海电信将入股TVB旗下的上海翡翠明珠，由上海电信提供宽带网服务，电视广播公司是内容提供商。其中上海电信将会占上海翡翠明珠20%股权，与香港电视广播公司(TVB)及央视捆绑一起。同月，TVB与中国中央电视台在北京签署协议，共同在香港组成合资公司，发展环球及大中华区节目买卖及发行服务。

同年，获美国国家广播协会（NAB）颁发2001年"国际广播卓越大奖"，表扬电视广播有限公司通过制作各类型慈善节目及参加社区公益活动为社区作出重大贡献，亦使香港成为第一个获颁这奖项的亚洲城市；《男亲女爱》第45集获亚太电视大奖最佳喜剧节目特别推荐，《十月初五的月光》第20集获亚太电视大奖最佳连续剧之特别推介；《创世纪》第23集获英国广播协会设计大赛银奖。

2000年，邵逸夫委任太太方逸华为副主席，又于2003年找来香港前广播管理局主席梁乃鹏出任副行政主席，协助方逸华管理TVB。

同年，3月8日，举行将军澳电视广播城动土仪式；银河卫星广播有限公司获发External Fixed Televcommunication Network Services License，展开电视广播集团的频道提供上行服务及其他机构的电讯服务；银河卫星广播有限公司获发本地收费电视牌照；《茶是故乡浓》获亚太电视大奖最佳电视大奖（荣誉奖）。

1999年，正式落实将清水湾电视城迁入将军澳，计划耗资港币16亿，预需时五年（约2003年）完成；获广播事物管理局批准成立TVB网络公司（TVB.COM公司）；《烈火雄心》获亚太最佳电视剧大奖。

1998年，香港广播有限公司属下的银河卫星广播有限公司获行政长官会同行政会议发出卫星电视上行/下行牌照，为期12年；12月7日，成立全球唯一及首条24小时普通话剧集卫星频道——星河频道。

1997年，TVB网站正式启用；香港回归，制作一系列特别节目。

1996年，无线电视继成功勇闯南极后，再接再厉派外景队赴北极拍摄特辑；中文字幕革新服务，为大部分节目配有中文字幕；在印度成立合资公司。

1995年，电视城道具仓发生五级大火，整个道具仓被烧毁，其后于原址重建；无线电视外景队远赴南极拍摄特辑，成为全东南亚首支进入南极拍摄的电子传媒外景队伍，更加为香港电视史写下重要的里程；TVBS制作娱乐节目，传送到亚洲各地。

1994年，开设跨部门的电脑特技发展研究小组，专注视象制作，剧集《聊斋》随后获得39届纽约国际电影电视节特别效果银奖；在加拿大以合资形式经营"新时代"电视台；获广播事务管理局批准提供区域卫星电视服务，成立专为亚洲观众而设的卫星频道，于亚洲地区发行分销；获香港行政局原则上批准一个为期12年的牌照，于香港成立及营运一个卫星电视上行/下行的系统；94版《射雕英雄传》获第二十届富士电视大奖铜奖。

1993年，电视城扩建计划完成，在台湾推出以卫星传送的国语节目TVBS。现在TVBS在台湾的卫星及有线电视市场已居领导地位。

1992年，无线电视开业25周年银禧志庆；举办全球首个华语电视广播研究会，超过200个来自世界各地的华语广播机构代表参加；举办首个"TVB儿童节"。

1991年，开始采用丽音多声道广播系统，为观众提供数码式立体及多种语言的广播服务；《仙侣奇缘》获纽约国际电影电视节优异奖；首次举办"翡翠歌星贺台庆"。

1990年，复办艺员训练班。

1989年，主办"迈向90共创香港新里程"活动，彰显香港的骄人成就及加强香港人对香港的前途及信心；举办首届国际华裔小姐选举，为TVB每年举办的国际级选美赛事。

1988年，改组成独立上市公司，并迁入清水湾电视城。

1987年，《大运河》获纽约国际电影电视节银牌；《宝莲灯》获英国广播协会第九届设计大奖银牌；推出长篇时装家庭伦理短剧《季节》，初期每集15分钟，逢周一至周五每晚在《欢乐今宵》的时段内播放。

1986年，《雪山飞狐》第一到四集获纽约国际电影电视节金牌；《观世音》获纽约国际电影电视节金牌。

1985年，《魔域桃源》第一集获纽约国际电影电视节银牌。

1984年，电视广播有限公司成为上市公司，股票在香港股票市场买卖；首次举办劲歌金曲颁奖典礼，积极推动本地乐坛发展；在美国洛杉矶创立中文有线电视台"翡翠台"。

1983年，《射雕英雄传》之《华山论剑》第三集获纽约国际电视节金牌；儿童节目《43穿梭机》首播，许多巨星都在此节目做过主持人，包括梁朝伟、周星驰。

1982年，第一次主办"新秀歌唱大赛"，借以发掘乐坛中有潜质的精英，历届得奖者如梅艳芳、黎明和郑秀文等，日后在演艺界均有辉煌成就。

1981年，香港小姐原冠军罗佩芝因虚报年龄被取消资格并取消冠军头衔；香港电视史上最长寿的电视剧《香港81至香港86》于1981年6月8日首播，至1986年7月11日为止，约超过1200集。

1980年，邵逸夫接替利孝和出任主席至今。

1979年，《绝代双骄》第一集获纽约国际电影电视节金牌。

1978年，电视剧《陆小凤》获纽约国际电影电视节银牌。

1977年，电视广播公司的节目部经理梁淑仪拉大队集体跳槽新电视台"佳视"。

1976年，成立电视广播（国际）有限公司（TVBI），致力开拓海外节目发行及录映带租赁服务，以及经营卫星及有线电视频道；7月11日，以人造卫星将首次在香港举行的环球小姐竞选转播到世界各地，全球收看的观众达5亿人；8月，首次利用电子新闻采访设备，报道香港秀茂坪山泥倾泻事件，领先全东南亚；制作100集的《书剑恩仇录》，是无线第一部改编自金庸武侠小说的剧集，自此时装与古装剧双线发展；拍摄第一部百集豪华时装剧《狂潮》（120集），自此掀起百集长剧热潮。

1975年，华星娱乐有限公司开始成立唱片部，并签下华星唱片的第一个带经理人合约的歌手张国荣。

1974年，无线电视成首家为香港观众以人造卫星转播世界杯足球赛的传媒机构。

1973年，举办首届"香港小姐"竞选。

1972年，所有节目均改为全彩色制作及传送；成立华星娱乐有限公司。

1971年，《欢乐今宵》成为全港第一个彩色制作节目。同年，无线电视艺员培训班成立，这个自产自用的明星培养基地，培育出如周润发、刘德华、梁家辉等。

1970年，参与50名地区会员的亚太广播联盟，积极推动电视的发展。

1969年，以人造卫星转播人类首次登陆月球的空前壮举。

1968年，制作了第一个电视剧集《梦断情天》，大受欢迎；通过人造卫星为香港观众转播四年一届的奥林匹克运动会。

1967年，11月19日TVB正式开台，无线的创办人包括"铜锣湾地王"希慎兴业大股东家族成员利孝和先生、"国语电影大亨"邵氏兄弟电影公司主席邵逸夫爵士等人，首任主席由利孝和担任。启播当天上午九点用微波科技直播澳门格兰披治大赛给香港观众欣赏，为香港首次现场直播节目；下午四时，在尖沙咀海运大厦举行启播仪式，当时的港督戴麟趾乘坐直升机来临主持；第一个彩色节目是欧美剧集《鼠纵队》，在开台日晚上8时播出；11月19日，播出开台第一部电视剧《太平山下》；同年，首播家喻户晓的综合节目"欢乐今宵"，成为全世界最长寿的一个电视节目。

第八章　　九旬娶知己　慈善度人生

1997年5月6日，在邵逸夫的妻子黄美珍去世十年之后，在邵逸夫和方逸华近40年爱情长跑之后，邵逸夫和方逸华终于来到美国拉斯维加斯登记并举行婚礼。此时的方逸华已经66岁，虽然青春的尾巴也已经成为过往，虽然脸上的肌肤没有了往日的吹弹可破，但出现在杂志封面的方逸华与90岁的新郎老翁手挽着手的照片仍然是甜蜜而又满足。

　　送人玫瑰，手留余香。邵逸夫的慈善之举使他的人生分外精彩！

1. 那人，等在灯火阑珊处

据说，当方逸华成为香江女杰后，人们对她传奇般的人生经历表示出了极大的兴趣，尤其是她与邵逸夫相濡以沫却各自独立、不离不弃却若即若离的爱情故事，人们都想一窥庐山真面目。以写经济+案件著名的女作家梁凤仪想要写一本以方逸华的经历为蓝本的小说，当她通过中间人找到方逸华时，方逸华毫不犹豫地推辞说：我的故事，已没有什么好说的了。不过，"无线"的竞争对手亚洲电视在上世纪末曾经拍摄过一部以邵逸夫为原型的大戏——《影城大亨》，人们可以从刘嘉玲扮演的雷梦华身上找寻到我昔日的身影。

这就是六婶方逸华！一个爱情高调却处事低调的方逸华！

1997年5月6日，在邵逸夫的妻子黄美珍去世十年之后，在邵逸夫和方逸华近40年爱情长跑之后，邵逸夫和方逸华终于来到美国拉斯韦加斯登记并举行婚礼。此时的方逸华已经66岁，虽然青春的尾巴也已经成为过往，虽然脸上的肌肤没有了往日的吹弹可破，但出现在杂志封面的方逸华与90岁的新郎老翁手挽着手的照片仍然是甜蜜而又满足，照片上，仍是一贯的香奈儿套装配上利落的短发，脸上有着的是属于20岁新嫁娘的娇羞。幸福从照片上漫上来，直漫到盯着照片看的读者的心里。

面对记者的惊诧和不解，邵逸夫毫不含糊地高声说："我同方小姐做了多年朋友，又一起工作了45年，结婚不单带来了正式的名分，也确定了方小姐日后的幸福。"

有好事者猜测，邵逸夫之所以直到90岁才与方逸华结婚，是因为吸取了一个人的教训。这个人就是新马师曾。

新马师曾，原名邓永祥，1916年6月20日出生，广东顺德人。因演戏时喜欢模仿名伶马师曾，于是师傅便给他改了名字，取了"新马师曾"这个艺名。新马师曾九岁便追随何寿年(何细杞)学习粤剧，十岁时即入"一统太平"戏班奔赴四镇八乡演出，且已冠有神童的称号。

自上个世纪30年代至今，新马师曾先后参加过多个剧团及多次自组剧团演出；早期有"觉先声"及"定乾坤"等著名剧团，亦曾自组"玉马男女剧团"。 四五十年代，新马除了自组"新马剧团"之外，亦参加过"新艳阳"、"新龙凤"、"新利年"、"龙凤"等剧团。主演的名剧包括《貂蝉》、《西施》、《万恶淫为首》、《卧薪尝胆》、《光绪皇夜祭珍妃》等。新马虽然身材瘦小，但擅演"关戏"，且对京剧颇有研究，并曾赴上海学艺，与京剧艺人林树森、麒麟童等过从甚密。基本上新马的"关戏"以京剧为宗。

新马师曾是当代一位擅演古腔的伶人，其唱腔自成一格，称为"新马腔"。五十年代，新马师曾与当时其它红伶一样，接拍电影；除粤剧戏曲片外，他亦以喜剧演员身份，演出多阿福及两傻系列电影。1960年，新马师曾创办了永祥唱片公司，除了灌录了他多首本名曲外，也曾灌录京剧唱片。他亦担任过八和会馆多届主席，并于1977年获得英国牛津大学颁赠名誉艺术博士，1978年又获英女皇颁赠的M.B.E.勋衔。此外，因为新马经常参加慈善活动，故又"慈善伶王"之称。1997年4月21日，新马师曾病逝于香港。

但令人遗憾的是，新马师曾病逝之后，他的妻子和子女尽失风度，为了遗产争夺不休，一时成为一大新闻。不少人将新马师曾的身故之事引以为戒，人们觉得，年纪偌大的邵逸夫也定当如此。

难怪有人将邵逸夫与方逸华的结婚往新马师曾身上猜测。

事实并非如此。

早在与六叔结婚前，方逸华已然在邵氏以及TVB建立了自己牢牢的根基。即使"六叔"先走一步，即使六叔不给六婶扶正，"六婶"方逸华也完全可以衣食无忧。

因此，他们的结婚不是建立在经济和担忧上的基础之上，而是建立在感情的基础之上。即使是完全出于邵逸夫对方逸华经济的担忧上，我想，这种担心也是一种爱。

婚后，邵逸夫和方逸华并未像普通夫妻那样长相厮守，朝夕相对，耳鬓厮磨。他们依旧住在各自的家里，其实他们的居所相隔只有5分钟的车程。如往常一样，他们原有的生活没有什么改变，如果说有改变的话，就是他们的生活的色彩因为两个人的结合而变成了更加绚丽的彩色。平日里，六叔和六婶两人一起上班，忙忙碌碌，似乎无暇他顾，周末，方逸华才会和六叔共进午餐，每次她大概逗留三个小时。

六婶虽然深爱着六叔，六婶虽然年纪渐长，但对于邵逸夫有不少年轻的女性朋友的事情，六婶一向态度和缓开放，这也是对邵逸夫的一种爱吧。

从进入"邵氏"之后，40多年风风雨雨里，15000个朝暮交替中，一个女人，无怨无悔地将自己最华美的光阴、最曼妙的聪明才智和款款深情统统付给了邵逸夫和他的事业。这种枝枝蔓蔓、绵长馨香的可贵情节，岂是一个简单的"爱"字所能概括的？

方逸华并不是那种攀附于高大乔木的柔弱藤蔓，也不是紧紧地贴靠在发光源近处，默默地吸收着光和热的微小物体，而是一个独立自强的奇女子！她以自己的行为证明了自己的能力和忠诚，也赢得了邵逸夫的怜惜与"邵氏"上下的认可。

早在1987年，邵逸夫的发妻黄美珍在美国病逝的时候，人们就已经在猜测和酝酿着邵逸夫和方逸华结婚的事情。虽然邵逸夫与黄美珍的婚姻既有不平凡的开局，也有不平常的过程和结尾，并且邵逸夫与黄美珍的婚姻维持了整整50年，但由于邵逸夫忙于事业，加之来香港接手"邵氏"的初期并未带黄美珍前来，因此，两个人的相处时间并不长。相应的，倒是方逸华与邵逸夫在感情上互相抚慰，在心灵上息息相通，在事业上互相扶持。

当有人问起邵逸夫与方逸华何时结婚的时候，邵逸夫总是笑着回答："没打算。"而方逸华则似乎顾左右而言他：邵老板是我的老师、老板、朋友和知己，我十分珍惜这天赐的缘分，拥有已足，不求更多。

但邵逸夫凭自己对方逸华多年的了解，他觉得方逸华是满心想与他结婚的，两颗再无秘密的心早已融为一体，还有什么心思是邵逸夫不能体会的呢？因此，邵逸夫对方逸华怀有歉疚。方逸华越是不向他提出结婚的请求，他心里的歉疚就会越多。邵逸夫知道，方逸华怕他心里有压力，有不忍，所以才将心底里蕴藏了几十年的情感深层次掩埋。当两个人不是因为爱情而是因为不忍而结婚的时候，还有真正的爱情可言吗？因此，正像他知晓当年黄美珍的心思一样，邵逸夫洞悉方逸华的心。

对于邵、方二人的夕阳红合卺，香港著名评论人查小欣这样说："她对他倾慕、感激、钦佩，而不是依赖、乞宠。一个真正高尚的男人，最终会给她名分，因为门当户对了。"

邵逸夫就是那个真正高尚的人，是一个真正懂爱的男人。

而方逸华，不论在邵逸夫创业艰难、暂时看不到希望的时候，还是在邵逸夫事业飞腾、宏图大展的时候，都是那个等在灯火阑珊处的那个伊人！

2010年元月，邵逸夫在102岁高龄，卸任香港无线电视台行政主席职务，他可以放心地将这个他花费毕生心血创建的、市值164亿港元的电视王国交给他心爱的妻子——六婶方逸华打理了。半个多世纪的心心相印，方逸华依旧是邵逸夫心中最值得信赖和倚重的那个女子，一如他当年初来香港接手二哥邵邨人的邵氏父子影业时的选择一样，不曾改变。

② 将慈善进行到底

邵逸夫极富传奇色彩的世纪人生中，有两"小"爱好，一"大"爱好。

两"小"爱好是看电影和练气功。

每天清晨，邵逸夫总是五点半起床，简单的梳洗之后，他首先要做的事是练气功一小时、打拳一小时，然后在晨辉乍现的林间漫步。

众人皆睡，而邵逸夫独醒，呼吸着新鲜得难以言状的空气，听着鸟儿初醒时略带羞涩的鸣叫，邵逸夫心里的豪情和喜悦是外人无法知晓的。

可以说，气功既是邵逸夫的养生之道，更是他调节心情和思考问题的重要方式。正因如此，他才有那么健康的身体和那么好的精气神，也才有那么多的创意和那么足的勇气。

邵逸夫看电影之多，也堪称一最。他不单单是看电影片的数量多，并且每次看的态度也与很多人不同，别人是为了消遣，或者是为了欣赏，而邵逸夫是为了观摩，为了让自己的思维受到启发，是为了提升"邵氏"的影片水平，为了拓宽"邵氏"的电影题材。

邵逸夫的一"大"爱好是慈善事业。

由于本书在第一章里已经对邵逸夫的热衷慈善事业作了列举，故此处不再添足。

与热衷慈善相矛盾的是邵逸夫的吝啬。

邵逸夫能吃大苦，受大累，但不改做事勤勉的性格；精通业务，市场敏锐度极强，对成本锱铢必较，这也是邵逸夫商人职业的素质。这种锱铢必较似乎很没风度，似乎不符合身价一百多亿的富豪的身份，但这却是真正的邵逸夫：对慈善事业毫不吝惜，对成本，对自己，甚至对身边人则是一个"铁公鸡"。

关于邵逸夫的"吝啬"，前文也提到过一些，其中有对李小龙，对许冠文，对邹文怀，对李翰祥……虽然他比二哥邵邨人强得多，但仍然不乏"吝啬"的种种作派。

聊举两例——

一、真人吝啬，铜像遭殃

传闻在"邵氏"最辉煌的时期，邵逸夫曾授意为自己铸造一尊铜像，准备安放在邵氏影城的大门前。不知道他是怎么想的，或许是为了激励员工，或许是为了提醒自己。后来，由于有人的提醒，终于没把这尊铜像投入使用，而是放在了道具房里。因为劝告者说，活着的人是不立铜像的，只有死了的人才有此待遇。

后来，人们都知道黑暗的道具房里有老板的铜像在"发霉"，就有一些对邵逸夫的吝啬不满但不敢当面发泄的人来到道具房，对邵逸夫的铜像拳打脚踢，其情形不亚于来到河南省淮阳县太昊陵的人们对秦桧夫妻的铁像那样撒气。曾有人感慨，那尊无辜的铜像不知替邵逸夫挨过多少小姐们的唾沫和武师们的拳脚。

二、得了芝麻，丢了西瓜

早年间，因为要出去拍外景，一名剧务便向邵逸夫提出一个请求，要求花20元钱购买100个生煎馒头，给片场工作人员吃。但这个非常合理的请求却被邵逸夫拒绝了！原因当然非常简单，公司内部食堂里的馒头一个才1毛钱，足足比外面便宜了一半！结果，出外景的工作人员因没有早餐而闹罢工，为尽快平息这次事端，邵氏为此损失了近万元——就是为了省下那10块钱！10块钱，一个普通人也未必太过看重的数目，而身家过亿的邵逸夫却难以割舍。岂不是得了芝麻却丢了西瓜？

而今邵逸夫的资产已经超过了100亿港币，慈善捐款的数量也大得惊人。可是他早年间并没有像今天这样豪爽，他最早的"一笔"慈善捐款是给一所老人院的100港币的支票，因为数量太少，当时就被老人院退了回来，嫌他实在太过于吝啬。

商人出身的邵逸夫克勤克俭，对于下属也算不上多么大方，他手下很多导演成名之后，都希望能够获得票房分红的权利，但是在邵逸夫这里，简直就是痴人说梦。正是由于他不肯让手下人尝到更多的甜头，导致邵氏公司在发展的过程中不断有精兵强将投入别家公司的怀抱，成为别家公司的摇钱树和聚宝盆，这也是邵氏公司没落的一个原因。

经历过养老院捐款退还一事之后，邵逸夫就开始慢慢反思自己的理财之道，特别是在他被授封爵士之后，他越发觉得自己应该用财富来回报社会，他决定要大力资助教育事业。巨大的财富不能为其带来美名，而兴办教育则是利在千秋的功业，他要融身进去！

一念之间，能让一个人遗臭万年，也能让一个人流芳千古。

邵逸夫当然属于后者。

多年来，邵逸夫一直稳居香港超级富豪排行榜上。他乐善好施，热心公益，是香港屈指可数的大慈善家。早在1973年，他就设立了邵氏基金会，致力于各项社会公益事业。

从1985年起，邵逸夫开始将关注的目光投向中国内地。从那一年起，邵逸夫平均每年都拿出1亿多港元用于支持内地的各项社会公益事业。他对中国教育事业更是情有独钟，如今以"逸夫"两字命名的教学楼、图书馆、科技馆及其它文化艺术、医疗设施遍布中国各地。

20多年来，邵逸夫一共向内地捐助了30多亿港元，兴建了5000多个教育和医疗项目。

2002年11月15日，邵逸夫先生捐资创立的"邵逸夫奖"在香港正式宣告成立，用以表彰全球造福人类的杰出科学家。"邵逸夫奖"100万美元的巨额奖金可以堪比被视为国际最高自然科学奖项的"诺贝尔奖"，因而被称之为"21世纪东方的诺贝尔奖"。邵逸夫说："我相信人类的伟大在于追求、研究、传授学问、造福人类。"

2008年4月14日，由中国民政部主办的2007年度"中华慈善奖"在北京揭晓。长期致力于慈善事业的邵逸夫先生被授予"中华慈善奖终身荣誉奖"。

"中华慈善奖"是中国慈善领域的最高政府奖项，下设五个奖项——"最具爱心慈善捐赠个人"、"最具爱心慈善行为楷模"、"最具爱心内资企业"、"最具爱心外资企业"、"最具影响力慈善项目"，其宗旨是表彰在助学、助医、赈灾、济困、扶老、助残、救孤、环保以及支持文化艺术等领域做出突出贡献的个人、机构及项目。

邵逸夫获此殊荣，当之无愧。

送人玫瑰，手留余香。邵逸夫的慈善之举使他的人生分外精彩！

3 养生向来有道

有香港媒体如此报道——

著名企业家邵逸夫在2010年元旦宣布退休，这位102岁的富豪，比一般人的退休年龄整整晚了40年。有人问他养生秘诀何在？邵逸夫笑答："秘诀有三，一是勤奋工作，二是笑口常开，三是日含人参一片。"

这则报道中的40年的数字不实，与一般人的退休年龄相比，邵逸夫晚了60年还要多！

上世纪50年代中期，邵逸夫开始关注自己的健康，重视养生。最初，每天炖一根野山参进补，至上世纪60年代后期，改为每日在舌下含薄薄的一片顶级野生人参。

此外，邵逸夫每顿晚饭一定要喝一碗"蜜瓜海螺煲老鸡汤"，该汤在香港又被称为"爵士汤"，顾名思义，当时只有爵士才能喝到的好汤，非常有名。

2010年元旦，邵逸夫正式宣布退休，此时，他已经102岁。一切果皆有因成，邵逸夫的长寿之道必定耐人寻味。当有人问他养生秘诀何在的时候，邵逸夫含笑而答："秘诀有三：一是勤奋工作，二是笑口常开，三是每天练功。"这其中的第三条与本节开头的相关地方不符，其实大概内容是相同的，不过是，一个说得太过具体了，而70岁之后，邵逸夫便不再口含人参了。

此言可以说是对邵逸夫一生的总结。

一、勤奋工作

邵逸夫90岁前，还每天坚持上班。他认为，晚年小劳有益健康。

关于勤奋工作，经他一手提拔的导演张彻写书回忆上世纪60年代的邵逸夫："邵逸夫当年治事之勤，是我生平罕见，他坐的劳斯莱斯是名贵豪华的车，车里有酒吧，他改装成小型办公桌，连途中的时间都不浪费。"

邵逸夫自己说："我自己每天晚上只睡5小时，中午小睡1小时，其余时间都在工作。"甚至到他古稀之年，仍坚持每天工作16个小时。

直到现在，他还出席每两周一次的无线高层会议。除了上班和开会，邵逸夫还有一项重要工作，那就是看电影和电视。他很喜欢看以搞笑闻名的《憨豆先生》，多年来他一直保持开朗的心境，而乐观的情绪和开朗的性格，是防病保健延年益寿的重要条件。

二、笑口常开

邵逸夫说，笑是宽容，宽容是一个人的修养和善良的结晶，是生活幸福的一剂良药。不过在有些人看来，他还以爱情滋润了自己。

宽厚和乐于助人也是邵逸夫高寿的另一个原因，这应该也可以归于笑中常开之中。古人云：仁者寿。这是因为仁爱之人的心和山一样平静和稳定，他们以爱待人，站得高，看得远，宽容仁厚，不役于物，也不伤于物，不忧不惧，所以能够长寿。多年来，邵逸夫一共向内地捐助了34亿港元，兴建了5229个教育和医疗机构。邵逸夫的高寿，与此也有着不可分割的关系。

邵逸夫之所以长寿且健康，还因为他喜欢和年轻人接触。邵逸夫最喜欢和年轻的女星聊天，相伴，其中最得六叔欢心的并不是什么当红花旦明星，而是三线演员曹众以及过气女星陈松伶。

诚然，邵逸夫身边的红颜很多，其中曹众便被拍下和六叔手拖手吃饭的照片。另外，曹众还与六叔结伴看电影，甚至有次还主动要求跟六叔去上海。

近年来，在邵逸夫身边频繁出入的还有修身堂主席张玉珊。早前六叔因肺炎入院，引起一场虚惊，不过康复出院的六叔没有立即回家休息，反而相约张玉珊和刘家昌连续两日分别到半岛酒店及港岛香格里拉酒店饮茶。张玉珊对六叔关怀备至，不时搀扶他。张玉珊不讳言喜欢和上了年纪的人做朋友，她说这是一种缘分。而她曾在访问中称六叔是她可以倾诉心事的对象。可见，两人发展了一段忘年友情。

无线电视台每年举办"香港小姐"选评的时候，邵老都会精神奕奕地出现在观众席上，而香港小姐冠、亚、季军遴选出来之后，甜姐儿们总会簇拥在邵逸夫身边，与老板来张大合照，但见邵老在鲜花般的美人堆中，益发年轻。

三、注意练功

年逾百岁的邵逸夫在养生之道上和其他寿星有些不同，他曾向香港特首曾荫权传授长寿秘诀，那就是：每晚睡前躺在床上，脚掌前后、左右摆动64次，还要转64圈。不知道他是否从"老从脚上起"这一养生格言中领略来的。但老年人多锻炼脚部，确实是好处多多。

15年前，邵逸夫不懂气功时，每天靠人参支撑体力，他一年要进食人参4两。夏冬两季，每季2两。后来，每天练气功就成了他的必修课。每天早晨5点半起床，练功两个小时，步不乱、气不喘。除外他还坚持打太极拳、游泳、散步。年轻时候，邵逸夫非常喜欢打网球。

他说："因为我练气功，睡眠质量很好，每天睡6个小时就足以解除一天的疲劳。"邵逸夫曾表示，自己有三不做：一不赌钱，二不喝酒，三不做不正常的事。所谓不正常，就是指刺激的事情，这会对身体有不良影响。在饮食上，邵老可以说是"百无禁忌"。除了酒以外，牛扒、鸡翅等照吃不误，他遵循的是"营养平衡"。他认为：合理的营养是代谢的基础，膳食中既要保持充足的蛋白质，又要补充必要的维生素和微量元素。邵逸夫的饮食量不多，但保持了营养上的平衡，确实是可取的。

邵逸夫平时不暴饮暴食，不喝酒，尽量少吃油和肉，菜和鱼吃得多，还会吃很多水果，甜点也稍微吃一点，最喜欢在下午茶的时候吃点清淡的健康食物。和很多传统中国人一样，邵逸夫喜欢进补人参。70岁以后，改练气功，便不再吃人参。他说："现在我完全不吃补品，因为气功会令血

第八章 九旬娶知己慈善度人生

「285」

气流通，对健康有很大帮助，也使人不会衰老得太快。"

邵逸夫练的气功说起来很简单：自然地屈双脚、静心打坐、再深呼吸。他说："你一深呼吸，那些气就自然聚集到丹田中。打坐最重要的就是心无旁骛，只要脑筋一转，热气就马上停止上升，而且瞬间消失无踪。"练了3年，就已经又能吃又能睡。练30年，邵逸夫更是习惯成了自然，天天如此，不可或缺。

由于非常重视练功养生，且又是世界上屈指可数的高寿大亨，邵逸夫得以成为"世界医学气功学会"顾问。据说，有一次，邵逸夫特地邀请武当山的气功高手到香港传授气功功法。

4. 传奇，仍在继续

TVB的尴尬

令邵逸夫头痛的还是他的接班人问题。早在数年前，身体不太好的邵逸夫已开始部署接班人，关键的一步是安排他的妻子方逸华接掌邵氏王国，并于2000年10月委任她为无线副主席，又在2003年委任广管局前主席梁乃鹏为副行政主席，以协助方逸华，打消了不少投资者觊觎收购的念头。

2007年，邵逸夫已经100岁，方逸华也已经76岁，而邵逸夫的长子邵维铭又无意接掌"无线"，而一向钟情于媒体业务的"小超人"李泽楷在内的许多知名人士，一直觊觎"无线"的资产，但都遭邵逸夫拒绝，认为他们都不是合适人选。

随着邵逸夫、方逸华夫妇二人年事渐高，加上家族成员无意接掌，"无线"这家市值逾200亿的传媒王国的接班人是谁，越来越受外界关注。

同时，自邵逸夫妻子方逸华前几年入主"无线"后，开始实行新人事新作风，采取了开源节流政策，并且起用新的管理层，对老臣们重视程度不足，不少老员工都有跳槽的心思。如何提高员工凝聚力以及引入新的人才，已成为"无线"当前的一大问题。

邵逸夫近年已很少参与TVB的日常事务，仅在一年一度的股东大会以及每年的台庆才会公开露面；他的妻子方逸华反而渐趋高调，由以往的"幕后英雄"昂首走向幕前，并终于"坐正"出任董事总经理之位，可见邵逸夫早已为交出接力棒做足了准备。

接班人没有问题，但TVB的业绩停滞不前却是不容忽视的大问题。2005年到2008年期间，TVB的营业额从41.76亿港元增至44.7亿港元，每年增长率仅为1.35%。盈利方面更是不进而退，2008年赚了10.55亿港元，比起前三年平均每年赚11亿港元左右还要倒退，而且毫无复苏迹象。

至于2009年上半年的业绩，半年营业额仅为17.54亿港元，较2008年同期减少一成半。虽然TVB大刀阔斧、裁员节流，令成本由9.6亿港元缩减至8.5亿港元，但上半年纯利润仍然大跌三成半。

除了业绩连续下滑外，TVB垄断多年的香港电视音乐王国也可能被打破。以往华人歌手在香港宣传一般只上TVB，要是接受别的电视台采访就会面临被TVB封杀的危险，而被TVB封杀，则意味着葬送星途，因此，在以往的漫长时间里，没有人敢轻易这么做。但近日由环球、华纳、SONY和EMI等唱片公司组成的HKRIA（香港音像联盟）开始发难，要求采用国际同行的分红方式——按照广告收入的分红制度来制定版税金额。按照这样的算法，近年TVB要交480万港元的版税，到了2012年则要交960万港元。这对于TVB来说将大幅增加预算。

HKRIA的这四大唱片公司拥有陈奕迅、李克勤、谢安琪、方大同等众多华语一线歌手，目前这些歌手将缺席TVB本月举行的劲歌金曲总选，而TVB的很多节目需要用到这些歌手的歌曲。例如前晚在香港尖沙咀举行的烟火倒计时，TVB负责制作，结果只邀请到"英皇"旗下的古巨基，其他唱片公司的歌手纷纷缺席，这让TVB很尴尬，也不利于广告招商。

之所以会这样，只能说明TVB的影响力和杀伤力在减弱，不足以起到震慑的作用了。

对于TVB而言，还有更糟糕的。

TVB最大的一笔资源——电视剧——目前也陷入"港剧危机"。

除了剧集本身缺乏足够的新意之外，TVB为了讨好广告客户，在剧集中大量植入广告品牌，当然，植入广告的目的还有一个重要侧面——增加收入，此举令观众感觉非常厌烦。像现在中国大陆内地的一些影片或者专题晚会一般，总会植入大量的广告，让人一时不知是在看电影看节目还是在看广告。包括"春晚"这样最大型的综艺节目也难以免俗甚至更烈。难怪有人这样愤怒地呼吁："强烈抗议在广告中插播春晚！"

以TVB最新台庆剧《富贵门》为例，该剧大量植入香港一家银行的广告，还把该银行的经营理念都植入进去。几乎约等于懒婆娘的裹脚。据传该银行给了TVB约1000万港元的赞助费。但观众对这样的植入非常反感，该剧在香港收视率很一般，平均收视连30点都没有，创了近年TVB重头戏的新低，有部分观众还向香港广播电视管理局投诉广告植入太厉害，这对于TVB来说是赢得了收入但失去了口碑。

这恐怕又是一个得了芝麻却丢了西瓜的糗事。

邵逸夫现任妻子方逸华

一直以来，方逸华都被看成是邵逸夫理所当然的接班人。那时，可能大家还不是很清楚邵六叔究竟有没有儿女，反正，在这个老人身边出现的亲人，除了方逸华还是方逸华。仿佛她就是邵逸夫这个世界上唯一的家人。

而方逸华亦为接掌TVB颇费过一些功夫。在刚接任香港电视广播有限公司总裁一职不久，方逸华就聘请了陈志云作为香港电视广播有限公司总经理，负责电视广播业务；乐易玲为无线制作资源部副总监，负责艺员科业务。当时，他们的加入被喻为"空降部队"，曾在TVB内部掀起过轩然大波，引起在TVB服务多年的许多资深人士的不满。当再次传出邵逸夫入院的消息之后，为了稳定军心，方小姐再次顺应时势，对多位高层实行升职加薪的"派糖"政策。梁家树由原来的戏剧部助理总监，连升两级，成为戏剧制作总监。曾励珍也由原来的戏剧部副总监升为戏剧制作总监，外加加薪25%，与梁家树形成两强对立的局面。

种种做法，虽说可以理解为稳定军心，但也可理解为方逸华为自己

"拉拢人心"。

实际为了什么，或者只有方小姐自己心中才最明白。

可是，大家都忽略了一个问题，尽管方小姐比邵六叔小24岁，但是，在邵六叔100岁高龄的时候，方小姐也是一位76岁的老人了，即便真的由她来接掌电视广播有限公司，那也可能是短时间的事情。那之后呢？恐怕还要再来一次接班人的物色。因此，才会在2006年的时候疯传过电视广播有限公司需要卖盘的新闻。确实，让一个年愈七旬的老太太来继承一个总资产超过百亿元的公司，于情于理都有点残忍。除非，真的是后继无人，要不然方小姐确实不是一个好的人选。

年龄问题谁也回避不了，忠诚并不能解决一切问题。现在，对于TVB，对于邵逸夫，对于方逸华，面临的是同一难题。

破冰之举

邵逸夫的两个儿子现在都居住于新加坡，而且均以地产生意为主，跟娱乐事业完全搭不上界。而邵逸夫的长子邵维铭亦曾表示过，不会继承父亲的娱乐事业。再说，按粗略计算，邵六叔的两位公子怎么也该年近七旬，跟方小姐一样是古稀之人了。同样的道理，尽管两人表面看来身体状况不错，但是，毕竟是年事已高，养生估计会在他们的心里分量更重一些，至于继承家产，或许他们早已看得很开。邵逸夫的二男二女四个孩子从小由邵逸夫的三哥邵仁枚在新家坡抚养长大，原本其两个儿子邵维铭、邵维钟已经在董事局任职，自方逸华介入邵氏，二人便退出董事局，移居新加坡，父子不相往来20多年。

直到2007年，父子之间的感情才有了破冰之举。

这一年，邵氏父子三人同时出现在了"邵逸夫奖"颁奖典礼上，这是几十年来父子唯一一次公开共同亮相。这是不是意味着TVB的新掌门人有了眉目？仍然是一个谜。

早在2006年，就曾经传出过一个消息，说因为邵逸夫和方逸华年事已高，所以，决定把TVB卖盘，也就是说他们不再持有TVB的股权。只是，这一消息一直都只是传闻而已，没有被任何一个当事人证实过。不过，按现在的情况看来，卖盘也不见得是一件坏事，只要价钱合适，卖出去也总比没有人接手来得强。

人们之所以如此关注TVB的何去何从，很大程度上是因为人们对TVB制作出来的节目的喜爱以及对它所捧出来的明星的追捧。因此，TVB的继承问题一天不尘埃落定，人们还是会一直把心悬着，继续关注下去。

目前的TVB实际是邵逸夫、方逸华共同管理，坊间多认为方逸华是最可能的接班人选。但2008年3月，邵逸夫住院，有香港媒体称六叔的身体状况相当糟糕，到了靠呼吸机来呼吸的地步。于是，TVB立刻炸了营，旗下高层的"四大天王"——陈志云、乐易玲、梁家树、曾励珍及各自手里一群艺人的斗争公开化，杨千嬅、古巨基也有意出走，方逸华在黑云压城的危急时刻，似乎难以扭转这尴尬的局面。

但邵逸夫似乎心志已决，对TVB卖盘。2008年夏天，邵氏跟碧桂园老板杨国强接洽。传闻说，邵逸夫愿意借给杨国强35个亿，并接受分期付款，目的只有一个，促成杨国强125亿元买下TVB之事，但在这节骨眼上，经济危机汹涌来袭，卖盘计划最终宣告流产。

看来百岁老人邵逸夫要稳住自己一手打造的"百亿江山"，还有一段很长的路要走。这一段路，没有人知道它的长短，但人们知道，它似乎更加难走。

有邵逸夫在的地方就有传奇。

传奇，仍在继续。

5 香港电视三巨头

无线电视

香港电视广播有限公司（TVB）于1967年11月19日正式开业，是香港首家商业无线电视台，故亦常被称为"无线电视"或"无线"，观众又有"TBB"、"三色台"、"无记"等昵称。业务遍及全球，主要业务包括电视广播、收费电视、节目制作及发行、动画代理、卫星电视、杂志出版，及其相关业务。

电视广播有限公司由利孝和、祁德尊、邵逸夫等人创办，其经营的免费中文电视频道翡翠台，启播至今一直处于收视领导地位，是香港大众文化的重要组成部分。

TVB是世界第一大华语商营电视台，成立初期只有员工约200名，至今共有约4500名全职员工，其中包括合约艺员及海外附属公司员工。成立四十多年来，为全球最大的中文栏目制作商，拥有全亚洲最具规模的商业电视制作及营运中心，累计栏目超过800,000小时，

电视广播有限公司建立了一个庞大的栏目宝库，拥有庞大的制作资源，旗下拥有众多艺人、歌手和专业制作人员，栏目产量更高达每年17000小时，其质与量都稳占全球中文电视栏目的领导地位。其中，TVB制作的节目，尤其是电视剧，一直影响着香港和华人社区。

历年来，TVB制作的娱乐、新闻及公共事务节目及宣传短片等屡获殊荣，至今获得国际重要奖项逾三百多项。在1997年，无线电视被选为亚洲五十年间最具竞争能力的企业之一、全港二十大杰出商业机构及全亚洲两百卓越公司之一，2001年获得美国国家广播协会颁发的"2001年国际广播卓越大奖"。

无线由香港的免费电视起步，现时业务已遍及各地，渐趋多元发展，包括节目租赁、收费电视、音乐、电影、杂志出版等，本地和海外业务各占约一半。无线现为全球股票市值最大的华语电视台，以及最大的华语节目供应商之一，2008年营业额超过45亿港币。

　　2011年1月26日，TVB发布股权变动公告，称拥有其26%股份及其他重要资产的邵氏(兄弟)有限公司已与陈国强为首的投资集团达成协议，该投资集团将全数购入邵氏(兄弟)有限公司的股权。现任管理层保持不变，陈国强、王雪红及Providence的行政总裁Jonathan Nelson，将被推选加入TVB董事局。

　　TVB制作的剧集很多，代表作主要有《射雕英雄传》、《神雕侠侣》、《倚天屠龙记》、《封神榜》、《碧血剑》、《小宝与康熙》、《寻秦记》、《陀枪师姐》系列等等。

亚洲电视

　　亚洲电视是香港两大无线电视台之一，成立于1958年，其原名为"丽的呼声"，早期以收费有线广播形式经营。香港只有两家电视台获政府发牌经本地免费电视节目服务，亚洲电视为其中之一，另一家为无线电视，亦为其主要经营对手。1981年11月改称"丽的电视"。1983年改为"亚洲电视有限公司"，简称ATV。

　　亚视早年的剧集《陈真》、《霍元甲》、《大地恩情》等，深受内地观众喜爱。此外，亚洲电视每年均会举办一些大型综合节目，如早前的《亚洲小姐竞选》等。

　　目前，亚洲电视每年的自制节目超过3000小时，剧集、综艺及信息各类型节目，极视听之娱，更显示亚洲电视的无穷创新与动力。拥有15年历史之大型评选活动《亚洲小姐竞选》，于去年以新的起点，新的面貌出现。首次在中国内地杭州举办中国区的总决赛，亦首次吸纳来自亚洲各国的佳丽参赛，成为名副其实的亚洲区最高水平的国际选美活动。此外，集信息与游戏的新节目"开心大发现"，亦延续了《百万富翁》的成功。世界各地华人奋斗历程的真实纪录"寻找他乡的故事"，更连续五年获得香港节目欣赏指数最高奖。

　　"亚洲电视"的新闻一向报导深入明快、客观公正。而为了确保新闻时效，"亚洲电视"新闻部与内地及海外十多家电视台建立了新闻互动机制，透过互联网与人造卫星迅速将新闻信息传送到世界各地。"亚洲电视"精心制作的新闻专题节目"时事追击"，在纽约国际电影电视节、芝加哥国际电视节和 Asian Television Awards颁奖礼中多次获奖。与此同时，亚洲电视更为电讯盈科NOW宽频电视于去年12月推出24小时新闻频道，为观众提供更新、更快、更精确的新闻消息。

九仓有线

　　香港有线电视有限公司，于1993年10月31日启播，曾获得香港政府批准约达12年的专营权。香港有线电视有限公司的主要股东为香港地产企业九龙仓集团，是香港第一家多频道的收费电视公司，亦是现时香港第一大自制频道、拥有第二大频道数目及第二多用户（达83万）的收费电视台。

　　成立初期，该台有8个节目频道，除了全球首条24小时播放粤语新闻和体育频道，还有电影台、儿童台、YMC、CNN等频道，当中以新闻、体育和电影作为主打，辅以纪录片及娱乐节目。

　　现在有线电视拥有24小时播放的新闻台、娱乐新闻台、多条电影及足球、国际新闻频道等等。有线电视播放的电视频道现达101条（2008年1月1日起只剩下99条），而声音广播频道则有4条，曾为全港电视台之冠，然而这个纪录在2006年5月10日由Now宽带电视和无线收费电视合作打破。

　　2001年8月起，有线电视开始把电视讯号逐步由模拟广播转为数字广播，该工程于2005年初完成，成为香港首家利用数字广播的电视台。同年，有线电视成立覆盖整个亚洲及北美洲的华语卫星频道"新知台"。2004年9月14日，有线电视获行政会议批准，推出人造卫星传送电视频道服务，提高了信号的覆盖范围。

附　录

一、邵逸夫先生大事年表

2011年1月26日，香港TVB发布股权变动公告，称拥有其26%股份及其他重要资产的邵氏(兄弟)有限公司已与陈国强为首的投资集团达成协议，该投资集团将全数购入邵氏(兄弟)有限公司的股权。投资集团的另外两名成员分别是王雪红和Providence Equity Partners。而这次收购行动也意味着一直由邵氏王国操盘的TVB将正式易主。

2010年4月14日，青海玉树大地震，邵逸夫捐款1亿港币。

2009年8.8水灾关爱行动，邵逸夫捐款1亿新台币。

2008年5月15日，四川汶川8.0级大地震三天之后，邵逸夫及夫人方逸华女士向教育部表示，捐款1亿港元，为灾区师生重建校舍，使他们早日重返校园。

2007年，邵氏兄弟公司成立50周年，邵逸夫迎来百岁诞辰。

2006年，邵逸夫获台湾金马奖颁"终身成就大奖"，香港电影金像奖颁"世纪影坛大奖"。同年，因患肺炎一度入院，虽无大碍，但透露出要退休的意思。

2005年，邵逸夫捐出1000万港元，资助南亚海啸受灾地区。

2004年，第一届"邵逸夫奖"颁奖典礼9月7日晚在香港隆重举行，邵逸夫与夫人方逸华出席颁奖典礼。

2003年，邵逸夫宣布斥资1.8亿美元，重新在将军澳兴建邵氏影城。

2002年，创立"邵逸夫奖"，每年选出世界上在数学、医学及天文学三方面有成就的科学家，授予100万美元奖金。

2001年，邵逸夫与方逸华成立电影动力有限公司，创业作为《绝色神偷》。

2000年，邵逸夫委任太太方逸华为TVB副主席。

1999年，已经火遍内地、台湾的《还珠格格》登陆"亚视"，立即在香港掀起收看热潮。"格格之战"使邵逸夫首尝败绩。

1998年，邵逸夫获香港特别行政区政府颁发的GBM勋衔。

1997年，在美国拉斯韦加斯迎娶方逸华，时年90岁。

1996年，"无线"迎来一部高收视的《西游记》，播出后轰动全港。

1994年，邵逸夫把"亚视"不少台前幕后人员挖到了"无线"，尤其是台前一众九位当家小生花旦全部网罗至旗下，"亚视"自制剧由此开始衰弱，频频靠外援诸如马景涛等艺人拍摄新剧，于是"无线"又进入一台独大的局面。

1993年，邵逸夫以独道眼光钦点引进台剧《包青天》，结果在香港掀起收视狂潮。

1992年，中国政府为了表彰邵逸夫的公益事业，特聘邵逸夫为首批港事顾问。

1991年，美国旧金山将每年的9月8日定为"邵逸夫日"，以表彰他在社会公益方面所做的贡献。

1990年，中国政府将中国发现的2899号行星名为"邵逸夫星"。

1980年，邵逸夫以无线电视最大股东身份出任董事局主席至今。

1977年，再获英女王赐予爵士头衔。

1974年，由于贡献突出，获得英女王颁发的CBE勋衔。

70年代，邵氏兄弟踏足当时发展迅猛的电视业，与无线电视合作，培训艺员。

1957年，从新加坡正式来港发展，其后成立邵氏兄弟(香港)有限公司，任总裁。

1945年，抗日战争胜利后，正当盛年的邵逸夫雄心不减当年。他摩拳擦掌，决心大干一场，重振邵氏家业。

1937年后，日本帝国主义的野蛮入侵打乱了邵氏影业的发展进程。邵氏惨淡经营，艰难度日，后来更是难以为继，被迫关门了事。

1934年，邵氏兄弟第一部有声电影《白金龙》在港推出。

1930年，与三哥邵仁枚成立邵氏兄弟公司，先后购入多家戏院，更到欧美搜集西方的先进电影及器材。

1927年，刚从中学毕业的邵逸夫，应三哥邵仁枚之邀，南下新加坡协助开拓南洋电影市场，从此注定其一生与电影业的不解之缘。

1907年农历10月出生，祖籍宁波，原名邵仁楞。因为在兄弟姐妹中排行第六，故人称"六叔"。

二、"邵氏"恢复制片之后及成立之初五年生产制作的部分影片

《醉马骝》（2003年）

《马永贞》（1997年）

《变脸》（1996年）

《没有老公的日子》（1995年）

《无味神探》（1995年）

《破坏之王》（1994年）

《珠光宝气》（1994年）

《爱的世界》（1990年）

《神勇双妹唛》（1989年）

《法中情》（1988年）

《今夜星光灿烂》（1988年）

《七小福》（1988年）

《榴莲飘香》（1959年）

《晓风残月》（1959年）

《偷情记》（1959年）

《星岛芳踪》（1959年）

《重重围困》（1959年）

《飞来艳福》（1959年）

《独立桥之恋》（1959年）

《千金小姐》（1959年）

《嬉春图》（1959年）

《死亡的约会》（1959年）

《欲网》（1959年）

《江山美人》（1959年）

《儿女英雄传》（1959年）

《丈夫的情人》（1959年）

《青春乐》（1959年）

《艳尸案》（1959年）

《荒唐女婿》（1959年）

《红粉干戈》（1959年）

《迷魂曲》（1959年）

《僵尸复仇》（1959年）

《玻璃鞋》（1959年）

《粉红色的凶手》（1959年）

《榴莲飘香》（1959年）

《貂蝉》（1958年）

《妙手回春》（1958年）

《玉女惊魂》（1958年）

《蓬门淑女》（1958年）

《玉女春情》（1958年）

《一夜风流》（1958年）

《仙袖奇缘》（1957年）

《移花接木》（1957年）

《神秘美人》（1957年）

《夜来香》（1957年）

《水仙》（1956年）

《梅姑》（1955年）

三、最近五年TVB经典电视剧

2011年

《仁心解码》

《隔离七日情》

《鱼跃在花见》

《你们我们他们》

《only you》

《驳命老公追老婆》

《女拳》

《布衣神相》

《谁家灶头无烟火》

《洪武三十二》

《点解阿Sir系阿Sir》

《不速之约》

2010年

《老友狗狗》

《巴不得爸爸》

《美丽高解像》

《五味人生》

《恋爱星求人》

《老公万岁》

《秋香怒点唐伯虎》

《铁马寻桥》

《女王办公室》

《搜下留情》

《飞女正传》

《掌上明珠》

《谈情说案》

《蒲松龄》

《天天天晴》

《情越双白线》

《施公奇案II》

《女人最痛》

《摘星之旅》

《公主嫁到》

《翻叮一族》

《读心神探》

《巾帼枭雄之义海豪情》

《刑警2010》

《依家有喜》

《囧探查过界》

《诱情转驳》

《居家兵团》

2009年

《大冬瓜》

《老婆大人2》

《学警狙击》

《桌球天王》

《巾帼枭雄》

《ID精英》

《碧血盐枭》

《烈火雄心3》

《王老虎抢亲》

《绝代商骄》

《古灵精探B》

《有营煮妇》

《蔡锷与小凤仙》

《宫心计》

《富贵门》

2008年

《法证先锋II》

《疑情别恋》

《太极》

《幕后大老爷》

《溏心风暴之家好月圆》

《与敌同行》

《当狗爱上猫》

《烈火雄心III》

《原来爱上贼》

《师奶股神》

《珠光宝气》

《金石良缘》

《秀才爱上兵》

《少年四大名捕》

《盛世仁杰》

《甜言蜜语》

《银楼金粉》

《搜神传》

《毕打自己人》

《东山飘雨西关晴》

2007年

《突围行动》

《迎妻接福》

《写意人生》

《乱世佳人》

《凶城计中计》

《溏心风暴》

《天机算》

《师奶兵团》

《学警出更》

《缘来自有机》

《强剑》

《岁月风云》

《兰花劫》

《爸爸闭翳》

《舞动全城》

《通天干探》

《奸人坚》

《铁嘴银牙》

《两妻时代》

《建筑有情天》

《律政新人王Ⅱ》

四、本书主要参考资料

1．《邵逸夫全传》

作者：詹幼鹏　天津人民出版社2009年1月第1版

2．《邵逸夫家族传》

作者：窦应泰　华夏出版社2008年7月第1版

3．《影视大亨邵逸夫——邵逸夫的电影·慈善·电视传奇》

作者：伍宏　团结出版社2008年6月第1版

4．《邵逸夫传》

作者：祝春亭　湖北人民出版社2008年1月第1版

5．《影城大亨:邵逸夫传》　广州出版社2000年5月第1版

6．《中国第一商帮：关于浙商的文化解读》

作者:陈祖芬　作家出版社2007年4月第1版

7．《邵逸夫传》

作者:蓝潮、詹幼鹏　名流出版社1997年版

8．《影星胡蝶》

作者：张娜鑫　时代文艺出版社2003年12月版

9．百度百科

10．相关网络文章